编委会名单
EDITORIAL COMMITTEE LIST

“信息化与信息社会”系列丛书之
高等学校电子商务专业系列教材

网络财务

（第2版）

孟卫东　刘　斌　李嘉明　等编著

電子工業出版社
Publishing House of Electronics Industry
北京·BEIJING

内容简介

本书对网络财务的基本概念、网络财务的信息处理与信息披露、网络财务的审计监督、网络财务管理的基本内容、网络财务的内部控制和风险防范、网络财务的实施、网络财务与电子商务的联系进行了系统介绍，反映了事项驱动的财务信息处理系统、创新网络财务报告模式、网络条件下内部控制与风险防范等网络财务的最新发展。

本书可作为电子商务专业的本科生及研究生的教材，也可作为从事财务工作的相关人员的参考资料。

图书在版编目(CIP)数据

网络财务 / 孟卫东等编著. —2 版. —北京：电子工业出版社，2017.5
（“信息化与信息社会”系列丛书）
高等学校电子商务专业系列教材
ISBN 978-7-121-31296-0

I. ①网…　II. ①孟…　III. ①计算机网络—应用—财务管理—高等学校—教材　IV. ①F275-39

中国版本图书馆 CIP 数据核字(2017)第 071341 号

策划编辑：石会敏
责任编辑：石会敏
印　　刷：三河市华成印务有限公司
装　　订：三河市华成印务有限公司
出版发行：电子工业出版社
　　　　　北京市海淀区万寿路 173 信箱　　邮编：100036
开　　本：787×1092　1/16　　印张：15.75　字数：396 千字
版　　次：2017 年 5 月第 1 版
印　　次：2017 年 5 月第 1 次印刷
定　　价：39.00 元

凡所购买电子工业出版社图书有缺损问题，请向购买书店调换。若书店售缺，请与本社发行部联系，联系及邮购电话：(010) 88254888，88258888。

质量投诉请发邮件至 zlts@phei.com.cn，盗版侵权举报请发邮件至 dbqq@phei.com.cn。

本书咨询联系方式：738848961@qq.com。

作者简介

孟卫东，上海交通大学管理工程博士，重庆大学经济与工商管理学院教授、博士生导师，重庆大学管理科学与工程一级学科博士点创建学术带头人；现任重庆大学副校长，曾任重庆大学副总会计师、计划财务处处长，重庆大学经济与工商管理学院常务副院长；国务院政府特殊津贴专家，“万人计划”哲学社会科学领军人才，新世纪百千万人才工程国家级人选，入选全国文化名家暨“四个一批”人才工程、教育部新世纪优秀人才支持计划，重庆市管理科学与工程首批学术带头人；教育部高等学校首届电子商务专业教学指导委员会委员。主持国家自然科学基金项目、国家社会科学基金重点项目、国家社会科学基金项目、教育部人文社科规划项目等国家级、省部级及横向课题30余项；出版专著及教材10余部，发表论文200余篇。主要研究领域：战略管理、财务金融。

刘斌，重庆大学经济与工商管理学院博士、教授、博士生导师，厦门大学管理学院博士后，重庆大学经济与工商管理学院会计学原系主任，重庆市会计学科学术带头人，财政部“会计名家”培养工程入选者，中国会计学会会员，中国注册会计师协会非执业会员，重庆市会计学会常务理事，重庆市审计学会副会长，重庆市会计电算化协会副会长，重庆市司法鉴定委员会司法会计鉴定专家，重庆市企业信息化专家组成员；主持国家自然科学基金项目3项，作为主研参与国家自然科学基金重点项目1项、面上项目4项以及国家社会科学基金项目1项，主持省部级课题5项，大型企业集团咨询项目10项；出版专著及教材13部，发表论文100余篇。主要研究领域：财务会计、企业信息化。

李嘉明，重庆大学经济与工商管理学院博士、教授、博士生导师，重庆大学审计处处长，重庆市高级会计师、高级审计师评委，重庆市内部审计协会副会长；承担省部级以上课题10余项，出版教材5部，发表论文30余篇。主要研究领域：财务会计、审计理论、企业纳税管理。

第2版总序

信息化是世界经济和社会发展的必然趋势。近年来，在党中央、国务院的高度重视和正确领导下，中国信息化建设取得了积极进展，信息技术对提升工业技术水平、创新产业形态、推动经济社会发展发挥了重要作用。信息技术已成为经济增长的“倍增器”、发展方式的“转换器”、产业升级的“助推器”。

作为国家信息化领导小组的决策咨询机构，国家信息化专家咨询委员会按照党中央、国务院领导同志的要求，就中国信息化发展中的前瞻性、全局性和战略性的问题进行调查研究，提出政策建议和咨询意见。信息技术和信息化所具有的知识密集的特点，决定了人力资本将成为国家在信息时代的核心竞争力。因此，大量培养符合中国信息化发展需要的人才是国家信息化发展的一个紧迫需求，也是中国推动经济发展方式转变，提高在信息时代参与国际竞争比较优势的关键。2006年5月，中国公布《2006—2020年国家信息化发展战略》，提出“提高国民信息技术应用能力，造就信息化人才队伍”是国家信息化推进的重点任务之一，并要求构建以学校教育为基础的信息化人才培养体系。

为了促进上述目标的实现，国家信息化专家咨询委员会致力于通过讲座、论坛、出版等各种方式推动信息化知识的宣传、教育和培训工作。2007年，国家信息化专家咨询委员会联合中华人民共和国教育部、原国务院信息化工作办公室成立了“信息化与信息社会”系列丛书编委会，共同推动“信息化与信息社会”系列丛书的组织编写工作。编写该系列丛书的目的是力图结合中国信息化发展的实际和需求，针对国家信息化人才教育和培养工作，有效梳理信息化的基本概念和知识体系，通过高校教师、信息化专家、学者与政府官员之间的相互交流和借鉴，充实中国信息化实践中的成功案例，进一步完善中国信息化教学的框架体系，提高中国信息化图书的理论和实践水平。毫无疑问，从国家信息化长远发展的角度来看，这是一项具有全局性、前瞻性和基础性的工作，是贯彻落实国家信息化发展战略的一项重要举措，对于推动国家的信息化人才教育和培养工作，加强中国信息化人才队伍的建设具有重要意义。

考虑当时国家信息化人才培养的需求，各个专业和不同教育层次（博士生、硕士生、本科生）的需要，以及教材开发的难度和编写进度时间等问题，“信息化与信息社会”系列丛书编委会采取了集中全国优秀学者和教师，分期分批出版高质量的信息化教育丛书的方式，结合高校专业课程设置情况，在“十一五”期间，先后组织出版了“信息管理与信息系统”、“电子商务”、“信息安全”三套本科专业高等学校系列教材，受到高校相关学科专业师生的热烈欢迎，并得到业内专家与教师的一致好评和高度评价。

但是，随着时间的推移和信息技术的快速发展，上述专业的教育面临着持续更新、不断完善的迫切要求，日新月异的技术发展及应用变迁也不断对新时期的人才队伍建设和人才培养提出新要求。因此，“信息管理与信息系统”、“电子商务”、“信息安全”三个专业教育需以综合的视角和发展的眼光不断对自身进行调整和丰富，已出版的教材内容也需及时进行更新和调整，以满足需求。

这次，高等学校“信息管理与信息系统”、“电子商务”、“信息安全”三套系列教材的修订是在涵盖第1版主题内容的基础上，进行的更新和调整。我们希望在内容构成上，既保持第1版教材基础的经典内容，又要介绍主流的知识、方法和工具，以及最新的发展趋势，同时增加部分案例或实例，使每本教材都有明确的定位，分别体现“信息管理与信息系统”、“电子商务”、“信息安全”三个专业领域的特征，并在结合中国信息化发展实际特点的同时，选择性地吸收国际上相关教材的成熟内容。

对于这次三套系列教材（以下简称系列教材）的修订，我们仍提出了基本要求，包括信息化的基本概念一定要准确、清晰，既要符合中国国情，又要与国际接轨；教材内容既要符合本科生课程设置的要求，又要紧跟技术发展的前沿，及时地把新技术、新趋势、新成果反映在教材中；教材还必须体现理论与实践的结合，要注意选取具有中国特色的成功案例和信息技术产品的应用实例，突出案例教学，力求生动活泼，达到帮助学生学以致用的目的，等等。

为力争修订教材达到我们一贯秉承的精品要求，“信息化与信息社会”系列丛书编委会采用了多种手段和措施保证系列教材的质量：首先，在确定每本教材的第一作者的过程中引入了竞争机制，通过广泛征集、自我推荐和网上公示等形式，吸收优秀教师、企业人才和知名专家参与写作；其次，将国家信息化专家咨询委员会有关专家纳入各个专业编委会中，通过召开研讨会和广泛征求意见等多种方式，吸纳国家信息化一线专家、工作者的意见和建议；最后，要求各专业编委会对教材大纲、内容等进行严格的审核，并对每本教材配有一至两位审稿专家。

我们衷心期望，系列教材的修订能对中国信息化相应专业领域的教育发展和教学水平的提高有所裨益，对推动中国信息化的人才培养有所贡献。同时，我们也借系列教材修订出版的机会，向所有为系列教材的组织、构思、写作、审核、编辑和出版等做出贡献的专家学者、教师和工作人员表达我们最真诚的谢意！

应该看到，组织高校教师、专家学者、政府官员及出版部门共同合作，编写尚处于发展动态之中的新兴学科的高等学校教材，有待继续尝试和不断总结经验，也难免会出现这样或那样的缺点和问题。我们衷心希望使用该系列教材的教师和学生能够不吝赐教，帮助我们不断地提高系列教材的质量。

曲维枝
2013年11月1日

第1版总序

信息化是世界经济和社会发展的必然趋势。近年来，在党中央、国务院的高度重视和正确领导下，中国信息化建设取得了积极进展，信息技术对提升工业技术水平、创新产业形态、推动经济社会发展发挥了重要作用。信息技术已成为经济增长的“倍增器”、发展方式的“转换器”、产业升级的“助推器”。

作为国家信息化领导小组的决策咨询机构，国家信息化专家咨询委员会一直在按照党中央、国务院领导同志的要求就信息化前瞻性、全局性和战略性的问题进行调查研究，提出政策建议和咨询意见。信息技术和信息化所具有的知识密集的特点，决定了人力资本将成为国家在信息时代的核心竞争力。因此，大量培养符合中国信息化发展需要的人才已成为国家信息化发展的一个紧迫需求，成为中国应对当前严峻经济形势，推动经济发展方式转变，提高在信息时代参与国际竞争比较优势的关键。2006年5月，中国公布《2006—2020年国家信息化发展战略》，提出“提高国民信息技术应用能力，造就信息化人才队伍”是国家信息化推进的重点任务之一，并要求构建以学校教育为基础的信息化人才培养体系。

为了促进上述目标的实现，国家信息化专家咨询委员会一直致力于通过讲座、论坛、出版等各种方式推动信息化知识的宣传、教育和培训工作。2007年，国家信息化专家咨询委员会联合中华人民共和国教育部、原国务院信息化工作办公室成立了“信息化与信息社会”系列丛书编委会，共同推动“信息化与信息社会”系列丛书的组织编写工作。编写该系列丛书的目的，是力图结合中国信息化发展的实际和需求，针对国家信息化人才教育和培养工作，有效梳理信息化的基本概念和知识体系，通过高校教师、信息化专家、学者与政府官员之间的相互交流和借鉴，充实中国信息化实践中的成功案例，进一步完善中国信息化教学的框架体系，提高中国信息化图书的理论和实践水平。毫无疑问，从国家信息化长远发展的角度来看，这是一项具有全局性、前瞻性和基础性的工作，是贯彻落实国家信息化发展战略的一项重要举措，对于推动国家的信息化人才教育和培养工作，加强中国信息化人才队伍的建设具有重要意义。

考虑当前国家信息化人才培养的需求、各个专业和不同教育层次（博士生、硕士生、本科生）的需要，以及教材开发的难度和编写进度时间等问题，“信息化与信息社会”系列丛书编委会采取了集中全国优秀学者和教师、分期分批出版高质量的信息化教育丛书的方式，根据当前高校专业课程设置情况，先开发“信息管理与信息系统”、“电子商务”、“信息安全”三个本科专业高等学校系列教材，随后再根据中国信息化和高等学校相关专业发展的情况陆续开发其他专业和类别的图书。

对于新编的三套系列教材（以下简称系列教材），我们寄予了很大希望，也提出了基本要求，包括信息化的基本概念一定要准确、清晰，既要符合中国国情，又要与国际接轨；教材内容既要符合本科生课程设置的要求，又要紧跟技术发展的前沿，及时地把新技术、新趋势、新成果反映在教材中；教材还必须体现理论与实践的结合，要注意选取具有中国特色的成功案例和信息技术产品的应用实例，突出案例教学，力求生动活泼，达到帮助学生学以致用的目的，等等。

为力争出版一批精品教材，“信息化与信息社会”系列丛书编委会采用了多种手段和措施保证系列教材的质量。首先，在确定每本教材的第一作者的过程中引入了竞争机制，通过广泛征集、自我推荐和网上公示等形式，吸收优秀教师、企业人才和知名专家参与写作；其次，将国家信息化专家咨询委员会有关专家纳入各个专业编委会中，通过召开研讨会和广泛征求意见等多种方式，吸纳国家信息化一线专家、工作者的意见和建议；最后，要求各专业编委会对教材大纲、内容等进行严格的审核，并对每本教材配有一至两位审稿专家。

如今，我们很高兴地看到，在中华人民共和国教育部和原国务院信息化工作办公室的支持下，通过许多高校教师、专家学者及电子工业出版社相关工作人员的辛勤努力和付出，“信息化与信息社会”系列丛书中的三套系列教材即将陆续和读者见面。

我们衷心期望，系列教材的出版和使用能对中国信息化相应专业领域的教育发展和教学水平的提高有所裨益，对推动中国信息化的人才培养有所贡献。同时，我们也借系列教材开始陆续出版的机会，向所有为系列教材的组织、构思、写作、审核、编辑、出版等做出贡献的专家学者、教师和工作人员表达最真诚的谢意！

应该看到，组织高校教师、专家学者、政府官员及出版部门共同合作，编写尚处于发展动态之中的新兴学科的高等学校教材，还是一个初步的尝试。其中，固然有许多的经验可以总结，也难免会出现缺点和问题。我们衷心地希望使用系列教材的教师和学生能够不吝赐教，帮助我们不断地提高系列教材的质量。

曲维枝

2008 年 12 月 15 日

第 2 版序言

“十一五”期间，由国家信息化专家咨询委员会牵头，教育部高等学校电子商务专业教学指导委员会组织众多电子商务专业领域著名专家和教师参与开发了由电子工业出版社出版的“高等学校电子商务专业系列教材”，在体系设计上较全面地覆盖了新时期电子商务专业教育的各个知识层面，既包括从宏观视角上对信息化大环境下电子商务相关知识的综合介绍，也包括对电子商务应用发展前沿的深入剖析，同时也提供了对电子商务系统建设各项核心任务的系统讲解。此外还对一些重要的电子商务应用形式进行了重点讨论。因此，该系列教材面市后，受到高等学校电子商务学科专业以及相关专业师生的热烈欢迎，并得到业内专家和教师的一致好评和高度评价，被誉为该学科专业教材中的精品系列。之后该系列教材中不断有教材陆续被教育部评为“国家精品教材”。

但是，随着信息技术的快速发展，电子商务应用的不断推广，电子商务的理论研究不断深入以及电子商务教学的不断改革，特别是电子商务本科已由二级学科提升为一级学科等的变化，使电子商务专业教育面临着加快更新、不断完善的迫切要求，其日新月异的技术发展及应用变迁也不断对新时期电子商务建设和人才培养提出新的要求。为此，电子商务专业教育需以综合的视角和发展的眼光不断对自身进行调整和丰富，已出版的教材内容也需及时进行更新和调整，以满足需求。高等学校电子商务专业系列教材编委会在国家信息化专家咨询委员会的领导下，继续负责组织这次对“高等学校电子商务专业系列教材”的修订工作。

第 2 版高等学校电子商务专业系列教材的修订框架基本涵盖第 1 版的主题内容。所修订教材符合教育部关于高等学校电子商务类专业本科生的培养目标，且每本教材定位明确，充分体现了“电子商务”的领域特征，并同时处理好与其他一些学科的关系。根据原编写教材的知识领域，确定了调整的知识单元及知识点，并以此为基础进行了教材的相关调整和充实。

第 2 版高等学校电子商务专业系列教材的内容调整在体系构成上既保持了基础的经典内容，又加强了主流的知识、方法和工具，以及最新发展趋势，特别把握了领域知识上的“基础、主流与发展”的关系；并尽量与当前社会的实践相联系，注意反映技术进步和观念更新，同时增加部分案例或实例。在结合中国实际特点的同时，又注重吸收国际上相关教材的成熟内容；统一教材中的名词、术语解释，并与国际接轨；在难度上维持适中，以符合多数高等学校电子商务相关专业的培养要求。

我们希望，通过对高等学校电子商务专业系列教材的修订，使得该套教材能够成为影响电子商务专业教学的精品教材，成为高等学校电子商务类专业学生循序渐进了解和掌握专业知识不可或缺的引导书，成为电子商务新环境下从业人员及管理者的有益参考资料。

高等学校电子商务专业系列教材编委会
李　琪
2013 年 12 月 12 日

第 1 版序言

电子商务作为新的先进的生产力，正以其无比强大的生命力推动着人类历史上继农业革命、工业革命之后的商业革命——第三次产业革命。它直接作用于商贸流通，间接作用于生产、科研和创新。

对于工农业生产的原材料采购、产成品销售、企业的市场营销和商业零售业、国际贸易等经济活动，电子商务正从微观到中观和宏观对企业、行业、区域的经济发展产生着巨大的影响和作用；对于人们的日常生活消费，电子商务正逐步地、越来越大和越来越深刻地改变着人们的消费观念、消费习惯和消费方式，在为人们带来显著的经济利益的同时带来安逸的精神享受；对于国家和社会，电子商务对社会效率的发挥、资源的优化配置和再利用、再分配发挥着日益强大的作用，当天灾人祸来临时，它能以最快的速度调配资金和物资，在金融风暴和经济危机到来时，它能以电子速度为政府、企业和个人进行有限资源的调集和重组。

伴随以互联网为主的电子信息技术的进一步发展和信息产品（三网合一、3G 手机等）的广泛使用，电子商务更呈现出泛在性、虚拟性、个人性、社会性和数据海量性等新特征，电子商务的应用和研究犹如东方日出，其前景充满了朝气和阳光。

显然，加快电子商务的发展已经成为很多国家，也是中国的一项重要政策。这就对中国培养高素质的创新型电子商务人才提出了迫切的要求。到 2008 年年底，教育部已经批准了 300 多所本科院校和 800 多所高职高专学校开设电子商务专业；在校学生人数已经达到 30 多万，每年毕业生人数达到 8 万多。

但正如其他新生事物的发展一样，随着网络与电子商务经济理论的研究不断深入，电子商务法规政策的纷纷出台，企业现代化管理水平的不断提高，电子商务创新模式的不断涌现，使得电子商务专业的建设也在变化之中，有关电子商务专业的定义仍在不断充实、完善之中。

2005 年，教育部启动的“全国高校电子商务专业人才培养模式研究”项目中对电子商务专业的定义是：电子商务专业是现代经济学、管理学和工学（以信息技术为主）融合形成的综合性、复合型学科，电子商务专业培养的是适应现代社会需要的复合型人才，电子商务专业的建设和发展必须要求得到经济学、管理学和工学等学科的合力支撑。

2008 年，“全国高等学校电子商务本科专业知识体系”（教育部高等学校电子商务专业教学指导委员会编写）中将中国现阶段电子商务本科专业的培养目标定义为：“面向世界、面向未来、面向现代化”，为国家培养德、智、体、美、劳全面发展的具备现代经济、管理理论和信息技术等多种知识和电子商务综合技能的，能从事网络环境中企业、事业和社会的商贸购销、商务管理或商务技术支持等现代化商务实践、研究和教学等工作的复合型、专门化人才。目前，中国电子商务本科专业的两大基本方向为：电子商务经济管理类方向和电子商务工程类方向。它们分别在经济管理知识与技能体系和信息技术知识与技能体系方面有所侧重。

电子商务专业教育涉及通识教育、综合教育、专业教育三大部分。专业教育按知识层面划分，包括专业基础知识和专业知识两个层次；按教学内容划分，包括课堂教学和实践教学两个方面；从教学计划角度考虑，包括知识体系和课程体系两方面的组织；从学科要求角度考虑，包括知识体系、能力体系和素质体系。

而这种专业教育和相应技术内容最直接地体现在相应的教材上。为此，国家信息化专家咨询委员会与教育部电子商务专业教学指导委员会联合组织了本系列教材（高等学校电子商务专业系列教材），以奉献出一批符合国家电子商务发展方向和有利“提高国民信息技术应用能力，造就信息化人才队伍”的优秀教材，充实电子商务教育市场。

本系列教材在内容编排上努力将理论与实际相结合，尽可能反映电子商务的最新发展，以及国际上对电子商务的最新释义；在内容表达上力求由浅入深、通俗易懂；在知识体系划分上严格按照教育部电子商务专业教学指导委员会最新知识体系，具体如下：

知识领域名称	知识领域标记	备　注
电子商务综合	ECG	理论、政策、法规等
电子商务经济	ECE	经济类相关学科
电子商务管理	ECM	管理类相关学科
电子商务技术	ECT	信息技术类相关学科

其编写的内容主要包括：电子商务导论、电子商务管理、电子商务法学教程、电子商务网站建设、网络经济学、网络营销、网络金融、网络财务、电子支付与清算、电子商务物流概论、电子商务系统建设与管理、电子商务安全、电子商务案例分析教程、移动商务、电子服务及其应用、电子商务项目策划与管理、网上创业、客户关系管理和服务科学概论等，共19本。其中，《电子商务导论》（李琪主编）、《电子商务物流概论》（魏修建主编）作为2008年“信息化与信息社会”系列丛书编委会重点扶持的教材。

本系列教材突出了“准确把握理论、理论联系实际、优选典型案例、把握发展前沿、启发读者思维、编写科学合理”的特色：对基本概念、基本知识、基本理论给予准确的表述，树立严谨求是的学术作风，注意与国内外的对应及对相关概念、术语的正确理解和表达；从实践到理论，再从理论到实践，把抽象的理论与生动的实践有机地结合起来，使读者在理论与实践的交融中对电子商务有全面和深入的理解和掌握；精选国内外典型案例，支撑相关的理论与实践，使读者能够从具体案例中深入浅出地了解、认识更多的电子商务的应用及其相关问题；对电子商务的理论、研究、技术、实践等多方面的发展状况给出发展前沿和趋势介绍，拓展读者的视野；在理论和实践两方面以启发读者学习、专业研究、创新为导向，为读者提供发散思维的空间和精确思考的焦点问题；本系列教材在内容逻辑和形式体例上力求科学、合理、严密和完整，使之系统化和实用化。

自系列教材编写工作启动以来，在国家信息化专家咨询委员会的指导和关怀下，在电子工业出版社和我们的共同努力下，在本系列教材各位主编、副主编和全体参编人员的辛勤劳动下，在各位专家、许多高校教师和研究生及朋友们的关心、帮助下，终于陆续面世了。在此，我们对以上各位领导、专家、老师、同学和朋友们表示最衷心的感谢！

我们深知，虽然我们对本系列教材的组织和编写尽了最大努力，但离我们的目标仍然有较大的差距，衷心希望各位读者不吝赐教，使我们能在今后的再版工作中不断改进，使系列教材越编越好！

高等学校电子商务专业系列教材
编委会
2009 年 6 月 25 日

第 2 版前言

21 世纪是一个以信息化、数字化、知识化为显著特征的新经济时代，信息技术尤其是因特网技术的飞速发展和广泛应用,促进了电子商务与网络企业的蓬勃发展，彻底改变了企业的生存环境和经营管理模式。网络财务是网络化、信息化发展的必然产物，它是基于计算机网络技术，提供因特网环境下的财务管理模式和财会工作方式，实现管理数字化乃至管理信息化的财务系统，是财务发展的新阶段，代表着未来财务工作发展的方向。因此，培养通晓网络财务知识，掌握现代信息技术下企业财务和会计管理理论与方法的现代高级财务管理人才，正是我们编写这本教材的目的所在。

《网络财务》第 1 版自 2010 年出版以来，受到广大读者的普遍欢迎。由于出版至今已经 7 年，其间网络财务理论与实务发展迅速，一些更为先进的信息技术得到广泛应用，因此，我们在第 1 版的基础上进行了修订和完善。第 2 版主要对全书结构和章节重新进行了规划调整，使得整本书的体系更为科学规范；同时，删除了一些陈旧过时的内容，增加了近年来一些最新的研究成果，如事项驱动的财务信息处理、网络财务报告、网络审计，以及近年来在网络财务中应用的一些最新的信息技术。修订后的教材更加侧重网络环境、信息技术与财务的融合，在应用价值上有进一步的提高。

第 2 版具有以下特点。

第一，全面性。本书在参阅国内外相关文献资料的基础上，比较全面地对网络财务及其相关的理论与方法进行了系统介绍。

第二，实用性。本书紧密结合现代信息技术，利用网络财务软件和 XBRL 框架对企业开展网络财务进行了实际的指导。本书还对网络财务的基本内容、网络财务的审计监督、网络财务的内部控制及风险防范的具体方法和流程进行了阐述，这对现代企业开展网络财务工作具有重要的参考价值。

第三，新颖性。本书在内容上反映了事项驱动的财务信息处理系统、创新网络财务报告模式等网络财务的最新发展；在架构上突出了网络财务的核心主题，注重网络财务的内在逻辑，特别是财务与网络的有机融合。这不同于现有很多著作的“网络技术+电算化会计+财务管理”的结构。

全书由重庆大学经济与工商管理学院博士生导师孟卫东教授进行整体框架设计，拟定编写大纲，并进行总纂统稿。全书共 9 章，分别由重庆大学经济与工商管理学院及计划财务处的教师和会计实务工作者编写，各章的具体分工是：第 1 章，孟卫东；第 2 章，邵兵家；第 3 章，孙志华；第 4 章，李世新；第 5 章，解志红；第 6 章、第 7 章，杨涛；第 8 章，李嘉明；第 9 章，刘斌。

由于编写时间紧迫和作者水平有限，书中难免有不当和失误之处，恳请广大读者、同行批评指正。同时，在编写本书的过程中，参考了国内外同行的相关著作与资料，在此一并表示感谢。

编　者

2017 年 2 月

第1版前言

21 世纪是一个以信息化、数字化、知识化为显著特征的新经济时代，信息技术尤其是因特网技术的飞速发展和广泛应用，促进了电子商务与网络企业的蓬勃发展，彻底改变着企业的生存环境和经营管理模式。网络财务是随着网络企业和电子商务的产生而发展起来的，它是基于计算机网络技术，以整合实现企业电子商务为目标，提供因特网环境下的财务管理模式和财会工作方式，实现管理数字化并最终实现管理信息化的财务系统。因此，培养通晓网络财务知识，掌握现代信息技术下现代企业财务与会计管理理论与方法，以适应新世纪市场经济对现代高级财务管理人才的需求，正是我们编写这本教材的目的所在。

本书在内容编排上遵循以下基本架构：在介绍网络财务的基本概念和主要内容的基础上，讲解网络财务的信息处理与信息披露，阐述网络财务的审计监督，探讨网络财务管理的基本内容，描述网络财务的内部控制和风险防范，强调网络财务的实施，分析网络财务与电子商务的联系。

本书具有以下特点。

第一，全面性。本书在参阅国内外相关文献资料的基础上，比较全面地对网络财务及其相关的理论与方法进行了系统介绍。

第二，实用性。本书紧密结合现代信息技术，利用网络财务软件和 XBRL 框架对现实企业开展网络财务进行了实际的指导。本书还对网络财务的基本内容、网络财务的审计监督、网络财务的内部控制及风险防范的具体方法和流程进行了阐述，这对现代企业开展网络财务工作具有重要的参考价值。

第三，新颖性。本书在内容上反映了事项驱动的财务信息处理系统、创新网络财务报告模式等网络财务的最新发展；在架构上突出了网络财务的核心主题，注重网络财务的内在逻辑，特别是财务与网络的有机融合，这不同于现有很多著作的“网络技术+电算化会计+财务管理”的结构。

全书由重庆大学经济与工商管理学院博士生导师孟卫东教授进行整体框架设计，拟定编写大纲，并进行总纂统稿。全书共 9 章，分别由重庆大学经济与工商管理学院及计划财务处的教师和会计实务工作者编写，各章的具体分工是：第 1 章，孟卫东；第 2 章，李世新；第 3 章，解志红；第 4 章，李嘉明；第 5 章、第 6 章，杨涛；第 7 章，孙志华；第 8 章，刘斌；第 9 章，王亚涛、邵兵家。

网络财务理论与实务正处于快速发展之中，对网络财务教材编写提出了新的挑战和要求，许多理论和方法需要及时地更新补充，才能使教材不断充实完善。由于编写时间紧迫和作者水平有限，书中难免有不当和失误之处，恳请广大读者、同行批评指正。同时，在编写本书的过程中，参考了国内外同行的相关著作与资料，在此一并表示感谢。

编　者

2009 年 7 月

目　录

第 1 章　网络财务概论 …… 1
1.1　网络财务的产生与概念 …… 2
1.1.1　网络财务的产生 …… 2
1.1.2　网络财务的概念 …… 4
1.2　网络财务的体系构成 …… 5
1.2.1　网络财务的信息理论基础 …… 5
1.2.2　网络财务的体系架构 …… 6
1.3　网络财务对财务管理的影响 …… 10
1.3.1　传统财务管理模式的局限 …… 10
1.3.2　网络财务的意义 …… 11
1.4　网络财务的发展 …… 13
1.4.1　网络财务发展中存在的主要问题 …… 13
1.4.2　发展网络财务的主要措施 …… 14
本章小结 …… 16
关键术语 …… 16
复习思考 …… 16
参考文献 …… 16

第 2 章　网络财务与电子商务 …… 17
2.1　电子商务的内涵与特点 …… 18
2.1.1　电子商务的内涵 …… 18
2.1.2　电子商务的特点 …… 20
2.2　电子商务对财务管理的影响 …… 21
2.2.1　电子商务对会计核算产生的影响 …… 21
2.2.2　电子商务对现行财务报告的影响 …… 23
2.2.3　电子商务对传统财务管理的影响 …… 24
2.3　网络财务与电子商务之间的关系 …… 25
2.3.1　网络财务是电子商务发展的客观要求 …… 25
2.3.2　网络财务是电子商务的基础 …… 26
2.3.3　网络财务促进电子商务的成熟和完善 …… 26
本章小结 …… 27
关键术语 …… 27
复习思考 …… 27
参考文献 …… 28

第 3 章　网络财务管理 …… 29
3.1　网络财务管理概述 …… 30
3.1.1　传统财务管理的局限性 …… 30
3.1.2　网络财务管理的概念与特征 …… 30
3.1.3　网络财务管理的目标 …… 32
3.2　网络筹资管理 …… 33
3.2.1　企业筹资概述 …… 33
3.2.2　网络对企业筹资环境的影响 …… 35
3.2.3　网络对企业筹资方式的影响 …… 36
3.2.4　网络对企业筹资成本的影响 …… 37
3.3　网络投资管理 …… 38
3.3.1　企业投资概述 …… 38
3.3.2　网络对企业投资环境的影响 …… 40
3.3.3　网络对企业投资方式的影响 …… 41
3.3.4　网络对企业投资决策的影响 …… 43
3.4　网络财务风险管理 …… 44
3.4.1　财务风险的概念与分类 …… 44
3.4.2　财务风险的成因 …… 45
3.4.3　网络对财务风险管理的影响 …… 45
3.5　网络营运资金管理 …… 48
3.5.1　网络流动资产管理 …… 48
3.5.2　网络流动负债管理 …… 55

本章小结……56
关键术语……56
复习思考……56
参考文献……56

第4章 网络财务信息处理……57
4.1 网络经济对财务信息的影响……58
4.2 网络财务信息的特征……59
4.3 网络财务软件……60
4.3.1 网络财务软件的特点……60
4.3.2 网络财务软件的技术基础……63
4.3.3 网络财务软件的主要功能……65
4.3.4 网络财务软件的运行模式……66
4.4 财务数据仓库与数据挖掘……68
4.4.1 财务数据仓库……68
4.4.2 财务数据挖掘……69
4.5 事项驱动财务信息系统……72
4.5.1 事项会计理论简介……72
4.5.2 事项的分类……74
4.5.3 事项驱动财务信息系统的内涵……75
4.5.4 事项驱动财务信息系统的分析模型……75
4.5.5 事项驱动财务信息系统的设计思想……78
4.5.6 事项驱动财务信息系统的优点……79
本章小结……80
关键术语……81
复习思考……81
参考文献……81

第5章 网络财务报告……83
5.1 网络财务报告概述……84
5.1.1 网络财务报告的概念……84
5.1.2 网络财务报告的特点……84
5.1.3 网络财务报告的发展状况……85
5.2 创新网络财务报告模式——XBRL……90
5.2.1 XBRL 的基本概念……90
5.2.2 XBRL 的技术基础——XML……90
5.2.3 XBRL 的基本框架……94
5.2.4 XBRL 在网络财务报告中的应用……100
5.2.5 XBRL 在国内外的应用……105
5.3 网络财务的信息披露……107
5.3.1 国外网络财务的信息披露……107
5.3.2 国内网络财务的信息披露……108
5.4 未来的网络财务报告模式……109
5.4.1 满足信息使用者的多元化需求……109
5.4.2 网络财务报告披露内容的拓展……110
5.4.3 网络财务报告形式趋向复杂化……110
本章小结……111
关键术语……112
复习思考……112
参考文献……112

第6章 网络财务信息系统的风险防范……123
6.1 网络财务信息系统的风险识别……124
6.1.1 网络风险……124
6.1.2 系统风险……126
6.1.3 信息风险……126
6.2 网络财务信息系统风险防范体系的设计……127
6.2.1 设计原则……127
6.2.2 安全风险分析……128
6.2.3 网络安全策略……128
6.2.4 系统安全管理的实现……128
6.2.5 网络安全设计程序……129
6.3 网络财务信息系统风险防范技术……132

6.3.1 网络风险防范技术 ………… 132
6.3.2 系统风险防范技术 ………… 136
6.3.3 信息风险防范技术 ………… 137
6.4 网络财务信息系统安全管理 … 141
本章小结 …………………………… 144
关键术语 …………………………… 144
复习思考 …………………………… 144
参考文献 …………………………… 145

第 7 章 网络财务内部控制 ……………… 147
7.1 网络财务内部控制的概念 …… 148
7.1.1 内部控制的产生与发展 …… 148
7.1.2 网络财务内部控制的基本要素 ……………………………… 151
7.1.3 网络财务信息系统与内部控制的辩证关系 …………… 153
7.2 网络财务内部控制的特点 …… 154
7.2.1 网络财务内部控制的变化 … 154
7.2.2 网络财务内部控制的优势 … 155
7.2.3 网络财务内部控制的难点 … 156
7.3 网络财务内部控制体系的设计 ……………………………… 158
7.3.1 网络财务内部控制体系的设计原则 ……………………… 158
7.3.2 网络财务内部控制的整体框架和主要内容 …………… 159
7.3.3 网络财务内部控制体系的设计流程 ……………………… 161
7.4 网络财务内部控制的实现 …… 162
7.4.1 网络控制 ……………………… 162
7.4.2 系统控制 ……………………… 164
7.4.3 信息控制 ……………………… 167
7.4.4 业务流程的实时控制 ……… 168
本章小结 …………………………… 173
关键术语 …………………………… 173
复习思考 …………………………… 173
参考文献 …………………………… 173

第 8 章 网络审计 ……………………… 175
8.1 网络审计的产生与发展 ……… 176
8.1.1 什么是网络审计 …………… 176
8.1.2 网络审计的产生 …………… 176
8.1.3 网络审计的发展 …………… 176
8.1.4 网络审计的现状 …………… 178
8.2 网络审计的特征与作用 ……… 178
8.2.1 网络审计的特征 …………… 178
8.2.2 网络审计的作用 …………… 179
8.3 网络审计的要素与内容 ……… 180
8.3.1 网络审计的要素 …………… 180
8.3.2 网络审计的内容 …………… 182
8.4 网络审计的程序与方法 ……… 184
8.4.1 网络审计的流程 …………… 184
8.4.2 网络审计的程序 …………… 185
8.4.3 网络审计的方法 …………… 187
8.5 网络审计报告及利用 ………… 190
8.5.1 网络审计报告 ……………… 190
8.5.2 网络审计结果运用 ………… 194
8.6 网络审计风险及防范 ………… 196
8.6.1 网络审计风险的特点及影响因素 ……………………… 196
8.6.2 网络审计风险的评估与计量 ……………………………… 201
8.6.3 网络审计风险的防控 ……… 203
本章小结 …………………………… 211
关键术语 …………………………… 211
复习思考 …………………………… 211
参考文献 …………………………… 211

第 9 章 网络财务的实施与评价 ……… 213
9.1 网络财务的实施条件 ………… 214
9.1.1 网络财务实施的业务协同 ……………………………… 214
9.1.2 网络财务实施的组织保障 ……………………………… 214
9.1.3 网络财务实施的软件准备 … 215

9.1.4 网络财务实施的人才储备…216
9.2 网络财务的实施方案……………216
9.2.1 网络财务的实施目标………216
9.2.2 网络财务的实施步骤………217
9.2.3 网络财务的实施内容………219
9.3 网络财务的实施评价……………222
9.3.1 网络财务实施后的评价内容……………………………222
9.3.2 网络财务实施后的评价指标……………………………223
9.3.3 网络财务实施后的评价方法……………………………224
本章小结……………………………224
关键术语……………………………225
复习思考……………………………225
参考文献……………………………226

第 1 章

网络财务概论

本章导读

信息技术(尤其是因特网技术)的飞速发展和广泛应用，促使了电子商务与网络企业的蓬勃发展，彻底改变了企业的生存环境和经营管理模式。财务管理作为企业管理的核心，必须随着企业的生存环境和管理模式的变化而产生新的变革。网络财务是网络化、信息化发展的必然，它将现代网络技术和财务管理有机结合，提供因特网环境下的财务管理模式和财会工作方式，实现管理数字化并最终实现管理信息化的财务系统。

通过本章的学习，应当了解网络财务的产生，了解网络财务的概念，掌握网络财务的内涵，了解网络财务的体系构成，了解网络财务对财务管理的影响，了解网络财务的发展。

1.1　网络财务的产生与概念

1.1.1　网络财务的产生

1．网络财务是网络化、信息化发展的必然产物

20 世纪末，随着信息技术的飞速发展，人类步入了信息时代。因特网（Internet）可以说是继 PC 之后，发生在全球 IT 领域的第二次产业浪潮，但它所产生的影响不仅限于 IT 领域，而且辐射到了全球经济和整个社会。信息技术，特别是因特网技术的成熟与运用，促进了网络经济这种新的经济形态的出现。仅仅十多年的时间，网络经济从无到有，从局域到全球，其发展速度远远超出了人们的预想；与此同时，从人们的日常生活到工商实业等经济社会生活的各个层面也都受到了这一新事物的强烈冲击。我们要透视网络经济时代人类管理活动的变革，一个基本的前提是要对网络经济的概念有个比较全面的认识。关于网络经济的定义目前有几种不同的说法，但是总的来说，可以从狭义和广义两个角度来予以界定。狭义的网络经济就是基于因特网，以电子商务为主体的经济形式；广义的网络经济就是通过信息技术，特别是网络技术所引发的技术、经济和社会变革形成的新的经济形态。这是一种从产品中心到服务中心的服务经济，将会导致市场和行业的重构，促使电子商务成为企业新的运作模式。随着因特网的进一步发展，可以预见，网络经济将是未来经济的主要形式。事实证明，近年来全球的电子商务正以惊人的发展速度迅猛发展，因特网正日益成为世界上最大的、效率最高的市场。计算机技术的出现和发展，带来了会计发展史上的一次飞跃——会计电算化。会计电算化使得财务人员摆脱了手工记账、对账、计算、汇总、核对等繁重的工作，财务工作逐渐由“核算型”向“管理型”转变，从而提高了工作的效率，促进了财务工作的规范化，为企业财务管理的信息化和现代化奠定了坚实的基础。

网络财务是建立在网络经济环境基础上的。网络是 Internet/Intranet 相互协同形成的开放式网络，它不仅是信息传播的载体，更为企业的生产经营活动提供了新的场所，开创了新的经济组织和经营方式，从而改变了传统的管理模式和交易方式。网络财务是电子商务的重要组成部分，它将帮助企业实现财务与业务的协同，进行远程报表、报账、查账、审计等远程处理，进行事中动态会计核算与在线财务管理，支持电子单据与电子货币，改变财务信息的获取与利用方式。在网络经济环境中，企业可以通过 Internet/Intranet 不断拓宽自己的生产经营场所，了解最大范围内的客户需求，从最大范围的供应商中挑选出最佳的供应商，通过疏通流动于客户、企业和供应商间的信息流，减少诸多中间环节，从而以最快的速度、最低的成本进入市场，及时把握并不断提高竞争实力和巩固竞争地位。随着互联网技术的飞速发展，使企业在全球范围内实现信息交流和信息共享成为可能。

网络财务是信息化发展的客观要求。信息化是提高企业管理水平的重要手段。信息化建设的目标就是以现代化的信息手段管理企业，通过高效的管理提高企业的经济效益

和市场竞争力。信息化是以成本管理为核心的一个综合管理过程，通过电子技术等手段，使原来的成本管理从单一化、落后于经济业务的发生，发展成为全面的成本管理体系，做到综合性和实时化，从而科学、及时和全面地了解企业的经济运作情况，使决策者能进行科学、及时的决策，在竞争中处于有利地位。网络财务的出现，以及相应的产品和解决方案的出台，为企业信息化真正走上实时、准确、科学的道路开启了大门。同时，互联网为企业经济信息系统提供了最大限度的全方位的信息支持，它正在改变企业的传统商业方式和运作方式，也影响和改变了财务管理模式。为了适应这种环境变化，更好地利用网络带来的优势，网络财务应运而生，并迅速得到广泛的重视和应用，成为当代财务管理学中最有潜力的新领域。

企业必须加快网络化、信息化的进程。财务管理作为企业经营管理的重要组成部分，势必需要及时根据网络环境的要求而进行根本性的变革。如何面对网络经济环境的挑战，突破传统财务管理理论和模式的局限性，发展新的财务管理理念、管理模式和方法；如何充分利用网络技术优势，改善财务管理流程，研究和开发能够满足企业日益发展和完善需求的企业网络财务管理系统，已经成为每一个企业经营管理者迫切需要解决的问题。网络财务正是这场巨大变革的一个组成部分，是网络化、信息化发展的必然产物，是财务发展的一个新阶段，是未来财务工作发展的方向。

2. 网络化对企业理财环境的影响

回顾财务管理的发展历程，20 世纪是财务管理大发展的一个世纪。在这 100 年间，财务管理历经了五次飞跃性的变化，称为财务管理的五次发展浪潮，即筹资管理理财阶段、资产管理理财阶段、投资管理理财阶段、通货膨胀理财阶段和国际经营理财阶段。从财务管理的发展历程中不难发现：财务管理发展与创新的动力往往来自理财环境的变迁。企业的理财环境又称财务管理环境，是指对企业财务活动产生影响作用的、企业财务决策难以改变的外部约束条件。企业的理财环境主要有经济环境、技术环境、金融环境、法律环境。这几个方面构成了企业赖以生存和发展的财务管理环境。因特网的发展使得企业成为全球网络供应链中的一个节点；新的企业系统开始出现，如网上企业、国际企业、虚拟企业等；新的经济形态也逐步形成，如网络经济。这些均对企业的财务管理环境产生了深远的影响。

1) 经济环境变化的影响

传统的财务管理范围远远不能适应经济环境变化的需要。由于网络技术的迅速发展，使得信息的重要性日益明显。在这种社会经济环境下，客户需求日益多元化，企业间的竞争焦点由原来的大规模生产转移到如何通过多品种少量的生产方式来满足客户的多元化需要，因此企业不得不将更多的精力投入到人员培训、产品研发、市场调查、市场营销等信息活动上。企业管理活动更多地集中在对信息资源和信息活动的管理上。网络经济可以消除空间距离及时差，可以高效地收集和处理信息数据，可以使财务部门与其他部门、外界环境之间的信息交流变得十分便捷。这就要求一种基于网络的在线管理和集中管理模式，使企业及企业集团可以利用基于 Internet/Intranet 的网络财务软件对所有的分支机构实行集中记账、远程报账、远程审计、集中资金调配等处理。下属机构成为一个财务报账单位后，可以减少基层财会人员，节约财务费用支出；而集团总部可以对数据进行及时处理和分析，使企业实现决策科学化、业务智能化，并能充分利用集团内部信息资源，实现真正的信息共享。总之，网络经济造就了自动化、无纸化、数字化的社会经济环境，改变了企业的生产方式和管理模式，从而也改变了传统的财务运作环境。

2)技术环境变化的影响

随着网络技术在经济业务中的广泛运用，市场经济已逐步发展成为网络化的市场经济，即从以产品为中心过渡到以客户为中心的服务经济。它是开放的、网络化的直接经济模式，因而将会导致市场与行业中出现越来越多的网上企业。这样，电子商务将成为企业的基本运作模式。而网络财务作为电子商务的财务系统，在电子商务中起着举足轻重的作用。

3)金融结算体系变化的影响

Internet/Intranet 对企业传统货币及其结算体系的冲击是巨大的。传统支票、现金的主导地位将逐步被电子货币、数字货币所取代。数字货币是采用电子技术和通信手段在市场上流通的按照法定货币单位来反映商品价值的信用货币。数字货币可以通过 Internet 从一个为付款而提供的账户上下载，也可以用数字信用卡从网上购买。与数字货币相对应的金融机构，则是没有银行大厅、没有营业网点，只有 Internet 站点的网上银行。数字货币的出现也造就了新的金融犯罪和各种形形色色的舞弊行为的出现。如何保证自己的数据不被窃取，怎样保证对方的真实性等安全问题将成为网上支付的最突出的问题。

4)法律环境变化的影响

网络经济造就了自动化、无纸化、数字化的社会经济环境，数字签名代替了纸面签名，这必然给适应于纸面交易的现行商业法规、会计法规带来了冲击，主要体现在：交易双方身份的认证办法在会计上的确认，即制定为参与网上交易的各方提供法律认可的认证办法；电子合同的合法性程序在会计上的确认，包括电子合同的规则、构成有效电子书写文件和原始文件的条件；支持数字签名和其他身份认证的手续规则、数字凭证合同、有效性的规定；电子支付管理，即规定电子凭证的签发与接受规范，以及有关各方的权利、义务和责任等。

由于因特网技术的广泛应用和网络经济的逐步发展，企业的理财环境发生了较大的变化，对传统的财务管理的思想、职能、手段也就提出了新的要求。旨在推动企业信息化建设的网络财务成为网络经济快速发展的迫切需要，也成为电子商务发展的必然趋势。网络财务是将现代网络技术与财务管理理论有机结合，以网络技术为手段，以财务管理为核心，财务管理与业务管理协同的高度综合系统，使企业能够紧跟时代潮流进行资源的整合，有利于保持和增强企业的竞争地位，故网络财务是21世纪财务管理的新趋势。

1.1.2 网络财务的概念

1. 网络财务的定义

人们对网络财务的研究已有一段时间，但目前对“网络会计”、“网络财务”尚无明确的定义。比较典型的是用友公司提出的网络财务概念。该公司于1998年推出了第一套基于因特网的 B/S 架构的财务软件系统。1999 年，该公司在北京召开新闻发布会并提出了“网络财务”的概念，认为网络财务是一种基于因特网、适应电子商务运作的新的会计核算与财务管理模式。

金蝶网络财务软件白皮书(金蝶公司，2000)中对网络财务软件是这样定义的：网络财务软件是能够在局域网和广域网范围内整合使用，适应远程应用，支持电子商务的财务管理软件。傅元略在《网络财务》一书中提出：所谓网络财务，就是一种基于计算机网络技术，以整合实现企业电子商务为目标，以财务管理为核心，财务、业务协同，业务流程重组，支持电子商务，能够提供因特网环境下财务核算、财务管理及其各种功能的、全新的面向供应链、支付网等需要安全支付的财务管理系统。Barnes 提出“以网络技术为主的各种信息技术，为企业的财务管理提供了更广阔、更先进的技术手段与方法，企业可以以柔性技术为基础保持技术的领先，以信息网络为依托实现资源的整合，将财务与网络相结合形成网络财务，并开发网络财务软件，实行动态的、实时的财务管理”。网络财务理念的提出，给人们带来了一种新的会计思想，引起了一次观念的深刻变革。

网络财务这一概念是由实业界(软件业人士)提出的，会计理论界随后提出了网络会计的概念。无论是网络财务还是网络会计，从软件层面上来说这两个概念的内涵是一致的。长期以来，我国无论在实业界还是学术界，都存在财务、会计不分的现象。财务一直没有被当做一门独立的学科来看待，而仅仅被视为会计学科的一个组成部分。后来，会计理论界经过长期争论形成了三种观点：一是“大会计观”，认为会计包括财务；二是“大财务观”，认为财务包括会计；三是“财务、会计并行观”，认为财务是一种管理工作，会计则为这种管理提供信息服务，应把两者当做两个概念、两种工作。现在看来，尽管在实务中企业的财务与会计工作相互独立，分设为两个机构，但理论界基本上均接受的是财务、会计并行观。

2. 网络财务的内涵

(1) 网络财务的技术基础是网络，它所指的网络的概念既非企业传统的自成体系的局域网或广域网，也不仅仅是因特网，而是 Internet/Intranet/Extranet 相互协同形成的开放式网络。

(2) 网络财务并非单纯的财务系统，而是以财务管理为核心，业务管理和财务管理协同的综合系统，其中业务流程重组尤为重要。

(3) 网络财务是管理级的财务应用，应完全支持电子商务。

(4) 网络财务是企业信息化的重要组成部分。

(5) 网络财务是适应供应链需求的财务应用。

1.2 网络财务的体系构成

1.2.1 网络财务的信息理论基础

1. 事项法(事项会计理论)是网络财务的信息理论基础

事项法(事项会计理论)是在否定价值法理论的基础上提出的一种会计理论研究方法。事项法也叫使用者需要法，是指按照具体的经济事项来报告企业的经济活动，并以此为基础重新构建财务会计的确认、计量和报告的理论与方法。事项法是美国会计学会基本理论委员会成员、美国会计学家 George H. Sorter 在 20 世纪 60 年代提出的。他在 1969 年发表了《构建基本会计理论的“事项法”》一文，全面阐述了以事项法为基础所形成的基本会计理论。Sorter 认为：现有的会计核算模式是一种价值法，其目的在于确认资本的最佳收益，故需要对原始数据进行一系列的分类、汇总、确认和计量。事项法的核心就是将事项作为会计分类的最小单元，在日常核算中仅仅对各项交易活动的事项进行存储和传递，而不进行会计处理。会计信息的使用者根据各自的需要，对事项信息进行必要的积累、分配和价值计量，最终将事项信息转化为适合于使用者决策模型需要的各种会计信息。

2. 事项驱动会计与传统会计的区别

事项驱动会计与传统会计的真正区别在于提供的会计信息的汇总与处理程度不同，以及由谁来执行这些汇总、处理和评价。价值法对事项信息的加工是由会计人员根据会计准则或制度进行的，最后呈报的是经过汇总的财务报告；而事项法将信息的加工程序留给信息使用者，呈报的是对原始事项数据简单加总的事项数据报告。事项驱动会计与传统会计的另一个差异在于两者对经济事项有不同的定义。在价值法中，经济事项必须是能够用货币计量的交易事项；在事项法中，经济事项不仅包括交易事项，而且包括不用或不能用货币进行计量的经济事项，如人力资源、团队精神、社会责任等。

1.2.2 网络财务的体系架构

1. 网络财务信息系统

1) 网络财务信息使用者的需求

在网络环境下，信息使用者对会计信息提出了新的需求。网络财务系统应能满足信息使用者的以下需求。

第一，实时性。系统能根据信息使用者的要求实时披露财务信息。

第二，多样性。财务信息系统在内容上应能提供财务的和非财务的、定量的和定性的使用者想知道的信息；在计量属性上，应从单一的历史成本计量属性到历史成本、现行成本、可变现净值等多重计量属性并存；在列表形式上，应从单一信息媒体到文、图、音、像等多种信息媒体并存。

第三，可定制性。系统可以根据信息使用者的要求，从不同的角度提供个性化的财务信息。

第四，共享性。通过网络获取财务信息，可使得财务信息的再利用更加方便，可提高信息利用效率，减少信息不对称性。

2) 网络财务信息系统的构成及主要特点

网络财务信息系统是一个人机结合的系统，不仅需要计算机硬件、软件、网络通信设备的支持，还需要人在一定的规程下充分利用它们进行各项操作。因此，网络财务信息系统的主要构成要素包括硬件、软件、人员、数据和规程。

网络财务信息系统根据其功能可分为三个层次，即会计核算系统、财务管理信息系统和财务决策信息系统。我国目前应用的财务软件大都处于会计核算系统这个层次。

网络财务信息系统的主要特点有如下几个。

(1) 与现代信息技术的高度融合。它按信息处理的要求，充分利用现代信息技术，对企业的会计工作流程、方式和方法进行了重新构建，以适应企业瞬息万变的管理要求。

(2) 与业务管理系统的高度协同。包括与企业内部的协同、与供应链的协同、与社会相关部门的协同，如网上银行、网上保险、网上报税等。

(3) 高效率的集中式管理。因特网的出现，使集中式管理成为可能。

(4) 高度实时化的动态核算系统。传统会计是一个静态的、事后反映型的核算系统。而网络财务的发展将改变这一历史，变传统的事后静态核算为高度实时化的动态核算。

(5) 强大的远程处理能力。网络财务软件从设计到开发应用都定位在网络环境的基础上，使得跨地区、跨国界的财务核算、审计、管理和贸易成为可能。同时，网络化管理将使企业的各种财务信息得到快速便捷的反映，最终实现财务信息的动态实时处理、财务的集中式管理，以及便捷的远程报账、远程报表、远程查询和审计。

2. 网络财务的实施

1) 网络财务的实施方案

网络财务的实施，一般来说有以下两个步骤。

(1) 应根据自身的实际情况进行需求分析，确定到底要利用网络财务系统完成哪些工作。

(2) 根据企业需求进行网络方案设计。目前常用的高速网络技术有快速以太网、FDDI分布式光纤数据接口、ATM 异步传输模式、千兆位以太网。网络财务还是一个新兴的领域，其实现没有固定的模式，故要依据企业的不同情况“量体裁衣”。

2) 网络财务的实施途径

网络财务一般通过网络财务软件和网上理财服务两种途径来实现。

网络财务软件是指基于网络计算技术，以整合实现电子商务为目标，能够提供因特网环境下的财务管理模式、财会工作方式及其各项功能的财务管理软件系统。

网上理财服务是指具备数据安全保密机制，以专营网站方式在网上提供的专业理财服务。网上理财服务的具体体现是网上自助式软件的应用，它是动态服务器主页(Active Serve Page，ASP)的一种重要服务方式。

3) 网络财务发展的法律基础

网络财务的诞生和发展除了要有一定的技术基础外，一些相关法规的制定也为其实施提供了广阔的发展空间。财政部颁发的《会计电算化工作规范》中明确指出：具有一定硬件基础和技术力量的单位，都要充分利用现有的计算机设备建立计算机网络，做到信息资源共享和会计数据实时处理。新《会计法》中增加了建立网上销售核算内部控制制度的规定，这样就使得网络财务模式的建立更有法可依。有了法律的明文规定，网络财务的安全和权限问题将得到大幅度改善。此外，新《会计法》对各行业和各地域会计制度进行了统一。对于跨地域的大型企业来说，不同地域会计准则的一致性将成为网络财务能否发挥极大威力的关键因素。网络财务是个新生事物，针对如何具体在网络财务的程序和方法上操作、如何实施内部控制、如何提供财务报告、怎样保障财务信息真实性等一系列问题，还没有相应的法规予以规范，理论界和实业界也都处于探索阶段。

3. 网络财务成本控制

网络财务软件在成本数据归集方面，设计了全面的数据自动源，可以提供成本分析、成本核算、成本预测的功能，满足会计核算的事前预测、事后核算分析的需要，还可以分别从总账、工资、固定资产、成本系统中取得各种成本费用数据。

成本管理模块可以从存货核算、工资管理、固定资产管理和总账中自动提取成本数据。每个成本的期间数据都会同步自动产生。在成本计划方面，可以编制全面的成本计划，待成本核算工作结束后，针对此计划的成本差异分析结果就会自动产生。在成本预测及分析方面，可以做出部门成本预测和产品成本预测。

4. 网络财务报告

1）网络财务报告的内涵及层次

网络财务报告的内涵将因环境的变迁、网络技术的发展而不断发展。在现有技术条件下，网络财务报告是指企业通过网络披露企业各项经营业务与财务信息，并将反映企业各种生产经营活动和事项的财务报告存储在可供使用者随时查阅的数据库中，供使用者查询企业的财务状况、经营成果、现金流量及其他重要事项。

网络财务报告分为以下三个层次。

(1)在线财务报告。在线财务报告是指企业在因特网上设置网站，向信息使用者提供定期更新的财务报告。

(2)实时财务报告。它指整个会计循环通过网络自动完成，从原始数据的录入到数据处理再到生成财务报告都通过联网的计算机来完成。在这一阶段，用户可随时获得实时报告信息。

(3)按需定制的财务报告。这是网络财务报告的高级阶段，指以披露通用目的财务报告为基准，进一步披露企业经过编码的经济事项源数据，可根据用户的选择自动定制用户所需的财务报告。随着 XBRL 分类体系构建完毕，经过测试并广泛投入使用，定制报告模式也成了现实。

2）网络财务报告的新型模式——XBRL

XBRL 是可扩展财务报告语言（eXtensible Business Reporting Language）的缩写，是一种基于可扩展标记语言（XML）框架，专门为公司编制和发布网络财务报告而开发出来的语言。有了 XBRL 就能够实现按需定制的目标，也能整合财务信息供应链上各方的利益。微软是第一家以 XBRL 格式进行财务报告的高科技公司，使用者可以使用 XBRL 在线数据库进行数据分析。目前，我国深圳证券交易所和上海证券交易所已经开始使用 XBRL 格式进行财务报告的编制。在两大证券交易所网站上，信息使用者都可以直接获取多样化的财务报告，可以进行财务指标分析、数据查询、财务信息分析，从而满足使用者多样化的需求，对其进行正确决策起到很大的帮助作用。

基于 XBRL 的网络财务报告具有如下特点。

(1) 无须改变现存的会计规则，也无须公司额外披露超出现有会计规则要求的信息，只是改进了编制、分析与发布企业报告信息的流程。

(2) 以标准化的标记来描述和识别每个财务信息项目，即为每个财务项目定义标记 (tags)，使财务报告的编报标准趋向统一。

(3) 可以编制、发送各种不同格式的财务信息，交换与分析财务报表中所含的信息。

(4) 可以允许使用者跨系统平台传递和分析信息，降低信息重新输入的次数。

3) XBRL 网络财务报告的信息披露

XBRL 根据财务信息披露规则，将财务报告内容分解成不同的数据元，再根据信息技术规则给数据元赋予唯一的数据标记，从而形成了标准化规范。以这种语言为基础，通过对网络财务报告信息的标准化处理，可以将网络财务报告中不能自动读取的信息转换为一种可以自动读取的信息，大大方便了对信息的批量需求和批量利用。

XBRL 网络财务报告的信息披露包括以下几个层次。

第一层次，主要是对传统会计报表内容进行披露，包括资产负债表、损益表、现金流量表及其附注。

第二层次，对其他财务报告进行披露。如设立专用报告专区，针对不同的使用者或使用者集团进行披露。考虑不同类型使用者之间的信息差别，应有选择地和重点针对特定使用者披露特殊信息，提供内容(或时间)上有差别的报告。

第三层次，对一些在传统会计报表基础上扩展出来的信息进行披露。如对在企业的生存与发展中占举足轻重地位的智力资源信息或类似的知识资本进行披露；对不符合传统会计要素定义与确认的标准，且不具有实物形态的衍生金融工具信息进行披露。

第四层次，报告一些非财务信息。非财务信息是指诸如企业背景、企业关联方信息、企业主要股东、债权人及企业管理人员配备的信息。为了增加企业信息的透明度、增加受托责任与诚信度，还要对具体的公司信息进行披露，如战略、计划、风险管理、薪酬政策等信息。

第五层次，主要是指对以多媒体技术在公司网站上提供股东大会、董事会或其他重要会议的现场纪实的录像或录音等信息的披露。在网站上进行多层次信息的披露，除了应提供当年的信息数据外，为了满足信息使用者的需要，还可以提供历史的数据，其内容也以多层次的信息模式为依据。

XBRL 作为财务信息处理的最新标准和技术，增加了公司财务报告披露的透明度，同时极大地提高了财务报告信息处理的效率和能力。它的应用必将给我国财务报告的披露带来历史性的变革，成为企业财务报告的发展趋势。

5. 网络财务安全

网络系统的安全是网络财务发展的前提。网络财务使原来的单一会计电算化系统变成一个开放的系统，而会计业务的特点又要求其中的许多数据对外保密，因此，安全就成为网络财务中备受用户关注的问题。由于财务涉及资金和公司机密等，任何一点漏洞都可能导致大量资金流失，所以应对其传递手段和存储工具严格要求，要从技术和法律上为它创造一个安全的环境，抵抗来自系统内外的各种干扰和威胁。如在技术上加强对网上输入、输出和传输信息的合法性、正确性控制，在企业内部网与外部公共网之间建立防火墙，并对外部访问实行多层认证；在网络系统中积极采用反病毒技术；在系统的运行与维护过程中高度重视计算机病毒的防范，以及采取相应的技术手段与措施；及时做好备份工作。备份是防止网络财务系统意外事故最基本、最有效的手段，包括硬件备份、系统备份、财务软件系统备份和数据备份四个层次。发展适合网络财务的新技术是网络财务发展的基础。

在法律上，应建立电子商务法律法规，规范网上交易、支付、核算行为，并制定网络财务准则。此外还必须有第三方对安全进行确认，即建立网络安全审计制度，由专家对其安全性做出相应评价。

6. 网络审计

财务信息存储的电子化、网络化，财务组织部门的扁平化，内部控制形式的变化等使得对审计线索、审计技术、审计方法、审计手段、审计标准，以及对审计人员的知识结构、技能的要求发生了很大的变化。网络审计将成为在网络财务环境下进行审计工作的必然趋势。网络审计面对的企业内部环境是集成化的信息系统，它的合理性、有效性、安全程度直接影响审计工作的质量和效率，如硬件设备的稳定性、兼容性、软件本身质量的高低及对企业实际情况的适应性等。而这些又受技术和人为的诸多因素影响，即审计环境中的不定因素增加了，从而增加了审计的风险。

利用网络通信系统，建立网络化的审计机制，可实现账簿文件的在线式随机审计，即管理层或审计机构可以通过网上授权，提取被审单位的会计信息，审计经营单位财务数据的真实性和有效性。这种机制对各经营单位产生了严格的制约作用，可更加有效地防范经营单位弄虚作假、推迟做账等。实现联机方式下的在线式的随机审计，可加强监管力度，减少审计过程中人为因素的干扰，而且审计的时点可由审计人员随机决定，无须事先通知被审单位，这大大降低了监管成本。网络审计在现阶段还处于起步阶段，对许多问题尚无很好的解决办法，如财务数据结构的不统一等，但网络审计是未来的发展方向，这是不容置疑的。

综上所述，网络财务是对财务管理的延伸发展，是一门新兴学科，对传统财务管理提出了世纪性的挑战，是推动我国经济发展的强劲动力。

1.3 网络财务对财务管理的影响

1.3.1 传统财务管理模式的局限

信息技术的发展使得企业财务管理面临严峻的挑战。在因特网和电子商务的开放式环境下，企业传统的以资金运动为对象的财务管理模式存在许多局限性，无法适应企业经营管理的要求。企业传统财务管理模式的局限性主要表现在以下几方面。

(1)财务管理系统与业务系统没能形成协同一体化，业务信息的传输和处理缓慢，产生的财务信息时效性差。

(2)财务管理的视角仅限于企业内部，对市场、供应链、客户关系等维系企业生存发展的外部环境关注不够，对市场、客户的反应滞后。

(3)财务监控的力度不大，对分支机构的财务监控较弱，难以进行集中控制和管理。

(4)难以整合企业内部资源和协调控制企业运营财务风险，资金调度和管理困难，资金运用效率低下。

(5)难以支持电子商务，对电子票据、电子货币、网上结算和支付等电子商务新内容无能为力。

(6)财务管理的核算数据和手段单一，主要依靠会计核算数据，以及借助一些简单的经济数学和统计学的基本方法对以财务报表为核心的会计资料进行处理，并据以预测未来企业可能达到的损失状况，而未能够充分整合内部各种业务信息、外部市场及价值链上的各种信息，使得财务信息的科学合理性和可用性不高。

1.3.2 网络财务的意义

鉴于企业传统财务管理模式存在上述缺点，企业传统的财务管理模式已远远不能适应新形势的要求，必须建立一种能够应对这些挑战的新的财务管理模式。网络财务就是一种理想的选择。它是网络时代企业财务管理的新模式。网络财务以网络计算技术为基础，能实现企业财务与业务协同、各种远程操作、事中动态核算和在线财务管理，以及支持电子商务的一种全新的财务管理模式。网络财务在空间上使企业财务管理从分散走向集中，从封闭走向开放；在时间上使企业财务管理从静态走向动态，从注重历史走向面向未来；在效率上使企业财务管理从定性分析走向精确定量，从事后反馈走向实时控制。网络财务无疑是网络时代企业财务管理的新模式，代表着会计信息系统的未来走向与潮流。网络财务的提出和推行，有力地拓展了财务功能，提高了企业管理水平和竞争力。它具有以下重要意义。

1. 网络财务改变了财务管理和会计核算工作的空间和模式

基于因特网的网络财务从技术上突破了地域限制，缩小了时间和空间的距离，使得各项业务能在广阔的网域内进行实时处理，从而使远程业务处理成为可能。网络财务能够及时、准确地进行远程业务处理，而传统财务要想实现这个目标，其管理成本和技术难度都是相当大的。

2. 网络财务可在更大范围内收集信息

在以网络化、数字化、信息化为三大特征的信息时代，如何迅速地获取有价值的信息并做出相应的决策成为企业能否发展的关键。网络财务改变了财务信息的获取方式，使得财务数据从传统的纸质页面数据、磁盘数据发展到网页数据，有利于信息的传播和多元化利用。财务信息系统实现了实时跟踪的功能。由于经济组织内的网络化涉及生产、财务、销售等所有部门，从而使得每一笔经济业务的发生能够立刻反映为经过处理的财务信息。由于采用了 Internet/Intranet 技术，母公司与子公司可以实现信息的实时传递。同时在网络环境下的在线数据库涵盖了网上所有企业的信息，财会人员依此可得到同行其他企业的有关财务指标并进行比较分析，正确预测企业的今后趋势。网络财务使得财务信息的动态处理成为现实，为企业的经营管理提供更加丰富的会计信息；使得财务信息系统由核算型向管理型、决策型转变，并最终形成以财务管理为核心的企业全面管理信息系统。

3．网络财务提高了财务管理与决策的时效性

在新的经济形势下，要求经营者、决策者必须迅速地做出积极的反应，对时效性的要求便提到了首位。网络财务充分利用了网络技术，使得企业财务管理、会计核算从事后达到实时，使得财务管理从静态走向动态，从实质上极大地提高了财务管理的质量。计算机网络技术的发展使得财务、业务的协同成为可能。由于利用因特网技术进行网上交易、网上结算的活动是即时进行的，所以由动态的会计和动态的财务产生的动态的信息打破了原有的会计周期的制约，使得决策者可以进行实时决策，及时了解企业财务状况，及时掌握第一手信息资料，做出及时反应，部署经营活动和做出财务安排。

4．网络财务促进了财务管理与业务的协同

财务与业务的协同一直是企业管理工作中的重要环节。网络财务是以因特网及电子商务为背景的在线理财活动，它的发展使得财务与业务的协同得以实现。该协同主要包括以下三个方面。一是与内部业务的协同，如网上预算控制、网上采购、网上资金准备等，财务人员可以在任何地方通过网络平台了解财务信息，可以及时对信息进行加工、处理。二是与供应链的协同，如网上询价、网上催账等。通过网络财务可以对供应链中产生的财务信息及时进行处理，而这种处理突破了时间和空间的制约，其效率也有很大的提高。显然，企业的供应链也成了基于网络的供应链，只有通过网络财务的协同才能发挥其最大的作用。三是与社会各部门的协同，如网上银行、网上保险、网上审计、网上报税等。这些业务与财务系统的协同，不仅可以降低企业的成本，提高资金的周转，还可以降低整个社会的交易成本，改变原来财务与业务各行其是的非常松散的结合，使得企业的财务资源和业务运作可以直接挂钩，促进社会经济高效、有序地发展。

5．网络财务能更有效地实现企业内部资源与外部资源的整合

通过网络财务对管理与业务流程进行重组整合，不但能够改变过去企业内部管理中部分资源重置、信息条块割裂、管理层次多的缺陷，而且能够把供应商、客户和分销商纳入统一的网络系统，有效地安排产、供、销活动，提高资金周转速度。网络财务管理可以使企业财务活动从内部资源向外部资源积极扩展。在过去，企业很难得到供货商的可供货量和到货时间、主要客户的订货数量和订购时间、市场上这些货物的价格波动区间等方面的动态数据。现在，利用网络技术和业务流程重组，企业可以快速获取上、下游企业的业务数据和市场行情信息，从而掌握消费者个性化需求和产品寿命周期，最终达到企业资源的合理配置。

6．网络财务有利于企业财务管理实施集中监控和统一管理

过去，企业缺乏支持集中式管理的技术手段，企业的发展受到物理地域的限制。因此许多大企业不得不采取分散式管理。另外，由于对下属机构的控制不力，导致许多企业出现了经营危机。企业采用网络财务，集团总部就可以随时查询每个成员单位的财务状况直至每张原始单据，使集团的信息交换准确、方便、及时、快捷。网络财务可以使大型企业集团从分散式管理转变为集中式管理，从而有利于财务监管，整合企业的财务资源，加强对下属机构的财务监控。

采用网络财务后，整个集团企业可以支持不同地域、不同类型的分公司、子公司的独立核算及并账处理，可以通过网络实行统一制度、统一管理。集团总部和成员单位之间，可以采用统一的科目体系、编码原则，可以提供各供应商、销售客户档案等基本信息，从而统一整个集团企业的财务管理制度和报表格式。

1.4　网络财务的发展

1.4.1　网络财务发展中存在的主要问题

任何新生事物的发展并非一帆风顺，网络财务也不例外。目前，我国网络财务正处于发展阶段，在实际应用中还存在一些亟待解决的问题，需要我们进一步研究，找出相应的对策。

1．网络系统的安全问题

网络财务面临的最突出问题就是安全问题。由于互联网的开放特性，企业通过网络理财，将各种财务信息搬到网上运行，虽然网络财务软件具有安全保护功能，但仍不能排除遭受计算机病毒侵袭或黑客恶意攻击的可能。因此，应建立科学严格的网络财务内部控制制度，采用有效的安全技术和病毒防范措施。

2．财务软件的瓶颈问题

和一般的财务软件不同，网络财务软件要求在符合国际会计准则和多语言、多币种的情况下，能够提供标准的会计信息，还可以对企业业务中的资金流、物流、票据等进行整合，网络财务软件融合了财务会计、财务管理系统、管理会计的功能。网络财务管理系统是以财务会计报告系统为核心的，对企业的经营活动进行有效的计划和控制，进行事前、事中、事后的动态网络财务管理，这是企业发展所需财务管理软件所必备的功能。但实际情况是现在很多财务信息管理系统并没有完全具备上述的功能，软件效果尚未得到权威机构的认证。传统的财务信息管理系统没有具备网络财务管理系统对财务的集中式管理、动态核算、实时监控、网上操作等，网络财务软件的发展显得落后，因此需要加快发展网络财务软件。

3．网络财务的法律制度还不健全

网络财务作为一个新兴领域，在涉及知识产权、版权和隐私权等方面，还没有相关

的法律依据，不能解决网络财务中所出现的细节问题。同时，现行的会计法也不能对网络财务出现的问题进行指导，网络财务人员在填写、处理、报告各类财务状况时遇到了很多困难，也加大了网络财务管理的风险性。因此，尽快完善相关制度是网络财务发展的基础。

4．财务人员的素质问题

网络财务的实施，不仅是财务软件的简单升级，它带来的是管理方式、管理理念、方法与工具的变革。它要求既懂财务又懂管理，既熟悉会计电算化知识又熟悉网络知识，既会具体业务操作又能解决实际工作中出现的种种问题。但目前一部分财务人员的文化程度偏低，专业知识薄弱，学历结构和层次偏低，视野偏窄，知识结构老化，计算机应用知识水平低，不能适应网络时代的要求，因此急需培养和引进高素质的人才。

1.4.2　发展网络财务的主要措施

面对网络财务对传统财务的巨大影响和冲击，只有坚持与时俱进的精神，改变传统财务中与网络财务相悖的做法，才能以网络技术为基础走出一条财务管理创新之路。包括理财观念的更新，理财目标和理财内容的调整与拓展，网络财务软件的推出。此外，还要完善相关必要的支持条件，才能适应网络财务发展的需要。

1．观念要更新

观念更新是适应网络财务管理发展的首要条件，网络经济时代，我国企业经营者及财务主管必须不断更新财务管理观念。

(1) 以人为本的观念。现代管理发展的基本趋势是重视人的发展与管理观。企业的每项财务活动都是由人发起、操作和管理的，其成效如何主要取决于人的知识和智慧，以及人的努力程度。

(2) 风险理财的观念。在社会环境中，风险无处不在，网络经济使企业风险加剧。财务管理人员必须树立正确的风险观，善于对瞬息万变的环境变化带来的不确定性因素进行科学预测，有预见性地采取各种防范措施，使可能遭受的风险损失尽可能降到最低。

(3) 信息理财的观念。财务管理人员要全面准确、迅速有效地搜集、分析和利用信息，获得有利于企业发展的各种信息，进行财务决策，开展筹资和投资活动。

(4) 重知识、重智力资源的观念。在知识经济时代，知识成为最主要的生产要素和最重要的经济增长源泉，智力等无形资产在经济发展中的重要性也正在迅速提升，网络财务管理必将发展成为知识化、智力化为主导的管理。

2．重新修正财务管理目标

我国传统财务管理的目标是股东财富最大化，然而，这一财务管理目标是与物质资本占主导地位的工业经济时代相适应的。在网络经济时代，无形资产越来越重要，创造无形资产的人才等智力资源越来越受到重视，我国企业财务管理目标不仅要追求股东利益，而且也要追求其他相关利益主体的利益和社会利益。

3．重新修正财务管理制度

我国现行的财务管理对象主要是物质资本及实物资产的日常管理，无形资产在资本结构中的比例受到法律限制，所占比重较小。而在网络经济时代，知识资本将在资本结构中占据主导地位，因此，企业财务管理内容必将发生较大变化。一是无形资产将成为企业投资决策的重点。实践也表明，无形资产在企业总资产中所占的比重及所起的作用，正在逐渐受到人们的重视，并将成为决定企业未来收益及市场价值的主要资产。二是风险管理将成为财务管理的一项重要内容。在知识经济时代，企业不得不面对随时有可能破产的风险。财务管理需要尽可能准确地预测和评估企业投资、融资过程中的所有风险因素。财务管理的理论研究也要高度关注风险管理理论和方法。

4. 尽快推出基于 Web 平台的网络财务软件

网络财务软件是依靠网络计算技术，以整合实现企业电子信息为目标，能够提供互联网环境下财务管理模式、财会工作方式及其各项功能的财务管理软件系统。网络化的财务管理软件要具备实现功能的多样化、基于 Internet 和 Web 模式、支持财务业务协同、支持财务国际化、保证财务数据的安全性这五个特点。

5. 发展网络财务的其他必要措施

(1)尽快完善相关法律、法规。一方面，我国政府应对网络经济立法，解决网络市场经济贸易中出现的各类综合性问题，规范网络市场经济活动；另一方面，对网络的安全、保密采取法律保障，对计算机犯罪要给予严厉的制裁，为网络财务提供一个良好的法律环境。

(2)推动网络信息化建设。企业是网络财务的主体，企业信息化基础设施建设、信息化在企业中的普及是当今社会发展的主要趋势。

(3)提高财务人员素质。网络财务迅猛发展的核心是既具备财会专业知识，又懂计算机技术、现代企业管理、法律等多方面知识的复合型人才。发展网络财务应尽快转变财会管理人员传统的思维习惯和思维方式，把知识经济的观念渗透到财务管理领域的研究和实践中，使财务人员在知识结构上逐步适应科技创新带来的发展。

面对当前日趋激烈的全球化市场竞争、飞速发展的信息技术以及在 Internet 和电子商务浪潮中构成的企业生存和发展的宏观环境，传统的财务管理受到新挑战，尽快提高公司财务管理水平迫在眉睫。网络化财务是先进的管理思想载体，研究网络财务管理模式是新形势对企业提出的必然要求，在实现网络财务管理的同时，必将带动企业整体管理的水平，提高企业的核心竞争力。因此，研究网络财务管理对企业的可持续发展有极其重大的理论意义和现实意义。

信息技术的迅猛发展和互联网的逐渐普及，必然促使企业财务管理从思想观念到方式手段的发展，从桌面财务向网络财务发展。网络财务的应用，信息技术的迅猛发展和互联网的逐渐普及，必然促使企业财务管理从思想观念到方式手段的发展，从桌面财务向网络财务发展。网络财务的应用表明了 21 世纪财务管理发展的新趋势，标志着一个新的财务管理时代即将到来。我们既要认清网络财务优势，又要积极寻找对策，以解决目前网络财务存在的各种问题，从而最大限度地发挥其优势，为我国企业的发展发挥更大的推动作用。

本章小结

网络财务的技术基础是网络。它是以财务管理为核心，业务管理和财务管理协同的综合系统。网络财务是网络化、信息化发展的必然产物，是网络时代企业财务管理的新模式。它的应用具有以下重要意义：它改变了财务管理和会计核算工作的空间和模式，可在更大范围内收集信息，提高了管理与决策的时效性，促进了财务与业务的协同，能更有效地实现企业内部资源与外部资源的整合，有利于企业实施集中监控和统一管理。本章还讨论了网络财务的体系架构，它主要由网络财务信息系统、网络财务报告、网络审计、网络财务安全等组成。这其中的一些内容将在后面的章节中详细阐述。

关键术语

网络财务　网络化　体系架构

复习思考

1. 网络财务的概念和内涵是什么？
2. 网络财务的体系架构主要有哪些？
3. 网络财务给财务管理带来了哪些影响？

参考文献

[1] 傅元略. 网络财务[M]. 上海：立信会计出版社，2001.

[2] 刘泽亮，李齐. 论网络经济时代企业财务管理模式的创新[J]. 财经理论与实践，2006(02).

[3] 刘国好. 网络财务的优点及风险控制[J]. 中国管理信息化，2015(01)

[4] 李洁. 网络环境下财务管理模式的创新发展[J]. 中国管理信息化，2005(01)

[5] 魏丽娟. 网络财务管理研究. 广东工业大学硕士学位论文，2006.

[6] 徐亚明. 集中与协同——网络财务的精髓[J]. 商业经济，2006(1).

[7] 李萍，胥璞. 基于 Internet/Intranet 技术的网络财务管理模型[J]. 中国管理信息化，2007，10(4).

[8] 潘彬，安雪梅. 试论 E 时代的网络财务管理[J]. 商业经济，2004(2).

[9] 王晓燕. 电子商务与网络财务[J]. 科技信息，2004(3).

[10] Alan Levinsohn. Trends in Financial Management-Few Flock to e-Finance[J]. Strategic Finance. Jan. 2001.

[11] Bou Van Kuyk. Centralizing Financial Operations[J]. Strategic Finance，Nov. 2001.

[12] George H. Sorter. An Events Approach to Basic Accounting Theory[J]. The Accounting Review, Jan. 1969.

[13] Winford Holland. Gary Skarke. Is Your IT System Vested? [J]Strategic Finance, Dec. 2001.

[14] 马建元. 网络财务管理若干问题分析[J]. 财会研究，2015(05).

第2章

网络财务与电子商务

本章导读

电子商务是基于网络信息技术的又一次商业革命，它不仅涉及电子技术和商业交易本身，而且涉及诸如金融、税务、教育等社会其他层面。电子商务具有全球化、虚拟化、数字化、透明化、协同化、全时化等特点。这些特点对财务管理提出了更高的要求，并催生了网络财务。

通过本章的学习，应了解电子商务产生、发展的背景，掌握电子商务的内涵与特点，理解电子商务对财务管理的冲击，掌握网络财务与电子商务之间的关系，了解网络财务对电子商务的支持。

2.1 电子商务的内涵与特点

电子商务应用产生于 20 世纪 70 年代早期，当时首次出现了电子资金转账（Electronic Funds Transfer，EFT）这样的创新，即资金可以通过电子方式由一个企业传送给另一个企业。然而，这类应用只局限于大企业和金融机构之间。随后出现了电子数据交换（EDI），这是一种以电子方式传输日常数据的技术，它使电子转账技术的应用从金融交易领域扩展到了其他交易领域，参与的企业也从金融机构拓展到了制造商、零售商、服务商及许多其他类型的企业。这种方式加快了供货方的处理速度，有助于实现最优化管理，且使得操作更有效率，提高了对客户服务的质量。但早期的解决方式均建立在大量的、功能单一的、专用的软硬件设施基础上，因此其使用价格极为昂贵，仅大型企业才会采用。此外，早期网络技术的局限性也限制了其应用范围的扩大和水平的提高。

当前世界经济向全球化、一体化方向发展，使商务活动范围迅速扩展到了全世界的每一个地方，如何跨越不同的国家和地区来快捷地完成企业之间的交易过程也就成了企业的当务之急。因特网的发展为整个商务活动的自动化创造了有利的条件和全新的信息空间。在这一空间里，人们用数字信号在网上交换邮件、讨论问题、阅读、写作，甚至游戏。商业活动，作为人类最基本、最广泛的联系方式，自然会渗透到这个空间中，于是人们想到了用数字信号在网上开展商务活动。可以说，电子商务是人类经济、科技、文化发展的必然产物。

电子商务的发展，得益于全球经济一体化的迅速发展，得益于信息处理技术及通信技术的迅速发展和成熟。同时，商业自动化、企业管理信息系统的完善及金融行业的自动服务系统的形成也为电子商务的产生和发展奠定了基础。目前，国际上已成立商务网络联合会、欧洲电子商务（EEC）、日本电子商务促进理事会等机构来领导电子商务。此外，与电子商务有关的一些组织包括世界贸易组织（WTO）、经济合作与发展组织（OECD）、世界知识产权组织（WIPO）、国际商会（ICC）、国际民航组织（ICAO）和联合国国际贸易法委员会（UNCIRTAL）等。

2.1.1 电子商务的内涵

电子商务是指通过包括互联网在内的计算机网络来实现商品、服务或信息的购买、销售与交换的过程。

完整的电子商务的内涵应包括四个方面的内容，即电子信息技术的发展，人的知识和技能，系列化、系统化的电子工具，以及以商品交易为中心的各种经济事务活动。

1. 电子商务的前提——电子信息技术的发展

当今社会技术的代表应是电子信息技术，它是开发和利用信息资源（充分共享、再生、组合、产生新的信息）的有效工具，是实现电子商务的前提条件。

信息技术的广泛应用已经渗透到了人类社会、经济的各个领域。在发达国家，信息化的程度已较高，如美国的信息产业(包括硬件产业、软件产业和信息服务业)已占美国经济 GNP 的 75%以上，从而使美国进入了信息社会。其他发达国家也正不断增加信息经济的比重。我国正在奋起直追，在实现国家工业化的同时向信息化积极迈进，力求加速实现国民经济的信息化。

2．电子商务的核心是人

之所以说电子商务的核心是人，是因为：第一，电子商务是一个社会系统，社会系统的中心必然是人；第二，电子商务系统实际上是由围绕商品交易的各方面和代表各方面利益的人所组成的关系网；第三，虽然在电子商务活动中，充分强调了工具的作用，但归根结底起关键作用的仍然是人，因为工具的发明、制造、应用和效果的实现都是靠人来完成的，所以必须强调人在电子商务中的决定性作用。也正因为人是电子商务的主宰者，因而有必要考察什么样的人才是合格的。由于电子商务是信息现代化与商务的有机结合，所以能够运用电子商务理论与技术的人必然是掌握现代信息技术、现代商贸理论与实务的复合型人才。一个国家、一个地区能否培养出大批这样的复合型人才，就成为了该国、该地区发展电子商务的最关键因素。

3．系列化、系统化的电子工具

虽然从广义上讲，凡应用电子工具，如电报、电话等电子工具从事的商务活动都可被称为电子商务，但这是狭义的电子商务，即印有很强时代烙印的高效率、低成本、高效益的电子商务。这里所说的电子工具并不是一般的电子工具，而是能跟上信息时代发展步伐的系列化、系统化的电子工具。

从系列化讲，我们强调的电子工具应该是包括商品需求咨询、商品订货、商品买卖、商品配送、货款结算、商品售后服务等，伴随商品生产、流通、分配、交换、消费甚至再生产的全过程的电子工具，如电视、电话、电报、计算机，以及 EDI、EOS、POS、电子货币、电子商品配送系统、MIS、DSS 售后服务系统等。

从系统化讲，我们强调商品的需求、生产、交换要构成一个有机整体，构成一个大系统。同时，为防止“市场失灵”还要将政府对商品生产、交换的调控引入该系统。而能达成此目的的电子工具主要有局域网(LAN)、城市网(CAN)和广域网(WAN)。它们将通信网、计算机网和信息网相结合，可构建纵横相连、宏微结合、反应灵敏、安全可靠的电子网络，有利于大到国家间，小到零售商与顾客间进行的方便、可靠的电子商务活动。

4．以商品交换为中心的各种经济事务活动

从社会再生产发展的环节看，在生产、流通、分配、交换、消费这个链条中，发展变化最快、最活跃的就是中间环节的流通、分配和交换。可以把这些中间环节看成是以商品的交换为中心来展开的，即商品的生产主要是为了交换——用商品的使用价值去换取商品的价值。交换必然产生流通、分配等活动，即它连接了生产和消费等活动，于是可以将以商品交易为中心的各种经济事务活动统称为商务活动。

2.1.2 电子商务的特点

综合来看，电子商务与以往的传统商务相比，有着许多截然不同的特征。它主要有以下几方面特点。

1. 全球化

首先，在地理空间上，由于因特网可进行全球信息的传播，故全球性的交易再也没有地理位置的障碍限制，从而扩展了营销范围，把全球市场连接成了一个整体。在因特网上，任何一家企业都可以面向全球销售自己的产品或服务。其次，在信息资源上，因特网体系因具有近乎无限的信息存储空间，从而可以便捷地检索，迅速地传输商业信息，使不同地域的经济联系更加便利。

2. 虚拟化

电子商务的虚拟性源于网络的虚拟性，它不受传统的物理空间的限制，而是在数字化的虚拟空间中活动。电子商务中的网上商店是由图片和文字等信息所组成的虚拟商店；电子商务中的市场也不是一个实体市场，而是集合了众多买卖信息的虚拟市场。贸易双方从贸易磋商、签订合同到支付等，无须当面进行，均通过因特网完成，整个交易完全虚拟化。卖方可以到网络管理机构申请域名，制作自己的主页，组织产品信息上网。而虚拟现实、网上聊天等新技术的发展使买方能够根据自己的需求选择产品或服务，并将信息反馈给卖方。通过信息的推拉互动，签订电子合同，即可完成交易并进行电子支付。整个交易都是在网络这个虚拟的环境中进行的。

3. 高效化

网络的发展使得各经济主体里最高决策者与最基层执行者之间建立起了直接的联系，且管理层次减少，这使得企业可以更加高效地运作，而且中间管理机构和组织也没有了存在的必要性。电子商务中数据的传递都是通过计算机瞬时完成的，这种方法克服了传统贸易方式费用高、易出错、处理速度慢等缺点，极大地缩短了交易时间，提高了商务活动的运作效率及资金的周转速度。电子商务也使得企业能够与消费者之间建立起更加有效的沟通方式，使得企业可以对市场需求做出快速的反应，提高新产品设计和开发的速度。可以说，电子商务使得中介弱化、社会交易成本不断降低，经济效益不断提高。

4. 数字化

当商务及与商务活动相关的各种信息都以数字形式被采集、存储、处理和传输时，商务模式就发生了质的变化，数字生活、数字商务、虚拟企业等数字化形式就应运而生了。数字化具有易于存储、查询、处理、修改信息等优越性，这将人类前进的方向与数字化牢牢地捆绑在了一起。正是由于电子商务的数字化特点，使得商务活动中的商流、资金流和信息流都能够在计算机网络中迅速传输，形成了“三流合 e”的商务模式，并使得现代商务活动朝着“无纸”商务、信息商务、快速商务的方向发展。

5．透明化

由因特网带来的信息透明化，降低了作为商品流通媒介的中间商的流通职能，流通环节中的交易成本也随之消失，从而减轻了消费者的负担。另外，通过搜索引擎，消费者可以很容易地获取商品的各种信息，并可以对众多企业的产品进行比较，从而极大地减少了交易过程中信息不对称的现象，增加了消费者的选择余地。

6．协同化

在电子商务这种虚拟商务模式中，几乎所有的信息交互都可以在瞬间完成，相关的所有商务活动都必须适应这种速度，这就要求企业内部各部门、生产商、批发商、零售商、银行、配送中心、通信、技术服务等进行通力合作。例如，如企业在网上销售商品时，其相应的物流配送体系跟不上，消费者要等上一两个星期才能收到自己所购的商品，则这样的电子商务是不会成功的；又如这家企业通过物流外包，使得商品配送的时间缩短至两三天，则这家企业的电子商务就很有可能获得成功。因此，从这个角度上讲，很多人又把电子商务叫做协同商务。

7．个性化

由于电子商务是以网络为基础的，所以在企业和消费者之间可以轻松实现信息的自动化传递，并建立面向消费者的数据库系统。在网络营销和虚拟生产的理论指导下，企业可以充分利用数据库进行一对一的个性化营销、一对一的个性化设计和生产，实现企业和消费者之间全程的一对一个性化跟踪服务，从而最终实现企业的差异化经营战略。电子商务个性化服务的经典案例为戴尔公司计算机生产、营销等的定制化服务。通过向其顾客提供计算机的定制化服务，戴尔公司极大地满足了消费者的个性化需求。

8．全时化

由于信息网络每天 24 小时都在运转，所以基于网络的电子商务活动很少受时间因素的制约，可以全天候地连续进行。

2.2 电子商务对财务管理的影响

2.2.1 电子商务对会计核算产生的影响

不管是以传统纸质形式进行会计核算工作还是运用计算机系统软件进行工作，会计部门自始至终都具备反映、监督以及参与企业经营决策这三大职责。电子商务的发展造就了企业不断地将复杂的工序简单化、模糊的程序精确化，而在工作流程中，也越来越趋向于向自动化、无纸化、电子操作化设备等方向转变。其中，会计核算通过电子系统软件的运用，已经达到以无纸化业务数据取代一系列原始的纸质数据、表格、签字印章的程度，这是电子商务对会计核算产生影响的前提条件。

1．传统会计假设理论有待进一步完善

会计假设理论(即会计主体假设、持续经营假设、会计分期假设、货币计量及市值不变假设等)已无法满足电子商务发展的客观需求，暴露出许多局限性。例如，企业间虚拟联合、战略联盟的出现，打破了原来会计主体假设的活动范围；网上兼并、收购、破产对持续经营假设提出了疑问；会计实时报告系统的出现，使得随时生成财务报告成为现实；电子货币、电子银行的出现，使得无纸化、非货币计量交易梦想成真。为了更好地适应电子商务时代的步伐，传统的会计理论必须不断完善、修正和改进。

2．电子商务要求会计服务范围更加广泛

电子商务是信息社会的产物，它将原有的商务活动扩散，伸向商品生产企业的采购、销售环节，伸向政府的贸易、调控采购部门，伸向消费者的办公室、家庭等网络可以到达的一切地方，从而形成了全球统一、规范竞争的有序的大市场。而会计为了更好地适应电子商务的客观要求，服务于这个大市场，其服务范围也应不断扩大，不但要服务于物质生产领域，还要服务于非物质生产领域，即面向政府、流通行业、生产行业、消费者及国内外贸易的各个方面。

3．电子商务要求会计手段多样化、现代化

在信息时代，企业的竞争非常激烈，作为一种以提供财务信息为主的经济信息系统，为了不断地满足财务报告需求者的客观需求，会计必须采用多样化、现代化的手段为企业服务。会计电算化、网络会计的出现，打破了原先束缚会计自由发展的桎梏。而会计实时报告系统的应用，更加速了财务报告生成的及时性，为会计的充分发展提供了一个新的契机。

4．电子商务需要高素质的复合型会计人才

市场的竞争就是人才的竞争。完整的电子商务内涵由四个方面组成，即电子信息技术的发展，人的知识与技能，系列化、系统化的电子工具，以及以商品交易为中心的各种经济事务活动。由此可见，电子商务的核心是人才。电子商务作为信息现代化与商贸有机结合的产物，既需要能够掌握及运用电子商务理论与技术的专业人才，又需要精通财会理论知识及具有实践工作经验的复合型、全方位人才。

5．电子商务要求会计市场国际化

随着电子商务的不断发展、扩散，会计市场必将打破国界而趋于国际化，使得全球各地区的人们可以在国际化的会计市场中方便地寻求自己所需要的会计商品，同时为其他用户提供自己的会计商品，最大限度地实现会计商品等价交易的双重耦合。会计市场国际化也为电子商务的进一步发展提供了新的契机。

6．电子商务中会计主体发生变化

在传统模式中会计核算的主体是具体的客观的实体公司，是指会计所反映的特定单位或组织。但是电子商务下的会计主体是网络公司，具有虚拟性。网络公司在进行核算的过程中与以往的具体的客观的公司有着很大的不同。它可能在一个特定时间为了完成某

一特定目标，可以灵活地根据各种环境增加或减少合作方，其生命周期可能相当短，它既没有固定的形态，也没有确定的空间范围，而这些是传统的会计主体不可能做到的。这就要求在进行会计核算时要有一个灵活的核算空间，从而最大限度地反映企业的客观情况。

7. 电子商务要求会计分期更加灵活

会计分期是指将一个企业持续经营的生产经营活动划分为一个连续的、长短相同的期间。传统的会计分期往往是以年度为单位的，但是在电子商务中由于网络生命周期的短暂，部分公司甚至可能是为了一次业务而产生，所以也会随着业务的结束而结束，这就使得在电子商务下的会计分期要具有灵活性。网络公司进行的核算充分利用了信息技术。因此，在电子商务环境下会计的核算和财务报表可以在任何时候、任何地点被公司获取。所以在该种模式下，会计分期的划分就不明显。如果一定要进行会计分期，那么最好是根据网络公司的存在和运营状况进行灵活的划分。

2.2.2　电子商务对现行财务报告的影响

现行财务报告的局限主要表现在以下几个方面。

(1) 现行财务报告体系重视对企业有形资产的报告，而对无形资产的揭示却不够。在网络时代，无形资产已取代有形资产在企业生产经营中的重要作用，如果在财务报告中不能对无形资产做出充分的揭示，将会妨碍信息使用者对企业整体价值的评估。

(2) 现行财务报告所呈报的是一种历史的、货币化信息，难以对电子商务时代企业的生产经营状况做出全面揭示，其原因主要有以下几个方面。

① 缺少有关企业未来机会及风险的预测性信息。

② 缺少非货币信息。

③ 信息缺乏时效性。受制于信息收集和处理的能力，现行财务报告不能将发生于企业的经济活动及时地向信息使用者进行披露，其所提供的信息主要是一种面向历史和过去的信息。

(3) 现行财务报告体系是建立在历史成本计量属性基础之上的，这种呈报基础所反映出的资产与其公允市价之间的差异，不利于信息使用者对企业整体规模和真实生产力做出准确的评估。特别是在网络时代，随着知识和技术创新速度的加快，企业产品和设备的生命周期大大缩短，如仍根据历史成本对企业资产进行计量，将会极大地扭曲这些资产的现时价值及生产力，从而误导信息使用者。

(4) 现行财务报告是一种通用性的财务报告，这种报告模式有以下两个明显的缺陷。

① 忽略了不同信息使用者在信息需求和使用上的差别。

② 报表要素划分比较综合，许多会计数据在分类、加工、汇总的过程中失去了其本身的含义。

而在“网络财务”概念中，网络计算将极大延伸会计核算的时间和空间范围，提高会计核算效率；动态核算将极大改善会计信息的及时性，丰富会计信息内容，提高会计信息价值；实时报告将极大提高会计信息质量，并且更有效地为会计信息使用者提供决策服务。

2.2.3 电子商务对传统财务管理的影响

随着电子商务时代的到来，客户需求出现了新的变化。这些新变化主要表现在需求个性化、随意性，以及由此带来的电子商务模型的多样化等。这些变化必然对企业内部的资源配置效率提出更高的要求，其中对财务管理的要求尤为严格。

1．电子商务对传统财务管理内容的冲击

1）无形资产管理将成为财务管理的重要内容

在工业经济社会，经济增长主要依赖于厂房、设备、资金等有形资产。而在电子商务时代，专利权、专用技术、商标、信息、计算机软件等以知识为基础的无形资产，对经济的增长起着决定性的作用。与此相对应，企业资产结构中无形资产的比重迅速上升，甚至成为企业的主要资产。为适应有形资产向无形资产转变的需要，企业财务管理的重点要转变到无形资产的管理上来。

2）筹资管理与投资管理意识的转变

传统财务管理的筹资与投资主要是指企业资金的筹集与应用。由于电子商务的应用扩展了企业资本的范围，故改变了企业的资本结构。在电子商务环境下，企业的资本包括物质资本与知识资本两大类，其中起主导性作用的不再是物资资本，而是知识资本。企业财务管理应根据企业实际情况，对企业知识资本的筹集进行规划，加强对企业无形资产及人力资源的管理。筹集知识资本将成为企业未来财务管理的重要环节。企业拥有了大量的知识资本后，若使用不合理，也不能为企业创造财富。企业财务管理应帮助企业充分利用企业的知识资本，包括合理估计无形资产带来的价值与收益，使企业知识资本达到最佳效益结构。企业财务管理重在发掘企业知识资本的潜在收益能力，可使知识资本为企业带来源源不断的财富。

3）风险管理意识将进一步得到强化

在电子商务条件下，客户的需求产生了许多新的变化，主要表现为个性化及消费时机、地点的随意性趋势。随着整个企业组织经营流程围绕充满着不确定性的顾客需求而设计，上述压力定会给企业内部的生产、研发、质量管理、供应等环节带来倍数式的负面影响，即这种新的需求特性使得组织内部各关键环节面临更多的不确定性，而这些环节的不确定性最终必然反映为企业财务管理的不确定性，从而增加了企业财务管理的风险系数，这就促使企业进一步提高其风险管理水平。

2．电子商务对传统财务管理职能的冲击

财务管理的主要职能包括决策、计划和控制职能。电子商务的发展加速了全球经济的一体化，给企业谋求全球发展带来了机会。又由于电子商务的迅速发展改变了传统的商业模式，所以企业财务管理职能的执行也呈现出了不同于传统财务管理的新特点，如下所示。

（1）电子商务企业能在更广范围乃至全球范围内扩张及经营其业务。利用因特网技术，可实现信息技术和企业经营的有效结合，从而节约成本和时间。通过合并多个数据

中心，可节省信息技术的管理费用并保护稀缺的信息技术资源。运用共享服务中心，可提高经营效率并降低信息成本。财务部门可以在诸多关键领域运用共享服务中心，这些领域包括采购、付款、订单管理、收款、项目管理、资金管理、预算和报告等。通过集成信息和优化业务流程，可摒弃冗杂成分，降低企业财务管理的复杂程度。

(2) 计算机及计算机网络的发展同时也铸就了最富有成效的财务分析。作为 20 世纪最富有创意的发明，计算机的数据处理、分析能力是无与伦比的。对于结构化财务决策，如财务管理中的最优库存模型的确定，可完全交由计算机来完成。

(3) 与传统的财务管理相比，电子商务条件下的财务管理充分应用因特网技术，对企业财务进行了实时管理。首先，企业财务管理、会计核算从事后达到实时，财务管理从静态走向动态，在本质上提升了财务管理的质量；其次，网络财务下的会计核算从事后的静态核算转变为事中的动态核算，丰富了会计信息内容，提高了会计信息的时间价值，因而产生了各种能更有效反映企业经营和资金状况的动态财务报表和财务报告；最后，通过与网上银行的连接，可随时查询企业的最新银行资金信息，最大限度地加快资金流程。企业还可针对瞬息万变的市场，及时掌握第一手信息并做出反应，部署经营活动和做出财务安排。

(4) 协同化财务管理影响范围不断扩充。在电子商务的导向作用下让企业财务管理活动与业务活动实现了同步，从而推动了协同化财务管理的进行。协同化财务管理不仅包含日常财务管理互动，同时将企业财务管理与业务开展以及供应链沟通进行了有效的整合，在此基础上与社会部门也产生了一定的协同作用。协同化财务管理过程中只要有业务产生必然会生成相关财务信息，同时所得到的信息可进行立即性处理并有效地反馈至业务系统，还能够产生协同管理信息。在上述作用下，可以让企业对业务活动及业务活动的时间差进行有效的把握，防止财务滞后于业务，保证了两者的平衡，这种协调性发展对于企业实现长期战略目标有着重要的促进作用。

(5) 提升了财务管理活动的便捷性。基于电子商务的企业财务管理推动了线上交易形成，同时也实现了财务管理的在线进行，这大大地提升了财务管理的便捷性。通过在线平台，财务管理人员可立即对相关信息在网上做出匹配反应，并借助网络部署活动以及发布相关信息。

2.3　网络财务与电子商务之间的关系

2.3.1　网络财务是电子商务发展的客观要求

在电子商务环境下，企业的经营活动依托于网络，这就要求企业拥有基于网络的财务系统。因此，电子商务的迅速普及必然会推动网络财务的出现和发展。可以说，网络财务是电子商务发展的客观要求，这种要求体现在以下两个方面。

1. 企业内部组织结构的变化要求

企业在实施电子商务的过程中，必然要对其内部的组织机构进行相应的调整。各个部门之间将由原来的相互隔离转变成相互协同。部门之间协同作业，从而实现信息共享。财务部门作为企业当中比较重要的一个部门也必须适应这种变化。通过网络财务来共享公司的财务信息，可以从根本上改变由财务、业务运作时间差产生的信息不对称的滞后状况，使财务、业务协同进行。

2．财会信息有用性属性要求建立和发展网络财务

电子商务的发展，使企业不仅十分关注获取信息的及时性，而且更加关注信息的有用性。因此，在电子商务环境下，企业要针对日益激烈的市场竞争，在随时根据需要做出经营决策的同时，确保决策的正确性，这对信息的质量和有用性提出了更高的要求。由于因特网提供了广泛、低成本、及时的在线商业信息，故通过网络财务系统，财务部门可收集到同行业其他企业的财务指标等信息并做出财务比较分析，从而正确预测企业发展趋势。

2.3.2 网络财务是电子商务的基础

电子商务要求企业通过网络实现从原材料的查询、采购、产品展示、订购到出库、储运及电子支付等一系列贸易活动。在这些活动中，企业与企业之间、企业与银行之间是通过因特网进行财会业务往来的，不可避免地要发生支付、清算和税务等对外的财务往来业务。要想高效地完成这些财务往来业务，企业就必须拥有一套完备的能够支持电子商务的财务软件系统，以自动无误地帮助企业完成这些工作，这套财务软件系统就是“网络财务软件”。因此，电子商务不仅需要有因特网作为物质基础，还需要有功能强大的“网络财务软件”来支持其运作。

网络财务能够很好地支持企业内外的协调业务。从内部的协同来看，网络财务使得财务部门的预算控制、资金准备、网上支付、网上结算等工作与业务部门的工作协同进行；从外部的协同来看，网络财务使得企业的网上询价、网上催账、网上保险、网上报税等工作与其他企业和社会部门的工作协同进行。另外，网络财务能够支持电子单据与电子货币，改变财务数据信息的获取利用方式；财务数据也从传统的纸质页面数据、磁盘数据发展到页面数据，解决了网络环境下电子商务运行过程中结算、付款及其他经济业务的难题。总之，网络财务充实了电子商务的运行体系，使电子商务的实施更加完善、可靠，促使电子商务向更高的水平发展。

2.3.3 网络财务促进电子商务的成熟和完善

网络财务概念的推出是一场企业运营与管理的革命，极大地推动了电子商务的发展。

1．网络财务拓展了财务管理的时间和空间

在时间上，网络财务使得会计核算从事后走向实时，财务管理从静态走向动态。在空间上，由于具有远程处理的功能，网络财务的管理能力可以延伸到全球的任何一个节点，从而使得企业特别是集团型企业能轻易实现其遍布全球各分支机构的管理。网络财务使财务管理人员从桌面走向网络，实现了远程处理；使物理距离变成了鼠标距离，突

破了时空界限，为实现远程电子商务提供了条件。显然，财务管理在时空的改变从本质上极大地提高了财务管理的水平与效率，也拓展了电子商务的应用深度，这对于电子商务的发展来说是一个很大的贡献。

2. 网络财务使财务工作的介质和工作方式彻底改变

电子单据、账表甚至电子货币的广泛应用，使网上支付、网上结算这些电子事物的关键环节得以实现，为电子商务的普及扫清了很大的障碍。

可以看出，网络财务的发展促进了电子商务的进一步发展，使电子商务的水平跃上了一个新台阶。网络财务的出现，使企业在网络上实现的经济行为更多，更有可靠性，因此，企业对于电子商务的信心也更足了，企业会把更多的经济业务放在网络上，这又会促进电子商务的发展。网络财务在技术上和学术上的客观要求，会给电子商务技术带来许多新问题，而这些新问题的解决，不仅会给予网络财务领域技术前进的动力，更会给电子商务技术的发展助一臂之力。

本章小结

电子商务是指通过包括互联网在内的计算机网络来实现商品、服务或信息的购买、销售与交换的过程。

完整的电子商务的内涵应包括四个方面的内容：电子信息技术的发展，人的知识和技能，系列化、系统化的电子工具，以及以商品交易为中心的各种经济事务活动。与传统商务相比，电子商务的特点主要包括全球化、虚拟化、高效化、数字化、透明化、协同化、个性化和全时化等。

电子商务从三个方面对财务管理产生了影响，分别是对会计核算产生的影响、对现行财务报告产生的影响，以及对传统财务管理产生的影响。

在电子商务环境下，企业的经营活动依托于网络，这就要求企业拥有基于网络的财务系统，因此，电子商务的迅速普及必然要推动网络财务的出现和发展。可以说，网络财务是电子商务发展的客观要求。另外，网络财务也是电子商务的基础。网络财务还促进了电子商务的成熟和完善。

关键术语

电子商务　电子商务的内涵　电子商务的特点　网络财务　网络财务软件

复习思考

1. 怎样理解电子商务的内涵？
2. 与传统商务模式相比，电子商务具有哪些特点？
3. 电子商务是从哪些领域对财务管理产生影响的？
4. 怎样理解网络财务与电子商务之间的关系？
5. 网络财务对电子商务的支持体现在哪些方面？

参考文献

[1] 邵兵家. 电子商务概论(第 3 版)[M]. 北京: 高等教育出版社, 2011.
[2] 章壮洪, 张小丽. 电子商务下的网络财务初探[J]. 山西财经大学学报, 2001, 23(6).
[3] 吕巍. 电子商务与网络财务[J]. 沈阳大学学报, 2003, 15(1).
[4] 马光华. 电子商务与网络财务[J]. 商场现代化, 2006(9).
[5] 彭郧. 电子商务中的网络财务问题研究[D]. 武汉理工大学硕士学位论文, 2002.
[6] 任迎伟. 论电子商务对财务管理的冲击与创新[J]. 西华大学学报, 2004(10).
[7] 邓宝玲. 电子商务下的网络财务问题探讨[J]. 商业经济, 2005(5).
[8] 冯群英, 陆斌. 浅析电子商务条件下的网络财务系统[J]. 财经理论与实践, 2001(12).
[9] 李凤艳. 电子商务与网络财务的初步探讨[J]. 辽宁大学学报(哲学社会科学版), 2004, 32(2).
[10] 黄洁玲. 浅议电子商务环境下的网络财务软件[J]. 现代商业, 2008(24).
[11] 余锋. 网络财务相关问题的探讨[D]. 暨南大学硕士学位论文, 2000.
[12] 李强. 浅谈电子商务对会计核算的影响[J]. 商业文化, 2011(10).
[13] 刘承. 网络时代电子商务对财务管理的影响分析[J]. 商场现代化, 2014(19).

第 3 章

网络财务管理

本章导读

网络技术的飞速发展和广泛应用，彻底改变了企业的经营方式和管理模式，而作为企业管理核心部分的财务管理也发生了巨大的变化。网络技术的蓬勃发展对传统财务管理的筹资管理、投资管理、财务风险管理和营运资金管理带来了冲击的同时也为之带来了发展的机遇。充分利用好网络技术，能为企业更好地进行财务管理提供一种技术手段。

通过本章的学习，应当了解和掌握网络对财务管理各方面所产生的影响，同时了解在网络经济环境下，企业财务管理内容的变化和发展趋势。

3.1 网络财务管理概述

财务管理网络化打破了地域界限，提高了信息传输速度，增加了信息的使用价值，降低了企业成本，并促使传统的财务管理演化为了网络财务管理。

3.1.1 传统财务管理的局限性

1. 传统财务管理方法不能满足日益发展的电子商务要求

随着电子商务和网络经济的快速发展，传统的企业财务管理的弊端日益凸显。电子商务的特点是贸易双方从磋商、签订合同到支付均通过网络完成，整个交易远程化、实时化、虚拟化。这就使得财务预测、计划、决策等工作的时间缩短，对财务管理方法的及时性、适应性、弹性等提出了更高的要求。传统的财务管理是在没有实现网络化的条件下进行的，使得企业财务部门仍然处在“信息孤岛”上，只能进行事后算账，而无法满足日益发展的电子商务对财务管理方法提出的更高的要求。

2. 在传统财务管理条件下所获得的财务信息具有局限性

(1)财务信息失真。财务信息在企业内部和外部传输过程中有可能遗漏，也有可能被人为篡改或人为做假使得财务信息不具有价值，难以为企业管理层提供真实、有效的决策依据。

(2)财务信息分散。对于企业特别是大中型企业来说，其内部机构设置繁多，业务流程复杂，即使同一企业集团下的不同企业也存在着不同的利益关系，因此从企业整体利益角度出发，企业总部所获得的信息比较分散，并且很难获得齐全的信息，这就使得在传统财务管理条件下的财务部门无法收集齐全的财务信息，导致传统财务管理的技术含量较低，无法形成高效、畅通的信息传输途径。

(3)财务信息滞后。由于上规模的企业的下属机构和部门较多，位置分布在不同地区，故从企业整体讲，要对所有部门的财务信息进行汇总、分析，在较短时间内是无法完成的，这也就使得无法将有用的信息及时提供给企业决策层，也无法及时将信息传输给需要该信息的相关部门。

3. 传统条件下的财务管理与现代企业管理模式不匹配

在电子商务环境下，企业对财务管理方法要求更高，研究的内容更加广泛，并要求在财务管理方式上实现电算化、业务协同、在线管理、远程处理等。而传统的财务管理不能真正打破时空限制，并且与业务活动在运作上存在时间差，这导致企业内部各部门之间的信息不能相互衔接、相互利用，企业的财务资源不能实现最优化配置。

3.1.2 网络财务管理的概念与特征

1. 网络财务管理的概念

网络财务管理是指在一定的网络环境下，以内部网和因特网为手段，将信息技术与财务管理技术相结合，实现对企业筹资、投资等财务活动的网络化管理的一种财务管理方式。作为一种新型的全面基于网络技术的财务管理模式，它具有以下特点。

(1) 从空间上看，企业的一切业务活动都可通过网络进行远程处理，便于整合企业的财务资源，全面提高企业的竞争力。

(2) 从时间上看，企业的一切活动均可以通过网络进行实时报告，便于企业管理层进行网络化管理，从而提高企业的工作效率。

(3) 在网络财务条件下，电子化货币将得到普及，这不仅极大地提高了结算效率，更重要的是加快了企业资金周转速度，降低了企业资金成本。在这种条件下，企业财务信息能够以更快的速度、更灵活的方式及更广泛的共享性满足各个利益相关者不同的信息需求，进而帮助企业管理层更加有效地管理企业。

2．网络财务管理的特征

网络财务管理突破了传统管理模式，形成了与网络技术相结合的全新的财务管理模式，其特征表现为以下几方面。

1) 实现资源共享

在网络化条件下，企业通过网络技术对信息进行整合，对各项经济业务进行网络化处理，并与企业外部的信息系统相结合，从而实现了企业资源的共享。

2) 实现远程处理

在网络技术普及之前，由于受空间限制，企业对不同地域部门进行财务管理的技术难度和成本都很高。网络财务管理则突破了这一空间限制，使企业各部门之间的物理距离大大缩短，企业财务管理能力能够通过网络延伸到全球的任何一个节点，从而强化了企业管理层对各部门的财务监控。

3) 实现财务管理方式和手段的创新

与网络技术相结合，促进了财务管理的现代化，为财务管理职能的拓宽提供了技术条件。企业通过建立现代化的财务管理系统，实现了高效的业务集成和财务管理角色的转变，并促进了企业财务管理手段的不断创新。

4) 实现财务集中管理

(1) 信息的集中。在网络财务条件下，实现了信息的高度集中，这种集中改变了传统财务管理条件下的事后集中，实现了实时的动态集中。通过信息集中，可将分散在各个部门的信息集中起来并作为信息资源提供给相应的部门，使各部门各尽其责，达到将集中的权力分解，调控资金流和物流的目的；可将分散在各部门的财务信息集中起来，为企业管理层提供决策依据。

(2) 管理的集中。在网络财务环境下，企业进行集中管理，有利于整合企业的财务资源，全面提高企业的市场竞争力。利用网络财务管理系统对二级部门实现集中财务管理、集中资金调配，可为企业领导提供经营状况的实时信息，实现事前计划、事中控制和事后监督相结合的集中管理。

5) 实现财务信息与业务信息协同

(1) 与组织内部业务的协同。它贯穿于组织的全程业务中，包括网上采购、网上销售、库存管理、网上服务及网上费用管理等。财务部门的预算控制、资金准备、网上支付、网上结算等工作应与业务部门的工作协同进行。

（2）与供应链的协同。企业是整个供应链上的一部分，供应链上的其他部分为供应商、运输商、零售商和客户等。与供应链相对应的是持续不断的信息流、产品流和资金流，与供应链的协同的目标是实现供应链的整体价值最大化。在企业内部，各部门在供销、控制、预测等业务活动过程中每时都会产生各种信息，并伴有财务信息，企业需及时将这些财务信息输入财务管理系统并进行处理，再将产生的结果反馈给业务系统，实现财务业务的协同处理并集成各种管理信息。

（3）与社会其他相关部门的协同。企业在发生经济行为的同时，需要借助企业外部的其他一些条件，以保证这种经济行为的顺利完成。

6）电子单据和电子货币孕育而生

（1）电子单据。网络财务对财务管理带来的第一个变化就是会计工具和介质的变化，使得更多的财务信息变成电子信息，如电子单据、电子发票等，这些变化会让财务管理工作更加快捷高效。

（2）电子货币。电子商务的运营离不开电子货币的支持，同时电子货币也是网络财务的基础。电子货币的出现使得基于网络的在线支付、在线结算等成为了现实，这样极大地提高了结算的效率，同时使得资金的周转速度大大提高，资金成本大幅下降。

3.1.3 网络财务管理的目标

传统财务管理的目标是实现企业利益最大化和价值最大化，这些目标均以本企业为主体，注重企业自身的利益。在网络财务条件下，财务管理目标向多元化发展，即在注重本企业利益和价值的同时，也追求其他相关者的利益；既关注企业自身利益，也关注社会利益。由此可见，网络财务管理目标逐步演化为以下几点。

（1）兼顾相关利益主体的利益。相关利益主体包括股东、债权人、企业职工、顾客、供应商、政府部门和其他相关利益主体。不同相关利益主体所处的地位不同，其所体现的目的也不同，如企业股东期望财富最大化、企业员工期望薪金收入最大化、债权人期望能如期收回本金和利息等。因此，在网络财务环境下，企业需要兼顾和均衡各相关利益主体的利益要求：既考虑企业股东的利益，又兼顾其他利益相关者的要求；既要适应网络经济时代的发展要求，又要体现企业持续发展的财富特征。只有这样，企业才有可能实现目标，达到企业利益和价值的最大化。

（2）履行企业的社会责任。企业出于自身发展的需要必须重视社会责任。企业将履行社会责任纳入财务目标体系，既有助于企业实现经营目标，也有助于企业自身和社会的发展。

（3）保持企业的可持续增长。财务管理必须考虑企业未来的增长能力，即不仅要追求现时利益，更要关注企业的未来预期利益，以保证企业的可持续发展。这就要求企业在现时利益和未来利益之间找到一个平衡点，以真正实现企业利益和价值的最大化。

网络时代的企业财务管理既要兼顾企业内部利益和外部利益，又要考虑现时利益和未来利益，从而实现相关利益主体的共同目标。

3.2　网络筹资管理

3.2.1　企业筹资概述

筹资是企业财务管理的重要内容之一，是指企业根据自身的生产经营、对外投资及调整资金结构的需要，通过筹资渠道和筹资市场，采取各种筹资方式，筹集企业所需资金的活动。企业进行筹资的主要目的就是为了满足其正常生产经营活动的开展和持续发展的要求，同时满足企业的财务管理目标。不同企业进行筹资的目的不同，因此，企业需要根据自身经营特点、未来发展趋势、各种筹资成本的难易程度和风险来确定筹资渠道和筹资方式。

1. 筹资渠道

企业要进行筹资，必须通过一定的渠道，运用一定的筹资方式。就目前而言，企业所能利用的筹资渠道主要有以下几个。

(1) 国家财政资金。国家财政资金在过去一段时间一直是我国国有企业获得资金的主要来源。目前的国有控股企业的资本基本上来源于国家财政拨款。此外，通过国家的一些特殊政策，如税款的减免或退回也可形成国有企业的资本。尽管随着经济体制改革的不断深入，国家财政资金所形成的企业资本的比例不断缩小，但是国家财政资金仍然是一些企业，如关系到国计民生、基础性行业的企业进行筹资的主要渠道。

(2) 银行资金。银行的贷款一直是企业资金来源的重要渠道。我国银行主要包括政策性银行和商业性银行。商业银行根据偿还性原则和择优发放原则为各类企业提供商业性贷款；政策性银行为特定企业提供政策性贷款，其目的不是为了赢利，而是追求社会整体效益，服务于公共利益。这些银行为企业提供了主要的筹资渠道。

(3) 非银行金融机构资金。非银行金融机构主要包括信托投资公司、租赁公司、证券公司和保险公司等。这些非银行金融机构主要通过证券承销和资金融通等手段为企业提供筹资渠道。目前在我国，非银行金融机构为企业提供的资金比较有限，但是具有非常广阔的前景。

(4) 其他企业资金。一些企业出于某种目的，如为了控制原材料上游企业会进行股权投资。另外，企业在生产经营过程中，往往会有一部分暂时闲置资金，为了充分利用这部分闲置资金，企业之间也会出于经济利益进行相互投资。因此，对于资金短缺的企业而言，采用其他企业所提供的资金也是一种筹资渠道。

(5) 居民个人资金。目前，游离于银行及非银行金融机构的居民个人资金数目非常庞大，企业可以通过发行股票及债券等方式，将这部分民间资金筹集起来，用于企业的生产经营活动。随着人民生活水平的不断提高，居民个人资金将更加庞大，因此，这种筹资渠道将越发重要。

(6) 企业内部资金。企业内部资金主要有企业计提的各项公积金、折旧和未分配利润等。与其他筹资渠道所不同的是，这种筹资渠道的资金不用企业特地去筹集，而是由企业内部直接转移而来，并且这部分资金的成本较低。随着经济的发展，这种筹资渠道将日益受到企业重视。

2．筹资方式

企业的筹资方式是指企业取得资金的某种具体形式。对不同的筹资渠道，企业可以采取不同的筹资方式，对同一筹资渠道，企业也可以采取不同的筹资方式。

目前，企业的筹资方式主要有以下几种。

（1）长期借款。长期借款就是指企业向银行、非银行金融机构及其他企业借入的，还款期限在一年以上的借款，是企业长期负债的主要来源之一。

企业利用长期借款筹资，速度较快，时间较短，可以快速地获得资金；企业的借款成本较低，利息可以在所得税前扣除，从而可减少企业实际负担成本；并且企业的借款弹性较大，在借款时，企业可以直接与银行等商定贷款合同的一些条款。因此，长期借款对企业具有较大的灵活性。

但长期借款的缺点是财务风险较大，如借款合同通常采取固定利率的形式，企业需要定期支付利息；限制的条件较多，这可能会影响到企业以后所进行的筹资和投资活动；筹资数额有限。

（2）融资租赁。融资租赁又称财务租赁，是区别于经营租赁的一种长期租赁方式。它是指由租赁公司按照承租企业的要求融资购买设备，并在契约或合同规定的较长期限内提供给承租企业使用的信用性业务。融资租赁资产所有权的有关风险和报酬实质上已全部转移到承租方。

承租企业采用融资租赁的主要目的是融通资金，因此它具有借贷性质，是承租企业筹集长期借入资金的一种方式。这种方式的租赁期限一般较长，通常达到设备寿命的一半以上；租赁合同比较稳定，非经双方同意，一般不得中途解约，这有利于维护双方的权益；同时筹资速度较快，有利于保存企业的举债能力；并且财务风险较小，可以获得减税的利益。它的缺点是租赁成本较高，这主要是因为出租人所承受的风险较高，必然要求较高的回报，从而导致筹资成本比其他筹资方式要高；同时还有可能存在利率风险。

（3）发行债券。债券是债务人为筹集债务资本而发行的，承诺在一定期限内向债权人还本付息的一种有价证券。在我国，股份有限公司和有限责任公司发行的债券为公司债券，非公司制企业发行的债券为企业债券。发行债券是企业筹集债务资本的一种主要方式。

这种筹资方式的优点是债务成本较低，债券利息也可以在企业所得税前扣除，并享受税收优惠；同时可以发挥财务杠杆的作用，因为债券持有人只能收取固定利息，而不管发行债券企业的盈余多少，所以企业的更多盈余主要分配给股东或留存企业；企业股东能够保障其控股权，债券持有人无权参与企业的经营管理；企业通过发行债券还可以优化企业的资本结构，提高企业治理水平。

但其缺点是企业财务风险较高，需定期支付利息，到期偿还本金。在企业经济不景气的情况下，这会给企业带来财务困难；而且债券持有人对企业的限制条件较多，从而限制了企业的进一步筹资能力；企业通过发行债券的数额也有限。

(4) 发行股票。股票是股份公司依照一定程序发行的，用以证明其持股人的股东身份和权益的一种书面凭据。股票分为普通股和优先股，普通股代表持股人在公司中拥有平等的权利和义务，享有公司的经营管理权；优先股代表持股人优先于普通股持股人取得公司股利和公司清算时的剩余财产。我国公司所发行的股票指的是普通股股票。《公司法》和《证券法》对公司的普通股股票的发行和股票的上市有严格的要求和法定的程序。

公司发行普通股的优点是不承担固定的股利分配，是否分配股利视公司的盈利情况而定；没有固定的到期日，因为它是一种永久性资本，除非公司清算时有剩余才予以偿还；它还有助于增强公司的借债能力。

这种筹资方式同样也有缺点：公司发行股票的成本较高，这主要是因为投资者投资在股票上的风险较高，所以要求有较高的报酬，并且股利只能在税后利润中支付，不能减免税赋；公司发行股票有可能分散公司的控股权，降低公司的每股收益。

(5) 吸收直接投资。吸收直接投资是指企业依照“共同投资、共同经营、共担风险、共享利润”的原则来吸收投资者资金投入的一种筹资方式。投资者可以用现金、实物或土地使用权等方式进行投资。企业吸收直接投资的方式与公司发行股票相似，它主要是非公司制企业筹集资本的一种方式。

这种筹资方式的优点是有利于降低企业财务风险，吸收的资金能尽快投入到企业生产经营中去。其缺点同样是资金成本较高，容易分散企业控制权。

3.2.2　网络对企业筹资环境的影响

网络技术的广泛使用使企业内外部环境悄然发生了变化，并最终影响到了企业筹资活动的开展和进行。这种影响主要体现在以下几方面。

1. 金融市场环境

在现代的社会经济条件下，企业开展生产经营活动所需的资金除部分由企业所有者投入外，其余资金基本上都是通过金融市场筹集而来的，因此金融市场的完善程度直接关系到企业能否筹集到为开展生产经营活动所需的资金。而网络技术为金融市场的发展提供了技术支持和保障，促进了金融市场的全球化和自由化，同时为企业提供了良好的筹资环境。

(1) 网络技术的产生和发展为企业筹集资金提供了极大的便利和信息支持。在网络条件下，资金提供方可以将资金供应方面的相关信息随时随地发布在网络上，而资金需求方同样可以利用网络技术方便地收集与愿意提供资金的供应方相关的信息，这为企业筹资决策提供了极大的便利和信息支持。

(2) 网络技术的产生和发展大大提高了企业筹集资金的速度。由于网络技术具有便利性的特征，故筹资企业可以通过网络技术随时就资金提供的有关条件与资金提供方进行实时协商。一旦双方就有关资金的转移达成一致，筹资企业可以很快地获得资金，这极大地提高了企业筹集资金的速度。企业通过网络筹资还可以省去大量的中间环节，极大程度地提高筹资速度，降低企业的筹资成本；同时，筹资速度的大大提高也在一定程度上缓解了企业急需资金的压力，企业可以迅速地将所筹集的资金投入到企业的生产经营活动中去。

(3) 网络技术的产生和发展为企业提供了更为广阔的资金筹集空间。网络技术的广泛应用，使得金融市场最终实现一体化，企业的筹资空间已不再局限于当前的金融环境。企业可以通过网络技术在全球范围内寻找资金提供者，并与资金提供者建立联系，这与受地域限制的传统金融环境是截然不同的，也是传统金融环境所不能比拟的。在这种条件下，企业筹资空间已不受地域限制，筹资范围得到极大的拓展，这对筹资企业来说无疑具有重大的意义。

2. 经济环境

网络技术的出现与社会经济的发展是密不可分的，两者之间存在着相互影响、相互促进的关系。网络技术对经济环境的影响主要体现在以下几方面。

(1) 促使经济全球化。网络技术的快速发展，促使世界范围内各国、各地区的经济相互交织、相互影响、相互融合成统一整体，并且使得生产要素在全球范围内自由流动和优化配置。

(2) 知识资本越来越受到重视。网络经济时代拓宽了资产的范围，使得资本结构得到了改变，物资资产在企业资产中的比重相对下降，知识资本的地位不断上升。知识资本作为独特的生产要素，其价值和作用日益凸显。实践表明，一个企业能否持续发展，关键在于其是否拥有和掌握了新知识和新技术，进而形成其核心竞争力。因此，在企业筹资活动中，所筹集的资本，不仅包括财务资本，还包括知识资本，并尽可能多地从外部吸收知识资本，将个人的报酬与企业的发展紧密联系在一起，形成长效激励机制，从而实现企业价值最大化。

网络技术的快速发展对企业筹资的金融环境与经济环境产生了深远的影响，并在对企业筹资环境产生影响的同时也影响了企业的筹资方式和筹资的资金成本。

3.2.3 网络对企业筹资方式的影响

筹资方式是企业筹资决策的重要部分。外部的筹资环境和企业的筹资能力共同决定了企业的筹资方式。而网络技术是企业在进行筹资活动时必须考虑的一个重要因素，它直接影响了企业的筹资方式的选择和财务风险水平。

(1) 网络技术的产生和发展影响企业筹资方式的侧重点。网络技术作为企业进行筹资活动的一种重要手段，并没有改变企业所能选择的筹资方式，没有对企业所能采取的筹资方式本身产生实质性的影响。网络技术对企业筹资方式所产生的影响主要体现在企业对各种传统筹资方式选择的侧重点上。网络技术为企业进行筹资活动提供了便利，这就使得企业在方式选择上更偏好于选择方便、快捷的筹资方式。

(2) 网络技术的产生和发展影响企业筹资方式的具体选择。企业筹资方式的选择与金融市场的发展有着密切的关系，并直接依赖于金融市场的发展和完善程度。网络技术的产生和发展则为金融市场的高效运行提供了技术支持和保障。网络技术对金融市场的影响主要体现在以下几个方面：促进金融市场的证券化，降低了证券的经营成本；金融市场规模不断扩大，促进了国际资本的有效流动。企业的各种筹资方式同时由于受网络技术产生和发展的影响，也会随金融市场的不断完善和发展相应地产生一些变化，因此，在筹资方式的选择上，企业必须进行相应的策略调整。

在网络经济条件下，企业筹资方式选择策略的调整主要表现为以下几方面。

首先，证券筹资在企业所筹集资金中的比重不断上升。由于金融市场的证券化和证券筹资成本降低的影响，企业在进行筹集时将更多地选择发行股票或债券等有价证券的方式来筹集企业所需资金。据证监会发布的数据显示，2015 年我国全年包括首发上市、再融资和发行优先股在内，A 股市场共实现融资额 1.05 万亿元。其中，首发上市 220 家企业，融资 1 578 亿元，较 2014 年增长 136%；399 家上市公司完成再融资发行，融资 8 932 亿元，同比增长 31%，其中 12 家上市公司发行优先股，融资 2 037 亿元，同比增长 93%。这表明我国企业越来越倾向于进行证券筹资。2015 年末，排队上市的企业数量将近 700 家。

其次，在企业的各种可以选择的筹资方式中，融资租赁这一筹资方式可能被越来越多的企业所接受。融资租赁实质上是转移了与资产所有权有关的全部风险和报酬的租赁。融资租赁是在现代金融环境下发展起来的一种非常特殊的筹资方式，大到飞机、小到机器设备，几乎企业使用的各种设备都可以通过融资进行租赁。但是由于融资租赁这种方式涉及的关联方较多，且多个关联方之间的联系与协商所带来的成本是任何采用这种筹资方式的企业都不可小视的，特别是目前我国企业所融资的设备一般由境外生产的较多，企业在开展融资租赁业务时涉及境外的关联方的情形也较多，无疑阻碍了这种筹资方式的广泛使用。

而在网络环境条件下，企业可以通过网络技术方便、快捷地寻找到愿意提供资产租赁的供应信息，并且企业与租赁资产提供方可以通过网络技术实时进行交流与协商，这大大降低了企业融资租赁的成本。据中国融资租赁业发展报告显示，截至 2015 年底，我国在册运营的融资租赁企业总数为 4 508 家，较 2014 年增长 104.7%。据预测，在整个“十三五”期间，我国融资租赁业有望继续保持 30%左右的增长速度，全国融资租赁业务总量或将达到 5 万亿元，并有可能超越美国成为世界第一租赁大国。这也充分印证了网络技术的高度发达极大地促进了我国融资租赁业务的开展。企业采纳融资租赁方式筹集资金的各种障碍在网络技术下都可以得到很好的解决，同时还提高了企业采用融资租赁这种方式的积极性。

3.2.4 网络对企业筹资成本的影响

资金成本是指企业筹集和使用资金所付出的代价。广义上讲，企业筹集和使用资金不论是短期的还是长期的，都要付出代价。狭义上讲，资金成本仅指筹集和使用长期资金的成本。资金成本包括资金筹集费用和资金占用费用两部分。资金筹集费用是指企业在资本筹集过程中为获取资本而支付的费用，如发行股票、债券支付的印刷费用，以及发行手续费用、广告宣传费用等，这些费用都是企业在筹资时一次性支付的，在资本使用过程中不再发生。资金占用费用是指企业占用资本所支付的费用，如向股东支付股利、向债权人支付利息等。

资金成本是一个重要的财务概念，是企业筹资决策的主要依据。对于一个投资项目而言，只要其投资报酬率高于筹资成本，该项目就是有利可图的，因此，企业在进行筹资活动时要充分考虑影响筹资成本的各个因素，从而以较低的资金成本筹集到企业进行投资活动所需的资金。企业的外部筹资环境是影响企业筹资成本的一个重要因素，它与资金成本的高低有着直接的联系。而网络技术的产生和发展正在通过影响企业外部筹资环境的方式来影响企业的筹资成本，这种影响主要体现在以下几方面。

(1) 网络技术的产生和发展降低了资金筹集费用。如上所述，资金筹集费用主要包括发行股票、债券等期间发生的费用，如印刷费、手续费、宣传费、律师费及资信评估费等。由于这些费用是一次性支付的，并且属于刚性支出，所以企业在对资金成本进行分析时很少关注这些发生的费用。但实际上，企业在进行筹资活动时所发生的筹资费用也构成了企业筹资成本的一项重要内容，直接影响到企业资金成本的高低。

网络技术的出现极大地方便了企业的筹资活动。一方面，企业通过网络技术与资金提供者进行在线磋商等方式节省了筹资活动的前期成本；另一方面，由于网上证券业务随着网络技术的产生得到了快速发展，企业通过网络技术筹集资金又可以节省大量的发行股票、债券等的印刷费用。因此，网络技术的产生和发展为企业节省了大量的筹资费用，降低了筹资费用在企业资金成本中的比重。我国企业发行股票上市的成本费用主要包括中介机构费用、交易所费用和推广辅助费。从目前我国实际发生的发行上市费用情况来看，境内发行上市的总成本一般为融资金额的 6%～8%，低于境外各主要市场。

(2) 网络技术的产生和发展对降低资金占用费用产生了积极的作用。在传统筹资环境下，企业选择资金供应方一般受到信息传输的限制，并局限于某个区域内，企业筹资范围较小，从而导致企业需要付出较高的资金成本。在网络环境下，企业通过网络技术可以收集到更多的资金提供方的信息，筹资范围已不再局限于某一地域内，企业甚至可以在全球范围内寻求资金提供者，与资金供应方建立联系，洽谈筹资事项等。因此，网络技术的产生和发展，一方面为企业在更大范围内寻求资金供应方提供了支持；另一方面，由于企业有了更多的比较和选择，这就使得企业有更多的机会以较低的资金成本获得所需资金。1994 年，美国开始出现 DPO（Direct Public Offering），当年有 28 家小企业通过 DPO 发行股票上市交易募集资金。所谓 DPO 就是互联网直接公开发行，即证券的发行者不借助或不通过承销商或投资银行公司，而是通过网络，在互联网上发布上市信息、传送发行文件，从而直接公开发行公司的股票。DPO 不像 IPO（Initial Public Offering）那样有烦琐的申报注册程序和严格的信息披露要求，它可以充分利用网络所提供的跨空间的优势，将上市公司与投资者直接联系起来。

3.3 网络投资管理

3.3.1 企业投资概述

1. 企业投资的概念及其意义

投资是企业财务活动的重要内容之一，通常是指企业将一定的经济资源投入到一定的对象上，期望在未来取得收益的经济行为。在市场经济条件下，企业能否把筹集到的资金投放到收益高、回收快、风险小的项目上去，对企业的生存和发展具有十分重要的意义。

(1)企业投资是实现财务管理目标的基本前提。企业的财务管理目标是不断提高企业价值，增加股东财富，为此企业就要采取各种措施增加利润，降低风险。其中一项重要措施就是进行投资，在投资中获得收益。

(2)投资是企业维持和扩大再生产活动的必要手段。在社会经济快速发展的今天，要维持企业的再生产活动，扩大再生产经营规模，就必须不断更新生产所需的机器设备，增加人力、物力，对产品和生产工艺进行改革，同时不断提高企业员工的专业技术水平和文化素质等。企业只有通过一系列的投资活动，才能维持和扩大再生产活动。

(3)投资是企业降低经营风险的重要方法。企业把所筹集的资金投放到生产经营急需的关键环节或薄弱环节中，可以使各种生产经营能力配套、平衡，形成更大的综合生产能力。企业如把资金投入到多个非正相关行业，并实行多元化经营，则能较好地降低企业经营风险，增强企业的营利能力。

2．企业投资的分类

为了加强投资管理，提高投资效益，必须分清投资的性质，对投资进行科学的分类。常用的分类方法有如下几种。

(1)直接投资和间接投资。直接投资是指把资金投放于生产经营性资产中，以便获取利润的投资。在非金融性企业中，直接投资所占比重很大。间接投资又称证券投资，是指把资金投放于证券等金融资产，以便取得股利或利息收入的投资。随着我国金融市场的完善和多渠道筹资的形成，间接投资将越来越广泛。

(2)对内投资和对外投资。对内投资又称内部投资，是指把资金投在企业内部，用以购置各种生产经营用资产的投资。对外投资是指企业以现金、实物、无形资产等方式或者以购买股票、债券等有价证券方式对其他单位进行的投资。对内投资都是直接投资，对外投资主要是间接投资，也可以是直接投资。随着企业横向经济联合的开展，对外投资将变得越来越重要。

3．影响投资的因素

1)筹资能力

投资是筹资的目的和归宿，筹资同时对投资起着约束作用。筹资的规模和时间不仅取决于投资的需求，还受许多因素的影响和制约，如金融市场行情的波动、投资者心理预期的变化等。面对好的机会，企业如不能及时筹集到资金，就有可能错失投资时机，因此企业需要维持较强的筹资能力，以把握投资机会。

2)投资动机

企业进行投资的根本动机就是追求投资收益最大化。在筹资能力有保障的前提下，投资收益的高低是决定投资方案是否被采纳的关键因素。投资者要充分收集和积累各种信息资源，善于进行深入细致的市场分析，并在金融市场中寻找投资机会。投资者既不能因优柔寡断错失机会，也不能盲目地进行投资。

3）投资风险

投资风险就是指由于环境的不确定性而导致在投资活动上遭受经济损失的可能性，或不能获得预期投资收益的可能性。因此企业要有风险意识，要分析各种风险产生的可能性及对投资收益产生的影响，同时要建立风险预警和防范机制，预防风险的发生。风险一旦发生，应及时将其可能产生的损失控制在最小范围内。

4）投资成本

企业进行投资时，首先要进行分析的就是投资成本。投资成本包括从分析、决策投资开始到收回全部投资的整个过程中所发生的全部支出。投资成本的高低直接决定了企业在投资活动中所能获得的收益高低，因此，企业进行投资活动分析时必须首先考虑投资成本，如果投资成本高于投资收益，那这种投资就毫无意义了。

5）投资管理和经营控制能力

与对内投资管理相比，对外投资管理涉及因素多，关系复杂，管理难度大，因此，企业在进行对外投资前必须考虑企业自身的投资管理和经营控制能力。如果企业所进行的投资规模与范围超出了企业的管理能力，则这种投资不仅不能给企业带来收益，而且有可能使企业自身陷入困境，甚至有可能导致破产。

6）投资环境

投资环境就是企业内、外各种影响企业投资活动的因素总和。企业的投资活动都是在这样一个环境下展开的。由于现代市场经济下的投资环境具有构成复杂、变化快等特点，所以企业在进行投资活动时必须对投资环境进行分析与把握。

3.3.2 网络对企业投资环境的影响

网络技术的产生和发展会对企业的内、外部环境造成不同程度的影响，进而影响到企业的投资活动。企业要充分把握这种环境下的投资活动的特征，这对于企业取得良好的投资效果是非常有必要的。

（1）网络技术的产生和发展对社会文化差异产生的影响。网络将“你”、“我”彼此联系在了一起，使得边界概念日趋模糊；信息通过网络技术在全球范围内传输，使得投资者可以轻而易举地获得投资信息，投资者的投资范围也就扩大到了全球范围。企业在进行跨区域，特别是跨国投资时所面临的最大问题是不同文化之间的价值观、思维方式和行为准则之间存在着明显差异。如在跨国投资的企业中，不同国籍、不同文化背景的人员在一起工作，管理原则与方法却各不相同，美国鼓励员工积极参与，以个人主义为核心；而日本则强调共同合作、团结共进等。因此，在母国文化中行之有效的管理原则与方法，在异国文化中却不一定能达到预期的效果。但是网络技术的产生，在促使全球一体化进程的同时，也增加了各国各民族之间的相互联系与相互了解，加强了不同文化的交融和相互认同。通过网络可以方便、快速地了解不同民族和国家的文化与风俗，了解他们的思维方式和价值观，这就为企业进行跨国投资活动提供了方便。近年来我国海外投资发展迅猛，已成为全球第三大对外投资来源地。但是在投资大国的光环下，我国海外投资失败受阻的案例比比皆是，根据中国全球投资追踪系统（China Global Investment Tracker）数据库，2005 年 1 月到

2014年6月，我国企业的海外投资共发生风险案例130起，涉及金额高达2 360亿美元，平均每起风险案例涉及金额18亿美元。因此，国内企业在进行跨国投资活动时，为了减少投资风险，必须要对不同国家、不同地区的文化差异进行一个全面的了解和掌握，强化市场主体，践行社会责任，这是企业进行跨国投资活动能否成功的一个关键因素。

(2)网络技术的产生和发展对管理差异产生的影响。网络技术的产生和发展促使跨国投资迅猛发展，与此同时带来了一系列跨国投资活动中的投资管理差异问题。如中国的管理重视人情，讲究关系；而西方的管理则是以“法”为中心，在管理上表现为规范管理、制度管理和条例管理，从而实现了管理的有序化和有效化。当中国的人情化管理遇到刻板的法制化管理，就会发生冲突。因此，在进行跨国投资活动时必须要改变管理方式。在具体管理细节上，将网络技术运用于企业管理中使远程进行实时监控成为可能，这也解决了跨地区、跨国投资导致的监控难的问题。同时应针对不同国家、不同地区采取不同的管理方式，只有这样才能保证企业的跨地区、跨国项目的投资管理质量，同时减少为管理投资项目而付出的管理成本。

(3)网络技术的产生和发展对企业选择投资机会产生的影响。企业在进行投资活动时，首先要选择投资机会。投资机会的选择有赖于企业对自身及外部环境的了解和认识，有赖于企业对商业机会的把握。商业机会与企业外部环境的变化息息相关，在变化之中又孕育着商业机会。网络技术的出现提高了企业在选择投资机会时收集信息的速度，并使企业能及时对信息进行分析，从而提高了其选择投资机会的效率和效益。

3.3.3 网络对企业投资方式的影响

企业的投资活动都要通过一定的投资方式进行。一般来说，投资方式主要分为对内投资和对外投资。对内投资主要包括固定资产投资、流动资产投资等；对外投资则主要包括股权投资、金融资产投资等。企业所能选择的投资方式一般要受多种因素的影响，而网络技术的出现是影响企业投资方式的一个重要原因。

1. 充分利用网络优势，提高实业投资收益

企业要善于洞悉投资机会。在动态的经济环境下，对投资机会的把握有赖于企业对自身优势以及外部环境的准确分析。机会与企业内外部环境的变化密切相关，变化之中往往孕育着巨大的投资机会。在传统环境下，只有极少数企业有充足的人力、物力和财力来建立信息机构，收集、加工、处理来自世界各地有价值的信息，以从中发掘投资机会。在网络环境下，互联网可以将全球各地的海量信息进行实时传输，这就使得企业花极小的成本来获得有价值的投资机会成为可能。

其次，企业要充分利用网络平台，做好投资项目管理。在网络经济时代，全球经济一体化的进程大大加快，企业跨地区、跨国投资活动迅速增长，这就摆在企业面前一个难题，如何进行跨国管理。网络技术的出现，使得企业对跨地区、跨国投资的项目进行实时管理成为可能。互联网技术是一种先进的通讯技术，将其运用于企业管理之中实现远程实时监控，这为缩短监控时滞、提高监控效率提供了技术上的保障。网络技术的运用，一方面提

高了企业跨地区、跨国投资项目的管理质量，另一方面，企业为管理同一投资项目所需花费的人力和财力都将大大减少。这样，企业就可以有更多的时间和精力来实施其他投资项目，促进企业增加对外投资项目，在保证投资管理质量的前提下，增加投资数量。

2．以组建虚拟企业形式进行产权投资

在传统的经济环境下，企业一般采取纵向一体化的方式来保证企业与其供应商及分销商之间的稳定关系。这种纵向一体化是指企业通过采取投资控股或兼并等方式来实现对提供原材料、半成品或零部件的企业及分销商的控制，也即以产权为纽带来实现核心企业与其供应商和分销商之间的稳定关系。进入网络经济时代之后，企业的经营环境发生了显著的变化，这种变化突出表现在企业所面对的是一个变化迅速的买方市场，在这一环境下，企业对未来的预测显得越来越难把握。相应地，企业要保持在市场竞争中的主动地位，就必须具有对市场中出现的各种机会做出快速反应的能力，而以往的纵向一体化模式显然难以实现这一要求。因为在以产权为纽带的纵向一体化模式下，企业与其供应商与分销商之间是一种非常稳固的关系，这种稳固关系是为把握以往的某种市场机会而建立的。当以往的市场机会已经不存在，或者企业需要把握更好的新的市场机会时，企业将更多地选择以组建虚拟企业的形式进行产权投资，通过与供应商及分销商之间建立伙伴关系而结成利益共同体，形成一个策略联盟；当相应的市场机会消失时，这种伙伴关系的解除不管是从时间上还是从成本上都比纵向一体化的影响要小得多，同时，网络技术的快速发展又为企业在寻找合作伙伴上提供了更加广阔的空间。

3．无形资产投资比重加大

这是由网络经济的自身特点所决定的。在企业的资产结构中，以知识为基础的专利权、商标使用权、人力资本及产品创新等无形资产的比重将会大大提高，无形资产将成为促使企业快速发展的一个重要动力，成为企业生产和再生产过程中不可或缺的重要因素。因此，网络技术的产生和发展促使企业不断完善资本结构，充分利用知识资本为企业创造价值，挖掘知识资本潜在的收益能力。

4．金融投资中的证券投资比重提高

网络环境下证券市场交易的便捷性和资产证券化趋势的凸显将使企业在考虑投资方式时，对金融资产投资予以更多的关注，企业在股票、债券等方面的投资在其全部投资中的比重将有更大的提高，这主要是由于以下几个原因。

(1)网络技术具有成本优势。在传统证券业务模式下，在作为交易中介的证券商经营证券业务的过程中必然会产生许多交易费用，这些交易费用在网上证券业务模式下都将大大下降。

(2)网络技术的便利性和快捷性。网络技术的这些特点使得企业在进行证券投资时，无论处于何时何地，只要通过网络技术就可以非常便利、快捷地获得相关信息以进行证券的买卖。这也是网上证券业务迅猛发展的重要原因之一。

(3)网络技术能使企业快速获得证券投资的相关资讯。企业要进行证券投资，前提是要掌握充分的投资决策的相关信息。网上证券业务的开展可以使企业通过网络技术获得及时更新的、经过深入分析和研究的证券投资的相关信息，这些信息的获取可以在极大程度上支持企业的投资决策。

3.3.4　网络对企业投资决策的影响

投资决策是企业所有决策中最为关键、最为重要的决策，因此我们常说投资决策失误是企业最大的失误。一个重要的投资决策失误往往会使一个企业陷入困境，甚至破产。因此，财务管理的一项极为重要的职能就是为企业当好参谋，把好投资决策关。

1．网络技术的产生和发展对投资决策方法的影响

对于企业投资决策而言，其可以采纳的投资决策方法很多，一般可以分为定性决策方法和定量决策方法。定性决策方法主要是指依靠企业管理人员的主观判断和历史经验而进行的投资决策；定量决策方法是指应用数学模型和公式来解决一些决策问题，即运用数学工具，建立反映各种因素及其关系的数学模型，并通过对这种数学模型的计算和求解选择出最佳的决策方案。

从定性及定量决策方法的发展与运用方面来看，定量决策方法有迅速增长的趋势，对决策问题进行定量分析，可以提高决策的时效性和准确性。随着企业投资活动的增长及其所考虑因素的不断增加，企业在进行投资决策时所需要考虑的变量也将随之增长。在这种环境下，定性决策方法所能体现的作用越来越小，定量决策方法则越显重要。

在网络环境下，随着影响企业投资决策因素的增加，且各种因素之间也存在着相互影响和相互作用的关系，因此，对与网络环境关系较为密切的决策问题而言，定性决策方法适用的范围进一步缩小。而定量决策方法具有科学性和准确性的特征，且不受人为因素的影响，网络技术的产生正好符合了定量决策方法的这种要求，并为定量决策方法提高决策的准确性提供了技术条件，因此，定量决策方法在网络环境下将有更为广阔的运用空间。

2．网络技术的产生和发展对相关投资决策信息的影响

企业要进行科学合理的投资决策，前提是要获取充分的投资决策的相关信息。在传统条件下，企业要收集支持投资决策的信息比较困难，并且要花费大量的前期成本。网络技术的产生则为企业及时收集各种决策相关的信息提供了一种科学而先进的工具，使得企业可以以较低的成本方便、快捷地获得为决策提供依据的相关信息。因此，网络技术的产生和发展将促进企业投资决策的科学化，为企业投资决策质量的提高提供信息保障。

3．网络技术的产生和发展对相关投资决策者的影响

网络经济环境下的投资活动往往不会仅仅局限于某个单一领域，而是会涉及多个不同的领域。因此，在企业进行投资活动时，相关决策人员必须具备较高的知识水平和文化素质，并要善于把握企业所进行投资活动的本质，进行科学合理的投资决策。在个人知识水平无法达到特定投资决策的要求时，组织决策团队解决特定的投资项目将成为必然。

在网络经济环境下，相关项目的投资决策人员必须对网络经济模式有较好的了解，必须在具备多学科知识的同时具有团队精神，所有这些都是网络经济环境下对相关投资决策者的能力提出的要求。

3.4 网络财务风险管理

3.4.1 财务风险的概念与分类

1. 财务风险的概念

财务风险是指在企业的各项财务活动中，由于各种难以预料和无法控制的因素，使企业在一定时期、一定范围内所获取的最终财务成果与预期的经营目标发生偏差，从而使企业蒙受经济损失或获得更大收益的可能性。由于企业的财务活动贯穿于生产经营的整个过程，故在筹措资金、长短期投资、分配利润等过程中都可能产生风险。

2. 财务风险的分类

财务风险根据风险的来源主要可以划分为以下几种。

1) 筹资风险

筹资风险指的是由于资金供需市场、宏观经济环境的变化，由企业筹集资金给财务成果带来的不确定性。筹资风险主要是由于负债筹资引起的，且仅由主权资本承担的附加风险。企业承担风险程度因负债方式、期限及资金使用方式等不同，所面临的压力也不同。筹资风险主要包括利率风险、再融资风险、财务杠杆效应、汇率风险、购买力风险等。利率风险是指由于金融市场上金融资产的波动而导致筹资成本的变动；再融资风险是指由于金融市场上金融工具品种、融资方式的变动，导致企业再融资产生的不确定性，或由于企业本身筹资结构的不合理导致再融资产生困难；财务杠杆效应是指由于企业使用杠杆融资给利益相关者的利益带来的不确定性；汇率风险是指由于汇率变动引起的企业外汇业务成果的不确定性；购买力风险是指由于币值的变动给筹资带来的影响。

2) 投资风险

投资风险指企业投入一定资金后，因市场需求变化而使最终收益偏离预期收益的风险。企业对外投资主要有直接投资和间接投资两种形式。直接投资是指直接用于生产，将货币资产转化为实物资产的投资。间接投资则是指用于购买股票、债券等有价证券，将货币资产转化为金融资产的投资，它主要分股票投资和债权投资两种形式。股票投资是风险共担，利益共享的投资形式；而债券投资与被投资企业的财务活动没有直接关系，只是定期收取固定的利息，其所面临的是被投资者无力偿还债务的风险。投资风险主要包括利率风险、再投资风险、汇率风险、通货膨胀风险、金融衍生工具风险、道德风险、违约风险等。

3) 经营风险

经营风险是指在企业的生产经营过程中，由供、产、销各个环节不确定性因素的影响导致企业资金运动的迟滞，产生企业价值的变动。经营风险主要包括采购风险、生产风险、存货变现风险、应收账款变现风险等。采购风险是指由于原材料市场供应商的变动而产生的供应不足的可能性，以及由于信用条件与付款方式的变动而导致实际付款期限与平均付款期的偏离；生产风险是指由于信息、能源、技术及人员的变动而导致生产工艺流程的变化，以及由于库存不足导致停工待料或销售迟滞的可能性；存货变现风险是指由于产品市场变动而导致产品销售受阻的可能性；应收账款变现风险是指由于赊销业务过多导致应收账款管理成本增大的可能性，以及由于赊销政策的改变导致实际回收期与预期回收的偏离等。

3.4.2　财务风险的成因

企业财务风险产生的原因很多，既有企业外部的原因，也有企业自身的原因，而且不同的财务风险形成的具体原因也不尽相同。企业产生财务风险的一般原因有以下几点。

1) 财务管理宏观环境的复杂性

宏观环境的复杂性是企业产生财务风险的主要外部原因。环境的不断变化可能为企业带来某种机会，也可能使企业面临某种威胁。企业财务管理系统如果不能及时适应复杂多变的外部环境，必然会给企业带来风险。财务管理的宏观环境包括经济环境、法律环境、市场环境、社会文化环境、资源环境等，这些因素存在企业之外，但会对企业财务管理产生重大的影响。

2) 财务管理人员对财务风险的认识不足

财务风险是客观存在的，只要有财务活动，就必然存在着财务风险。然而在现实工作中，许多企业的财务管理人员缺乏风险意识。风险意识的淡薄是财务风险产生的重要原因之一。

3) 财务决策缺乏科学性导致决策失误

在企业的财务决策中普遍存在着经验决策和主观决策的现象，由此导致决策失误经常发生，从而产生财务风险。因此，避免财务决策失误的前提是财务决策的科学化。

4) 企业内部财务关系混乱

企业内部财务关系混乱是企业产生财务风险的又一重要原因。企业与内部各部门之间及企业与上级企业之间，在资金管理及使用、利益分配等方面存在权责不明、管理不力的现象，从而会造成资金使用效率低下，资金流失严重，资金的安全性、完整性无法得到保证。上述现象主要存在于一些上市公司的财务关系中，如很多集团公司的母公司与子公司的财务关系十分混乱，资金使用没有得到有效的监督与控制。

3.4.3　网络对财务风险管理的影响

随着网络技术的迅速发展和广泛应用，信息技术革命和经济全球化趋势使经济环境发生了显著变化，企业面临着更加多样化和复杂化的财务风险，而网络对财务风险管理的影响也日趋明显。因此，在网络经济环境下，财务风险管理在企业经营管理中的地位就显得更加重要了。

1．网络对筹资风险管理的影响

筹资活动是一个企业生产经营活动的起点，其目的是为了扩大生产经营规模，提高经济效益，但在网络经济条件下，市场行情瞬息万变，企业之间的竞争更加激烈，任何的决策失误、管理不当都有可能使筹集资金的使用效益产生很大的不确定性，从而直接制约投资活动并影响生产经营活动的正常运行。按照资金的来源渠道不同分类，企业筹资可分为负债性筹资和权益性筹资。

1) 负债性筹资

负债性筹资的风险可能导致企业所有者的收益下降，还可能导致企业陷入财务困境直至破产。由于负债性筹资受定期支付利息、到期还本的限制，使得网络条件下的负债性筹资风险比传统经济条件下的负债性筹资风险更加复杂。

(1) 网络技术的产生和发展促使汇率变动日益频繁。在网络经济环境下，全球经济已逐步一体化，企业间的竞争已从区域性竞争转化为全球性竞争，资本在国际间流动得日益频繁。与此同时，企业筹集资金的方式和范围也发生了变化，企业可以充分利用网络技术方便、快捷地向外资银行贷款、发行债券，以此来吸引国际资本，从而有效解决企业资金不足的问题。但网络技术在给企业筹集国际资本提供方便的同时，也使得国际资本市场上汇率变动的因素错综复杂，汇率波动频繁，而汇率的频繁波动将对企业产销数量、价格、成本等指标产生影响，使企业在短期内的利润增加或减少，从而使企业更容易发生财务风险。受人民币贬值影响，2015 年国内三大航空公司(中国航空、南方航空及东方航空)汇兑损失总计约为 158 亿元，超过了三家航空公司 2015 年的利润总和。2015 年 8 月，央行调整了人民币汇率中间价形成机制，人民币对美元快速贬值，受此影响，我国钢铁、地产及航空等企业汇兑损失严重。因此，在网络经济环境下，企业要经常分析货币政策的变化情况，及时了解国内外利率、汇率等金融市场信息，以便做出正确的决策。

(2) 网络技术的产生和发展使得企业的投资回报率与借入资金利率的波动变大。随着网络技术的发展和电子商务的广泛应用，企业的经营方式和经营策略发生变化，使生产经营活动面临着更大的不确定性，从而影响其投资回报率。当企业投资回报率高于借入资金利率时，企业使用借入资金将因财务杠杆的作用提高自有资金利润率；反之，当企业投资回报率低于借入资金利率时，企业使用借入资金将使自有资金利润率降低，甚至发生亏损。因此，在网络化条件下，企业负债性筹资风险更具不确定性，企业必须充分考虑投资回报率与借入资金利率高低的情况，然后再确定是否借入资金。

2) 权益性筹资

权益性筹资可以分为留存收益筹资和股票筹资两种方式。留存收益筹资资金为企业的自有资金，财务风险较小。股票筹资具有极大的灵活性，其资金为企业的永久性资金，不需要还本付息，现金流出的压力较小，企业可根据生产经营的实际情况决定是否分红及分红数量的多少。随着国际股票融资方式的盛行，越来越多的实力雄厚的企业将通过在国外发行股票的方式进行筹资。据证监会统计，2014 年我国境外上市外资股(H 股)筹资规模为 342 亿美元，较 2013 年增长 73%，其中还不包括阿里巴巴在美上市融资的 250 亿美元。

全球化竞争的开展必将促使企业进一步融入经济一体化之中，而全球经济的复杂性会使企业海外融资面临的不确定性因素增多，从而会加大企业的财务风险。

2．网络对投资风险管理的影响

企业进行投资的目的是为了获得收益，但在投资过程中或投资完成后，投资者可能会因为发生经济损失、不能收回投资而无法实现预期收益，从而增加企业的投资风险。由于企业的不同投资方式有不同的特点，故相应的风险因素也存在差异。

1) 实物投资

实物投资的风险主要来源于宏观经济环境的影响。在网络经济环境下，随着全球经济的一体化发展，企业不仅受到国内宏观经济环境的影响，而且受到全球经济环境的影响，并且这种影响将日益明显。例如，随着我国市场的逐步开放，世界各国产品大量涌入，加上技术变革进程的加快，使得国内某些产品市场趋于饱和，甚至出现过剩局面，投资回报率下降趋势不可逆转，投入资金的回收周期延长，实物投资风险加大。

2) 资本投资

网络技术的产生和发展使得企业生产经营面向全球后，资本性项目进一步放开，逐渐与国际金融市场接轨，企业的行为与国际市场的联系更为紧密，而国际市场上的不确定性因素远多于国内市场，如汇率变动、通货膨胀、贸易条件的变化及金融风暴等，将使资本投资这种间接投资方式的收益不确定性因素明显增多，加大企业的投资风险。

3．网络对经营风险管理的影响

网络技术的快速发展和广泛应用不仅大大降低了企业的成本，提高了工作效率，也成为企业满足客户个性化需求的必然选择。但这种新的经营方式也给企业带来了更多的风险。

(1) 网络技术的产生和发展促使企业经营方式的转变，同时加大了企业的经营风险。在网络经济环境下，企业的生产经营活动均以满足客户的需求为出发点，改变了企业传统的产品销售方式，使得企业对营运资金的管理难度加大。企业为适应一系列变化必须加强生产经营管理，认真分析客户需求，以市场需求为导向，采取有针对性的营销策略来提高产品的销量，以达到降低经营风险的目的。

(2) 网络技术的产生和发展使得商品采购更趋复杂化。由于客户的需求是千差万别的，企业不可能完全满足不同客户的需求，这就要求企业能够根据客户的需求来细化产品，以满足更多客户的需要。这也使得企业加大了商品采购的难度，造成企业不能享受大批量进货所带来的商业折扣收益，提高了采购成本并增加了经营风险。

(3) 网络技术的产生和发展加大了企业的信息化改造成本。网络技术给整个世界带来了翻天覆地的变化，网络的兴起使全球范围内的网上购物、网上消费行为日益盛行。2015年我国网络零售额达到4万亿元，位居全球第一。因此，企业的产品销售不再局限于柜台形式，通过网络可以使企业的产品在全球范围内流通，突破了传统的空间概念。这就势必要求企业加大信息化改造的力度，加快信息化进程，采用先进的管理思想来优化企业的业务流程，为企业创造更多的财富。然而，信息化改造在为企业创造更多财富的同时也增加了企业的成本，导致企业资金短缺，从而加大了企业的经营风险。

(4)网络技术的产生和发展在拓宽企业产品销路的同时也给企业的生产经营增加了难度。在网络经济环境下，企业的生产经营已不仅仅局限于某一区域，应该把眼光放长远，积极开拓国际市场。但是由于不同国家在文化、信仰、习惯等方面存在的差异，使得不同的市场对产品的需求不同，这就要求企业制定适当的营销策略，因地制宜地生产产品。这使得企业在增加销量的同时，经营风险也成倍增大。

(5)网络技术的产生和发展使得企业的网络系统面临安全风险。网络财务系统的开放性与企业财务运作所要求的某些信息的保密性形成了冲突。在网络化条件下，电子单据、电子报表、电子合同等无纸介质无法使用传统的签字方式，这使网络财务在辨别真伪上存在风险，并且由于计算机系统本身是脆弱的，黑客的恶意攻击、病毒的感染等都可能对企业的财务系统造成破坏。数据显示，2015年360安全卫士、360杀毒共拦截恶意程序855.4亿次，较2014年增长49.4%。这也就使得企业需要不断增加网络维护成本来应对不断加大的财务风险。

3.5 网络营运资金管理

在市场经济条件下，资金是企业的血液，企业要生存、发展，就必须要筹集、拥有和支配一定数量的资金，其中非常重要的一项就是营运资金。从本质上讲，营运资金包括流动资产和流动负债的各个项目，是对企业短期性财务活动的概括；从数量上讲，营运资金就是从企业流动资产中减去流动负债后的数额。

营运资金管理就是对企业流动资产及流动负债的管理。由于篇幅原因，本节主要介绍网络化对流动资产中的现金、应收账款及存货管理的影响，并对流动负债中的应付账款及短期借款管理的影响进行简单的介绍。

3.5.1 网络流动资产管理

1. 流动资产概述

1)流动资产的概念及其特点

流动资产是指可以在一年内或者超过一年的一个营业周期内变现或者耗用的资产。有些企业的产品周期会很长，在一年以上，则这些企业在生产制造这类产品时投入的原材料等物资变现的时间就会超过一年，但仍可以将其列入流动资产。流动资产一般包括现金、短期投资、应收账款和存货等。拥有一定数量的流动资产是企业进行生产经营活动必不可少的物质条件。流动资产与其他资产相比，具有以下一些特点。

(1)周转快，变现能力强。流动资产可以在较短时间内耗用或变现。一般情况下，它在一个生产经营周期就可以周转一次，即从货币形态重新回到货币形态。流动资产中的货币资金具有完全的变现能力，其他流动资产在正常情况下的变现能力也比较强。流动资产之所以具有较快的周转速度和较强的变现能力，主要是因为垫付在流动资产上的价值只要经过一次转移，就可以转换为货币形态，并得到价值补偿。

(2)形态多样，经常变动。流动资产在企业生产经营过程中，一般从货币形态开始，依次经过采购、生产、销售等过程，在这些过程中它具体表现为原材料、在制品、产成品、应收账款等形态。随着生产经营的顺利进行，不同形态的流动资产要依一定的顺序依次转化。企业中不同形态的流动资产一般都是并存的，在数量上有相对稳定的比例，只有这样才能保证企业资金的正常运转及生产经营的正常进行。

(3)数量不稳定，有较强的波动性。流动资产的数量随着企业内、外条件的变化而变化，时高时低，波动很大。从生产经营业务量在全年的分布来看，在整个年度中经营业务完全均衡的企业并不多见，在绝大多数情况下，企业的经营业务量或多或少具有季节性的特征。

2)流动资产的分类

按资产的占用形态，流动资产可分为现金、短期投资、应收和预付款项及存货。

(1)现金。现金指企业占用的各种货币形态上的资产，包括库存现金、银行存款及其他货币资金。它是企业流动资产中流动性最强的资产，可直接支用，也可以立即投入流通。拥有大量现金的企业具有较强的偿债能力。

(2)短期投资。短期投资指企业持有的能随时变现的有价证券，或时间不超过一年的其他对外短期投资。

(3)应收和预付款项。应收和预付款项指在企业生产经营过程中所形成的应收而未收的或预先支付的款项。它属于企业债权性资产，包括应收票据、应收账款、其他应收款、预付货款等。

(4)存货。存货指企业在生产经营过程中为了销售或耗用而储存的各种资产，包括产成品、半成品、在制品、原材料、低值易耗品、燃料及包装物等。存货在流动资产中所占的比重较大。

2. 网络现金管理

1)企业持有现金的目的

企业持有现金往往是出于以下考虑。

(1)交易动机。在企业的日常经营活动中，为了正常的生产销售周转，企业必须保持一定的现金余额。由于销售产品所得收入往往不能马上变为现金，而采购原材料、支付工资等则又需要支付现金，为了进一步的生产交易，企业必须持有一定的现金余额。虽然在企业的生产经营过程中，现金收入和现金支出可能同时存在，但由于任何企业都无法保证其现金收入与现金支出在任何时点上完全同步，所以企业需要保留一部分现金以应付支付动机的需要。在企业安排现金收支中，应尽量做到收支同步，以减少交易所需的现金。

(2)预防动机。预防动机是指企业持有现金，以应付意外事件对现金的需求。企业预计的现金需求量一般是指正常情况下的需求量，但有许多意外事件，如企业遭受自然灾害、生产事故等，都会影响企业现金的收入和支出，打破企业的现金收支计划，使现金收支出现不平衡。因此，企业现金收支预测的可靠程度越高，现金流量的不确定性越小，企业临时借款能力越强，预防性现金的需要量就越小；反之，就应增加预防性现金数量。

(3) 投机动机。投机动机是指企业持有现金，以便能够抓住回报率较高的投资机会，获得投资收益。在企业的外部环境中，机会与威胁几乎可以说是无所不在的，如果企业经营者对证券市场上证券价格的波动规律有所掌握，能够较准确地判断其价格走势，就可以在低价位时买进股票或债券，在高位时将其卖出，从中获利。例如，上市公司上海莱士就是通过大宗交易系统购入另外两只上市公司的股票，2015 年获得了 8.65 亿元公允价值变动损益，占当年利润总额的 49.46%。但是如果判断失误则有可能造成企业损失。上市公司兰州黄河和九牧王的投资收益就出现了亏损。兰州黄河的年报显示，2015 年年末持有的 6 只股票中，有 5 只股票出现了亏损；九牧王则在 2015 年股票投资方面损失了 5 034 万元。事实上，当企业因为投机动机而持有较多数量的现金时，这种情况对于大多数企业来说并不划算，所以除非一些特殊的情况，企业应减少出于这一目的而持有的现金。

企业现金管理的核心实际上是合理确定企业的现金持有量。因此，企业对现金进行管理时，应力求做到既保证企业交易所需现金，降低经营风险，又不使企业有过多的闲置现金，以增加收益。

2) 现金管理的方法

企业进行现金管理的方法主要有现金流量同步化、合理使用现金浮游量及加速应收账款收现等。

(1) 现金流量同步化。企业的现金流入与流出一般来说是很难准确预测的，为了应付由这种不确定性带来的问题，企业往往需要保留比最佳现金持有量多的现金余额。为了尽量减少公司持有现金带来的成本增加，企业财务部门需要提高预测的准确性和管理的能力，使现金流入与流出能够合理匹配，以实现同步化的理想效果。企业现金流量的同步化可以使企业减少现金余额，降低持有成本，提高企业盈余。

(2) 合理使用现金浮游量。由于企业支付、收款与银行转账业务之间存在的时滞性会使本应显示同一余额的企业账簿和银行记录之间出现差异，故企业应合理预测现金浮游量，有效利用时间差来提高现金的使用效率。

(3) 加速应收账款收现。企业为了增加销售额，一般同意购货方推迟付款，这就意味着企业并不能马上得到可以自由支配的现金收入。为保证应收账款方面的现金能收回，企业应尽量在不损害企业与客户之间关系的前提下，采取一些措施，如开户银行的选择、应收账款的信用政策等，以加速应收账款的收现。

3) 网络对现金管理的影响

(1) 网络技术的产生和发展对企业现金存在形式的影响。现金主要由企业的库存现金、各种形式的银行存款，以及银行本票、银行汇票及在途货币资金等几部分构成。企业的现金存在形式实际上受到金融市场技术条件的影响。在网络环境下，电子货币的出现必然使得企业持有的现金存在形式发生重大变化。由于电子货币的快捷方便，使得企业持有的库存现金大大减少，银行本票及银行汇票的比例有所增加。与此同时，金融机构之间的资金划转速度大大提高，缩短了资金在途时间，使得企业的在途货币资金在现金中所占的比重也大大降低。

(2)网络技术的产生和发展对现金最佳持有量的影响。企业持有现金的成本包括持有成本、转换成本和短缺成本。持有成本指企业因保留一定现金而增加的管理费用及企业不能用这部分现金进行其他投资并获得收益的成本。转换成本指企业在现金同有价证券等之间进行转换而发生的成本。短缺成本则是指企业因现金持有量不足而又无法及时将其他资产变现而造成的损失。在这三项成本之中，持有成本在很大程度上受到网络技术的影响。当网络环境下的电子货币被广泛采用后，企业库存现金就会大大减少，企业花在库存现金的保管及采取的安全措施上面的费用也会大幅减少。因此，企业在确定现金最佳持有量时，可以考虑减少现金持有成本。另外，由于网络技术在证券交易中被广泛使用，企业通过网络进行有价证券买卖时的交易成本也大幅减少，转换成本在企业现金成本中的比重也会逐步减少，所以企业在对现金进行管理时需更多地考虑短缺成本因素。

(3)网络技术的产生和发展对现金集中管理的影响。在传统环境下，对于大型企业集团而言，由于子公司、分公司众多，且分散在不同地域，每个下属企业又各自设定有现金持有量，因此，在集团下属企业之间要做到现金供求信息的实时沟通有较大的困难。随着网络技术的广泛应用，企业可以在集团内部建立局域网，从而使内部各企业之间的现金供求信息实现实时传输。因此，由企业集团对现金进行统筹管理，从整个企业集团出发设立最佳现金持有量也成为可能。单从金额上讲，企业集团整体考虑设立的现金持有量会大于单个企业设立的现金持有量，但会远小于集团下属企业的现金持有量之和，这就使得企业集团节约了不少持有现金的成本，同时减少了企业的管理成本。在由企业集团统筹管理现金的情况下，下属企业可以将更多精力放到生产经营活动中去。

(4)网络技术的产生和发展对现金预算编制的影响。企业应当保持一定的现金来防止可能的现金短缺，但又不能把过多的现金置于这种没有收益的用途上。企业通过编制现金预算可以较为有效地预计和控制未来现金流量，这是对现金进行动态管理的一种有效方法。在传统环境下，由于受到现金供求信息滞后性的影响，企业在编制现金预算时的预算编制时期较长，而时期较长就会导致预算的准确性较差。但这一状况在网络技术出现后得到了很大的改善，企业通过网络技术可以方便、快捷地获取有关产品销售后的现金回收信息和企业采购材料，以及接受劳务、支付工资等方面的现金支出信息。在此基础上，企业现金预算的时期可以进一步缩短，则现金预算编制周期也将不断缩短，这不仅能提高预算编制的准确性，而且能及时地为企业管理层提供决策信息。

(5)网络环境对企业现金管理方法的影响。为提高现金使用效率，企业一般要在收支管理上采取一定的方法，这些管理方法主要有现金流量同步化、合理使用现金浮游量及加速应收账款收现等。这些方法的使用可以提高企业现金的使用效率和效益。但随着网络技术的广泛使用，这些方法所能体现出来的作用将会有所变化。

① 对现金流量同步化的影响。要想实现现金流量的同步化，企业财务部门必须具备较强的预算和管理能力，同时要合理安排现金流量。在网络化条件下，企业可以方便、快捷地获取与企业现金流量相关的信息，这些与现金流量相关的信息会直接影响企业对

现金流量预测的准确性。鉴于此，要想提高预算的准确性，企业必须掌握较多的与现金流量有关的信息，掌握的信息越多，预测的准确程度就越高，所编制的现金预算就越科学、合理，从而可达到企业现金流量同步化的理想效果。另外，企业财务管理部门通过企业内部的局域网可以随时了解企业各部门的现金使用情况，并且可以合理调度现金，实现对企业现金收支的合理安排。

② 对使用现金浮游量的影响。如前所述，现金浮游量的存在是因为企业资金的划拨与银行资金的划拨之间存在时间差。造成这种时间差的主要原因是企业与银行相互之间信息传递的滞后。在网络化条件下，银行与企业之间可以通过网络技术实现资金划拨信息的实时高效传输，这就使得现金浮游量在网络环境下失去了原有的作用。

3．网络应收账款管理

1）应收账款管理的目的

当企业在销售产品或提供劳务时同意接受方暂缓交付款项，便形成了企业的应收账款，该款项构成了企业流动资产的一部分。应收账款已经成为企业扩大产品销售，提高市场占有率从而最终提高企业竞争力的有力工具。它对于企业经营活动的良性发展是十分必要的。实际上这可以认为它是企业为扩大产品销售，增加收益而做的一项投资。应收账款产生的根源是商业信用，因此要加强对信用的管理。

应收账款管理的目的是通过应收账款管理发挥应收账款强化竞争、扩大销售的功能，同时尽可能地降低投资的机会成本、坏账损失与管理成本，最大限度地提高应收账款投资的效益。

2）信用政策

信用政策也就是应收账款的管理政策，是企业在给客户提供赊销时应遵循的原则、标准、条件、程序和对策等。企业通过制定和执行信用政策，可将应收账款的事后管理转向事前管理。信用政策主要包括信用标准、信用条件和收款政策等。

（1）信用标准。信用标准是客户获得商业信用所具备的最低条件，通常用预期坏账损失率来表示。制定信用标准，通常是指对客户进行调查了解，对其信用进行评估后确定是否给客户提供赊销，以及提供多少赊销。客户信用标准的确定受多种因素影响，如信用品质、偿付能力、资本、抵押品和经济状况等，即通常所说的“5C”标准。在充分考虑这些因素的情况下，企业可以通过定性分析、定量分析或两者相结合的方法来确定信用标准。

（2）信用条件。信用条件是指企业接受客户信用订单时，在对客户信用等级进行评价的基础上所提出的付款要求，主要包括信用期限、折扣期限和现金折扣。信用期限是企业为客户规定的最长付款时间；折扣期限是企业为客户规定的可享受现金折扣的付款时间；现金折扣是在客户提前付款时给予的优惠。

通过信用分析确立的信用条件随企业经营环境的改变而改变。因此，企业在提供信用条件时必须要进行权衡，即放宽信用条件后，由于销售的扩大而增加的收益必须要高于由于信用条件的放宽而新增的坏账损失，并能够满足企业对应收账款增加部分的投资对收益率的要求。

(3) 收账政策。收账政策是指客户违反信用条件，拖欠甚至拒付账款时企业所采取的收账策略与措施。企业如果采取较积极的收账政策，可能会减少应收账款投资及坏账损失，但会增加收账成本；如果采用较为消极的收账政策，则可能会增加应收账款投资及坏账损失，但会减少收账费用。企业在实际工作中，可参照测算信用标准、信用条件的方法来制定收账政策。

3) 网络对应收账款管理的影响

网络技术的产生和发展将对企业的应收账款管理产生一定的影响，特别是会对一些影响信用政策制定的因素产生较大的影响，具体表现在以下几个方面。

(1) 网络技术的产生和发展对客户信用等级评估的影响。客户的信用等级与企业的客户信息管理工作密切相关。没有一个企业的信用等级是常年保持不变的，它总会随着企业的一些条件的变化而变化。在传统条件下，企业很难收集全有关客户的信息，即使收集到信息，它也有可能是滞后的，并且收集成本较高，这必然影响企业对客户的信用评估。在网络环境下，企业就能解决上述问题。利用网络技术，企业可以方便地收集与客户有关的信息，如注册资本、业务范围等，也可以收集影响客户生存和发展的一些外部信息，如行业景气度、客户在其所处行业中的位置等，同时还可以通过当地工商管理部门和银行等机构获取有关客户诚信状况的信息。这时企业就可以通过所收集的信息对客户进行客观、科学的评估，确定适用于企业自身的信用条件，针对客户的信用等级确定每一位客户的信用警戒线，将客户的信用等级及信用警戒线纳入客户诚信网络资源库进行管理，并随客户信息的更新及时调整客户的信用等级。

(2) 网络技术的产生和发展对应收账款具体管理的影响。在商品经济高度发达的现代社会里，商品购销业务往往会在企业销售部门以外的区域发生，这就有可能使得企业财务部门不能及时了解发生在异地的赊销情况，不能满足企业对客户的信息需求。通过网络技术，可以使这一问题得到较好的解决。只要利用网络，便可及时地将发生的经济业务的详细资料传送给其所归属的销售部门，使相关信息实时更新，动态地反映应收账款的实际情况，这样既方便业务人员与企业联系，又方便企业管理者进行管理与控制，使得管理部门能迅速将工作安排和有关信息发送给各个下属部门。各业务单位每天发生的业务、客户往来情况，都可通过网络技术准确、自动地汇总到企业的数据库中，从而可实现企业内部数据汇总的自动化。企业还可以随时更新资源库中有关客户的诚信等级。

(3) 网络技术的产生和发展对收账成本的影响。企业收账成本的高低主要受企业收账政策的松紧程度的影响。企业对应收账款的催收主要通过与客户之间的沟通来实现，而沟通的具体方式主要以电话与传真等为主。在网络条件下，企业主要以发送电子邮件或电话的方式进行应收账款的催收，特别是电子邮件的采用可以大大降低企业的收账成本。同时，企业利用网络可以及时跟客户沟通，了解客户应收账款逾期未付的原因，如客户确实是因暂时的经济困难而不得已延缓，则企业可以适当放宽收账政策，避免采取不必要的法律手段，同时也可以留住客户。

4. 网络存货管理

1)存货管理的目的

为了保证生产或销售的正常进行，并且出于对价格的考虑，企业需要保持一定的存货。存货的增加可以增强企业组织生产、销售活动的机动性，但过多的存货因占用较多的资金，会增加与存货有关的各项开支，这样会导致企业成本上升、利润受损。因此，存货管理的目的就是在充分发挥存货作用的同时降低存货成本，使存货效益和存货成本达到最佳结合，保持最优的存货量。企业在充分发挥存货功能的基础上，应努力控制存货的数量，降低存货成本，加速存货资金的周转。存货的成本主要包括储存成本、订货成本和缺货成本。

(1)储存成本是指企业为持有存货而发生的全部成本，包括仓储费、搬运费、保险费及占用资金支付的利息等，它一般会随着平均存货量的增加而上升。

(2)订货成本是指企业为订购材料、商品而发生的成本，包括采购人员的差旅费、订货手续费、运输费等。订货成本一般与订货的数量无关，而与次数有关。

(3)缺货成本是指企业在存货短缺时产生的生产中断、销售不畅等间接成本。

企业应当在其存货成本与存货效益之间进行权衡，以求得两者之间的最佳均衡点。通过存货决策，可使企业的存货成本达到最小。

2)网络对存货管理的影响

要想提高企业生产经营效率，必须搞好存货管理。企业存货管理效率的高低直接影响着企业的经济效益。而网络技术的产生和发展将对企业存货成本中的订货成本和缺货成本产生积极影响。

(1)网络技术的产生和发展对订货成本的影响。在传统条件下，企业为了订购材料、商品，通常会通过电话或传真的方式向供应商发出购货意向，一旦供应商有企业需要的材料或商品，企业就会派采购人员直接到供应商单位，了解货物的质量等情况，并且就货物价格与供应商进行协商，如果在价格问题上存在差距，企业就需寻找其他供应商。因此，在传统经济环境下，订货成本是不可避免的，而且寻找符合企业要求的供应商通常会花费很长的一段时间。在网络经济环境下，寻找合适的供应商的时间会大大缩短，并且会使企业的订货成本大幅下降。由于网络技术快捷、方便的特点，企业可轻而易举地寻找到符合要求的供应商，并就价格等问题通过网络技术实时磋商以达到双方满意的结果；如果协商不成，可以快速地寻找下家。因此，通过网络技术，企业能快速订购到符合要求的货物，并大大节约订货成本。

(2)网络技术的产生和发展对缺货成本的影响。企业为了减少缺货成本，通常会设置存货安全储备量，这在降低缺货成本的同时增加了企业储存成本，因此，最优的存货政策就是在这两者之间进行权衡，选择使总成本最低的订货点和安全储备量。在网络条件下，由于企业可以通过网络技术与货物供应商实时进行联系，因此，在存货达到安全储备量的情况下，企业可以利用网络技术及时向供应商发出提货通知，而供应商也可以通过网络技术向离购货企业最近的办事处或仓库发出供货通知，及时将货物运送给企业。

由此，从企业发出提货通知到货物运达企业之间的时间可以大大缩短，时间的缩短又大幅减少了企业的安全储备量，从而降低了企业的缺货成本。

3.5.2 网络流动负债管理

1) 流动负债的概念及特点

流动负债是指需要在一年或者超过一年的一个营业周期内偿还的债务。流动负债又称短期融资，具有成本低、偿还期短的特点。

2) 流动负债分类

流动负债主要包括应付款项、短期借款、应付票据、应付工资、应付税费及应付利润等。

(1) 应付账款是指企业因购买材料、商品或接受劳务供应等而发生的债务。

(2) 短期借款是指企业借入的期限在一年以下,一般是为维持正常的生产经营所需的资金或是为抵偿某项债务而借入的款项。

(3) 应付票据是指由出票人出票,委托付款人在指定日期无条件支付特定的金额给收款人或支票人的票据。

(4) 应付工资指企业应付给职工的工资总额，是企业对职工个人的一种负债。

(5) 应交税费是指企业根据一定时期内取得的营业收入和实现的利润,按规定向国家交纳的各种税金，应交的税金在尚未缴纳之前暂时停留在企业，形成一项负债。

(6) 应付利润是指企业除按税法规定交纳税金外，还必须支付给投资者的利润。投资者应分享所得税后的利润分配。

3) 网络应付账款管理

(1) 应付账款管理的目的。应付账款管理是企业控制资金流出的一个重要环节。企业对应付账款管理的目的是在维护企业信誉前提下延迟付款。拖延款项的支付实质上就等于增加了企业的流动资金，改善了企业的资金流状况，另外还能够获得一定期限内的利息收入。

(2) 网络对应付账款管理的影响。企业通过网络技术可以定期分析应付账款，规定付款程序，采取多种方式(如抵抹账、优先支付有折扣的货款等)定期清理应付账款，对无人追索的款项进行调查。如发现该款项确属不需支付款项，则及时将其转入收入账内。因此，通过网络技术可以简化应付账款管理程序，大大缩短采购周期和降低管理费用。

4) 网络短期借款管理

(1) 短期借款管理的目的。借款利息在企业费用支出中占有一定比例，对企业的现金流影响明显。企业对短期借款进行管理的目的是为了在满足企业近期对资金的需求及维持正常生产经营的前提下，节省利息支出。

(2) 网络对短期借款的影响。借款资金的管理是企业财务管理的一项重要内容。企业可以充分利用网络技术加强合同管理，正确计算利息，编制还贷计划，定期与银行核对借款金额和应付利息，发现问题，及时与银行进行协调。企业还可以通过网络技术合理调度资金，利用借短还长等手段减少财务费用。

本章小结

通过本章的学习，读者应能够了解网络技术对传统财务管理所产生的一些具体影响，包括对筹资环境、筹资方式及筹资成本，投资环境、投资方式及投资决策，财务风险管理及营运资金等的影响。企业要在网络经济环境下生存和发展，必须充分利用网络技术这种管理手段来进行科学的财务管理，从而实现企业财务管理目标。

关键术语

筹资　投资　财务风险　营运资金

复习思考

1. 网络化财务管理的目标是什么？
2. 网络技术对筹资活动产生的影响主要体现在哪些方面？
3. 网络技术对投资活动产生的影响主要体现在哪些方面？
4. 网络技术对财务风险管理产生的影响主要体现在哪些方面？
5. 网络技术对应收账款管理产生的影响主要体现在哪些方面？

参考文献

[1] 邹志波．网络理财学[M]．北京：中国财政经济出版社，2001.
[2] 荆新，王化成，刘俊彦．财务管理学[M]．北京：中国人民大学出版社，1998.
[3] 王元珑．企业网络化管理[M]．成都：四川科技出版社，2005.
[4] 刘群，章卫东．财务管理学[M]．北京：中国人民大学出版社，2008.
[5] 王化成．公司财务管理[M]．北京：中信出版社，2008.
[6] 黄德红．网络经济下的企业投资活动创新[J]．科技创业月刊，2005(4).
[7] 贯光辉，刘文达．企业筹资方式探讨[J]．财经界，2008(2).
[8] 韩丹．基于电子商务的财务管理研究[D]．西安电子科技大学硕士学位论文，2005.
[9] 王晓娜．基于电子商务的网络财务管理[D]．大连海事大学硕士学位论文，2006.
[10] 魏丽娟．网络财务管理研究[D]．广东工业大学硕士学位论文，2006.
[11] 张晓旭．试论企业财务风险管理[J]．中国西部科技，2008，7(29).
[12] 殷功芹．网络环境下企业财务风险控制[J]．中国水运(理论版 · 社会科学)，2006，4(2).

第 4 章

网络财务信息处理

本章导读

信息也表现出了各种新特征。网络财务软件是进行网络财务信息处理的核心工具，财务数据仓库和数据挖掘技术对于网络财务信息的深入应用有着重要的作用。事项会计强调提供全面而且原始的事项信息，让使用者各取所需，以此为基础的事项驱动财务信息系统相比传统财务信息系统具有多方面的优点。

通过本章的学习，应当了解和掌握：

(1) 网络经济对财务信息的影响和网络财务信息的特征。

(2) 网络财务软件的特点、技术基础、主要功能和运行模式。

(3) 财务数据仓库的内涵、基本架构和作用。

(4) 财务数据挖掘的内涵、主要功能和常用方法。

(5) 事项会计理论的基本思想及事项的分类。

(6)事项驱动财务信息系统的内涵、分析模型、设计思想和优点。

4.1 网络经济对财务信息的影响

网络经济是基于网络特别是因特网开展的经济活动的总和。随着经济全球化趋势和信息技术的快速发展，经济主体的生产、交换、分配、消费等经济活动越来越多地依赖于网络。各方主体不仅通过网络获取经济和决策信息，还直接通过网络开展交易。在网络经济环境下，因特网成为企业价值链上各环节的主要媒介和实现场所，从而消除了时间和空间上的障碍，降低了交易费用，提高了经济运行及资源配置的效率。网络经济的出现和发展改变了企业财务工作的内外部环境，对企业的财务信息有着深远的影响，具体表现在数据载体、处理模式、分析方法及披露模式等多个方面。

在财务信息的数据载体方面，随着电子货币的广泛使用与网上交易的盛行，纸质格式的原始凭证正在被无纸化的电子凭证所取代。例如，当采购部门需用资金时，将不再需要到财务部门领取支票，而只要向财务部门发一个电子授权申请。财务部门核准后下达付款的授权密码，采购部门即可据此向供应商支付电子货币，同时向供应商索取电子发票。这些数字化凭证的生成、审核、传递及对账等都可以由计算机自动完成，并集中存放于企业的财务数据库中。

从财务信息的处理模式上看，传统的处理模式已显得过于烦琐。以会计数据为例，传统的处理模式一直遵循从原始凭证、记账凭证到账簿，最后生成报表这一流程，不仅手续烦琐，容易出错，而且最终提供的会计信息千篇一律，缺乏细节和灵活性。当前的财务软件已逐步淡化了凭证、账簿和报表的概念，也抛弃了记账这一传统会计信息处理的核心步骤。企业平时只需要在业务数据库中序时详细记录各项经济业务的原始数据，无须进一步处理。而企业在收到查询请求后，又可以随时根据信息使用者的需要对原始数据进行灵活加工。不仅如此，网络经济环境下的财务信息处理将从过去的实地处理转向远程网络化处理，并从分散处理转向集中处理。在因特网的支撑下，企业的财务管理可以直接延伸到全球范围，企业任何节点的销售业绩、资金往来、库存状况等都可以实时传输到总部进行集中存储和处理，总部也可以对各个节点实施在线监控和远程管理，从而实现企业财务资源的整合和优化配置。企业与其他企业及银行、税务、保险、海关等之间的信息交换，也都将在网上完成。

从财务信息的分析方法来看，当前一些复杂的定量预测、风险决策及财务分析方法均需要大量的背景财务数据并进行繁杂的运算，因此往往难以在实践中得以运用。而在网络经济时代，财务人员可以方便地在财务数据仓库中检索到所需的各种数据，并在财务决策支持系统的辅助下高效地完成相关的分析、预测和决策工作，完全摆脱人工计算能力的限制。必要时，财务人员还可以通过网络寻求专家的帮助，从而使这些复杂方法能够真正发挥作用。

此外，网络经济环境下的财务信息披露模式也将发生根本性的改变。信息使用者可以随时通过因特网连接企业数据库，并在权限允许范围内查询相关信息，从而确保信息的及时性。同时，企业信息系统还可以根据查询要求向每位信息使用者提供定制化的报表，从而使财务信息的相关性得到极大的提高。

4.2 网络财务信息的特征

在网络经济时代，企业面临的内外部环境已发生了根本的变化，其财务信息也必须具备新的特征以适应这种变革。网络财务信息除了具有传统财务信息的一般特征外，还表现出全面性、来源多样性、潜在风险大、实时性、集成性等新特征。

随着企业经营和管理活动的电子化，企业的管理对象和管理流程都将随之数字化，使得管理成为可计算的活动。财务作为反映企业活动的一种工具，可通过数字化方式反映传统财务中一些不可计量的信息，从而实现对企业相关活动的全面反映。管理信息系统中的各子系统直接采集企业生产经营中每一个环节的信息，并通过接口将大量的生产、供应、销售、人事等数据传输给财务子系统。同时，大量来自于外部的财务及非财务信息也将进入管理信息系统。这些信息经过汇集和加工后便成为企业的网络财务信息，其信息量之大是传统财务信息无法比拟的。

总体而言，网络财务信息的覆盖范围包括企业整个供应链及相关系统的所有货币性与非货币性信息。信息覆盖的时间范围包括历史、当前和未来，可以保证信息具有完整的可借鉴性与可预见性。

传统财务信息的来源大多局限于企业内部，渠道狭窄，可靠性较高。在网络经济环境中，企业可以通过其信息门户从银行、税务、关系企业、政府、社会公众等多种外部渠道获取所需的信息。这些信息对企业开展投资项目决策、发展趋势预测及资金需求计划等有着重要的作用，可以在一定程度上减少预测的不确定性，减少决策失误。但是随着信息获取渠道的拓展，影响信息真实性、可靠性及安全性的因素也大大增加，信息风险明显加大。例如，企业通过网络获取的市场情报可能是竞争对手恶意发布的虚假信息；存储企业财务信息的数据库可能发生紊乱，甚至被别有用心的人恶意删改；财务信息在企业内、外部的传输过程中还可能被别有用心的人窃取。

实时性是网络财务信息区别于传统财务信息的主要特征之一。在网络经济环境中，时间和空间的障碍已不复存在，网络会计核算将从事后的静态核算变为事中的动态核算。经济业务一旦发生和确认后，即可被实时记录并转化为最新的财务信息，还可以被迅速加工成所需的其他信息。网络财务信息时效性的增强将大大提高信息的决策有用性。

从狭义上讲，网络财务信息的集成是指任何财务数据由数据来源进入系统后，立即存储在指定的数据库中，并自动显示在所有相关的记录和报表上，不再需要其他任何单位或个人再录入一遍。从广义上理解，网络财务信息的集成是指财务数据在业务与应用、企业内部及企业间等多个不同层次上的高度集成，以实现财务信息资源的高度共享。网络财务信息的集成使得财务与业务协同一致，真正实现了“数出一门，信息共享”的原则，从而可有机整合相关的财务资源，提高企业的竞争能力。

4.3 网络财务软件

由于网络财务信息具备全面性、多样性、实时性、集成性等新特征，其处理不可能依靠人工完成，传统财务软件在处理时也显得力不从心。网络财务软件是进行网络财务信息处理的核心工具。网络财务软件基于网络计算技术，以实现企业电子商务为目标，能够在企业内部网络、企业间网络及因特网环境下整合使用。网络财务软件不仅具备传统财务软件的基本功能，还能提供网络环境下的财务管理模式、财会工作方式及其他有关功能。

4.3.1 网络财务软件的特点

与传统财务软件比较，网络财务软件的特点主要表现在以下几个方面。

1. 集中式的财务管理

在传统的经济环境下，很多大型企业都采取了层层分级的金字塔式的集中管理模式，这在一定时期内促进了企业的发展。在这种管理模式下，基层单位编制财务报表后层层汇总上报，最后由企业总部对汇总报表进行分析并做出决策。随着业务经营的数量和范围的增加，企业所面临的竞争日益激烈，管理层级过多的弊病日益显现，层层汇总上报的集中管理模式导致会计信息严重滞后，其信息有用性几乎完全丧失。鉴于此，部分企业转而采用将部分管理权限下放到下属机构的方法，以削减管理层次，缩短管理路径，增强企业的快速反应及决策能力。然而这种分权式的管理又容易导致企业对下属机构的管理失控，引发财务和经营风险，同时也不利于企业实现财务资源的动态合理配置。因此，企业迫切希望能够对财务数据进行集中存储和处理，实现集团内、外的财务状况的实时监控，真正掌握全集团的财务资源，实现科学决策，规避风险。但传统的财务软件缺乏网络化功能，使得这种要求难以实现。

此外，对大型的企业集团而言，其内部控制与一般企业不同，其各下属企业往往在空间上距离遥远，所属行业多样。对于这样的群体，需要实施更加严格的内部控制和管理，包括账务处理控制、货币资金控制、收入循环控制、费用循环控制、生产循环控制及财务成果控制等，这一切都需要通过远程工具来快速有效地管理，以达到事前控制的目的。

网络财务软件的出现为上述问题提供了良好的解决方案。网络财务软件通过企业内部网及因特网将企业连接在一起，使不同分支机构间的物理距离及时差不再成为障碍，从而可实现财务及业务信息的快速高效收集和处理，以及对各分支机构财务状况的实时监控。这样不仅可以提高企业的决策效率和正确性，降低财务风险，还可以集成整个企业的财务资源，降低运营成本，提高管理效率。例如，通过网络财务软件提供的在线往来款管理功能，企业总部通过 Web 界面即可随时监督众多客户及供应商的资金往来情况，使得集团公司长期以来深感头痛的往来款的管理问题迎刃而解。

2．强大的远程处理能力

因特网的发展不仅使得企业与企业、企业与客户在空间上的物理距离变为了鼠标距离，还使企业实施财务管理的范围几乎可以无限拓展。通过网络财务软件，财务人员可以在基于因特网的虚拟财务专用网络上处理各项经济业务，这使得几乎所有的财务处理工作都将发生根本的变化。便捷的远程报账、远程报表、远程查询和远程审计等不但可以保证财务信息的真实性和时效性，也保证了企业管理体系的柔性和高效率运转。

3．动态的会计核算

会计信息的滞后性一直是财务理论界和实业界面临的棘手问题。传统经营方式下的会计核算属于静态会计核算，即在经济活动发生后，由会计人员根据一定的会计核算组织程序，将经济信息转化成会计信息，并定期给出报表。由于会计部门与业务部门是以静态的方式来进行信息交流的，信息从业务部门传递到会计部门客观上总是需要一段时间。这样，会计报表所反映的只能是企业上一会计期间的财务状况，会计信息的决策有用性很差。

信息技术的发展为各种交易和事项的确认、计量和披露等会计活动提供了技术基础，为会计核算从静态走向动态创造了条件。另外，财务部门的预算控制、资金准备、网络支付、网络结算等工作得以与业务部门的工作协同进行，也使得会计信息随时都处在变动状态。网络财务软件实现了会计信息的实时动态收集和加工，同时也支持报表的动态报送。无论集团机构内部的报表往来，还是与银行、税务、保险、海关等社会机构的报表往来，都可以通过网络财务软件中的实时报表机制便捷地实现。网络财务软件能够即时生成各种反映企业经营和资金状况的动态财务报表或财务报告，并及时通过网络将其传递给企业的所有利益相关者。网络财务软件下的会计核算从事后的静态核算变成事中的动态核算和管理，极大地丰富了会计信息内容，提高了会计信息的价值。动态会计信息是企业通过在线管理部署经营和财务活动的基础，有利于企业管理层及时应对经济环境的变化。

4．财务与业务的协同

财务与业务的协同是网络财务软件的核心功能。通过财务与业务的协同，可使业务数据的变动通过网络传递立刻反映为财务信息。从业务处理的角度看，它保证了数据的正确传递，使各部门能及时得到相关信息；从财务结算的角度看，它保证了业务部门与财务部门沟通良好，可及时结算清欠，避免坏账损失；从对进销存的财务监控角度看，它保证了财务监控的深度和力度，可以确保各项资源的存量不会突破高限和低限，并可以监控到多种原始业务单据，保证账实相符。

在网络财务软件出现之前，财务人员无权或无条件参与业务管理，却又要承担确保业务数据在财务上正确反映的责任，这易造成责权不明，业务与财务管理脱节。网络财务软件则从根本上促进了财务和业务的协同。财务与业务的协同具体表现为以下几方面。

1）企业内部的协同

企业内部信息可以通过企业网络传递实现内部的协同。采购和销售部门可以使用手持信息设备输入各种商品和劳务数据，并将其实时或批量送给财务系统；公司职员可以借助因特网的信息终端进行考勤、申请借款、填报各项收支；财务部门只需通过计算机接收各种经济数据，自动生成各种账表，进行事中控制和事后分析。

在网络财务软件中，业务数据的发生与财务的记录是同步的。当购销业务发生时，数据能自动传递到相关部门和岗位，如财务部门和供应链相关部门等都能迅速得到所需信息，自动形成库存台账和购销台账等。更重要的是，财务部门自动形成了结算流程，无论供应商还是客户都可以直接与财务部门结算款项，并生成往来明细账等，为及时结算清欠、避免坏账损失打下了良好的基础，降低了企业的经营和财务风险。

2）与供应链的协同

与供应链的协同，就是指通过因特网实现供应商、运输商、仓库、客户与企业之间的协同。供应链上的每一节点在供产销、控制、预测等业务活动过程中的每时每刻都会产生各种信息。借助网络订货、网络采购、网络销售等先进经营模式，相关的财务信息可以被瞬间传递给企业的财务系统进行处理，并将处理结果反馈给业务系统，从而保证了财务业务的协同处理并集成了各种管理信息。

3）与社会各部门的协同

与社会各部门的协同，就是指通过因特网实现企业、银行、证券公司、海关等的协同。与银行联网，可以随时核对企业的银行资金信息，实现网络支付和网络结算；与海关联网，可以实现网络报税、报关；与证券公司联网，可以实现在线证券投资等。

5．软件应用的开放性

传统的财务软件大多局限于财务人员使用，是基于 PC 及局域网的封闭式系统。而网络财务软件必须满足应用上的开放性要求，主要体现在以下几个方面。

（1）软硬件平台的开放性。由于计算机技术发展迅速，企业中计算机软硬件设备的类型不可能是单一的，所以不能独立于软硬件平台运行的财务管理系统将难以满足现代企业信息化建设需求。因此，网络财务软件首先必须能够在 X86、ARM、Power PC 等各种硬件平台上运行，并支持 Windows、UNIX/Linux、Mac OS 等各类操作系统，这样用户原有和将来购入的软硬件才能得到充分的利用。其次，网络财务软件必须支持 Oracle、SQL Server、DB2 等各种数据库，只有这样才能保证用户能在各种应用与任何可用的数据资源之间建立无缝联系。而且，当用户需更换或添加数据库时，也不需重新购置财务软件，这样可使得用户的利益得到充分的保障。

（2）对企业各部门及社会机构的开放性。由于网络财务软件的应用已不再局限于财务部门之内，而是由各部门协同使用，所以软件必须实现企业内部各部门、总公司与子公司及分公司间的信息开放，并向外部的政府相关部门、银行、供应链伙伴及客户提供应用支持。

（3）对第三方软件的开放性。首先，虽然网络财务软件的功能十分强大，但任何软件都难以完全满足企业的全部要求。因此，网络财务软件必须提供面向第三方的开发接口，这样企业可以根据自己的需求，随时在现有网络财务软件的基础上开展二次开发，调整及增强软件功能。其次，随着网络财务软件的广泛应用，与第三方软件进行数据交换和共享的问题越来越重要，如企业内部使用的人力资源管理、客户资源管理、产品设计管理等软件，合作伙伴使用的其他财务软件、税务软件、海关软件、商场 POS 软件、宾馆酒店管理软件等。这就要求网络财务软件必须提供标准化的数据交换接口，否则就难以实现业务过程和财务信息的计算机自动处理。

4.3.2 网络财务软件的技术基础

网络财务软件的发展以现代信息技术为基础，其技术基础主要包括 Internet/Intranet 技术、大型数据库和数据仓库技术、三层结构技术及组件技术。

1. Internet/Intranet 技术

Internet（因特网）是一个具体的网络实体。因特网没有一个固定的网络疆界，泛指通过网关连接起来的网络集合，即一个由各种不同类型和规模的独立运行与管理的计算机网络组成的全球范围的计算机网络。组成因特网的计算机网络，包括局域网（LAN）、城域网（MAN）及更大范围内的广域网（WAN）等，每个子网中包含若干台计算机。这些网络在开放的 TCP/IP 协议支持下，通过普通电话线、高速率专用线路、卫星、微波和光缆等通信线路，把不同国家的企业、科研机构、政府及非营利机构等组织的网络资源连接了起来，从而可进行通信和信息交换，实现资源共享。因特网具有许多强大的功能，包括电子邮件、远程登录、超文本和超媒体传输、文件交换、网络论坛和交互式多用户服务等。

Intranet（企业内部网）是在因特网的基础上发展而来的，是一个使用与因特网同样技术的计算机网络。它通常建立在一个企业或组织的内部，自成独立体系，并为其成员提供信息的共享和交流等服务，如万维网、文件传输、电子邮件等。企业内部网可以连接到因特网上，成为因特网的一部分，并通过防火墙等技术保证企业内部信息的安全性。使用者不仅可以在局域网内使用它，也可以通过防火墙及路由器从远程对企业内部网进行访问。

Intranet 还可以进一步向企业外部延伸，使其范围扩大到企业与企业之间，从而使企业与关联企业、上游供应商、下游分销商之间形成范围更广的信息系统。这也被叫做企业外部网（Extranet）。

Internet/Intranet 技术为网络财务软件的集成化发展提供了有效的技术保证，这是因为它具有开放性、标准化、分布式、使用简单、易于维护及抗干扰能力强等特点。如开放的 TCP/IP 协议允许不同类型的计算机通过各种网络方便地进行连接并共享和交换资源，使得网络财务软件的应用可以突破地域限制，拓展到全球范围。又如，通过超文本和超媒体传输技术，企业内外各种类型的数据可以有机地连接起来，这些数据不仅包括结构化数据（如关系数据库），也包括更多的非结构化数据（如文本、图形、视频、声音等），从而极大地丰富了网络财务软件的信息来源。

2．大型数据库和数据仓库技术

传统财务软件大都采用 Foxpro、Access 等桌面型数据库，而这些小型数据库并非为企业级应用而设计的，它们在数据容量、运行速度、稳定性、安全性等方面都无法满足网络财务软件的要求。因此，网络财务软件通常采用诸如 Oracle、Sybase、SQL Server、DB2 等大型数据库。这些大型数据库不仅有 TB（1TB=1000GB）级的数据存储能力，可以满足企业业务不断增长的需要，而且还大大提高了数据处理性能。此外，大型数据库的并发访问支持能力及安全性能也远远超过桌面型数据库。

数据仓库是传统数据库技术的高级应用。传统数据库技术是以单一的数据资源（即数据库）为中心，进行从事务处理、批处理到决策分析等各种类型的数据处理工作的。然而，不同类型的数据处理有不同的处理特点，以单一的数据组织方式进行组织的数据库并不能反映其中的差异，也无法完全满足数据处理多样化的要求。因此，为了满足财务分析和决策的需要，网络财务软件已开始采用数据仓库来组织和管理决策所需的数据。数据仓库是面向主题的、集成的、稳定的、时间各异的数据集合，它把企业分析和决策所需的信息从企业的原始操作数据中分离出来，把分散的、难以访问的原始操作数据转化为集中统一的、随时可用的信息存储起来，同时提高了访问和处理数据的速度与效率。通过数据转换工具的清洗、转换和综合，网络财务软件可以将各功能系统数据库、数据文件、外部数据库及其他数据来源中的事务数据，转换成面向财务主题的信息，并存储于财务数据仓库中。在此基础上，网络财务软件还可以借助联机分析处理（OLAP）及数据挖掘（DM）等技术来实现对海量数据内涵的深度研究，从而加强财务分析，扩展决策范围，提高决策质量。

3．三层结构技术

长期以来，人们一直采用的是客户机/服务器（C/S）两层结构，即客户端提供用户界面，所有的业务也全部放在客户端处理，而数据库操作则全部由服务器完成。当客户端需要进行数据库访问时，由客户端发送请求给服务器，服务器进行相应的处理后将结果送回客户端。客户端和服务器之间通过消息传递机制进行对话。C/S 结构虽然有许多优点，但对客户端的处理能力要求较高，客户端的应用程序也较为臃肿，限制了对业务处理逻辑变化的适应能力和扩展能力。当客户机的数据库访问请求较为频繁时，还容易出现网络阻塞现象。

三层结构技术是在 C/S 两层结构的基础上发展而来的。它将数据处理过程分为三部分：第一层是客户端，负责提供用户对系统的友好访问界面，以及完成简单的规则验证、数据描述、查询生成等工作，这些工作往往可以通过简单的浏览器来完成；第二层是应用服务器，或称中间层服务器，负责各种业务处理逻辑的实现，客户机向应用服务器发出处理请求，然后由应用服务器负责向数据库服务器提交请求；第三层是数据库服务器，负责数据信息的存储、访问及其优化。三层结构在层与层之间相互独立，任何一层的改变不会影响其他层的功能。三层结构的主要优势在于通过增加应用服务器实现了业务逻辑的单独处理和用户共享，以及数据库访问请求的全局调度和优化，使得系统的处理分布进一步均衡，大大简化了客户端，提高了网络的运行效率，同时也增强了系统对环境变化的适应能力。

4．组件技术

组件是封装后用于实现某种特定功能的可发布软件模块，每个组件都通过接口与外部通信。组件提供的服务具有明确和完备的接口定义。它同时也明确和完备地定义了期望从外部得到服务的接口。组件具有很好的独立性，可以单独开发、单独编译和单独测试。由于组件标准建立在二进制基础上，所以组件对象的功能可以实现在不同平台和不同软件中的重用，而不用考虑组件具体是如何实现的。组件还具有很好的可扩充性，当一个组件需提供新的服务时，可通过增加新的接口来完成，不会影响使用原接口的客户。

在一定的组件模型的支持下，来自不同开发商的组件可以合成在一起，如同搭积木一般完成应用软件系统的构建。例如，可以将凭证管理、账簿管理、财务分析等处理逻辑各自设计为一个组件，企业可以根据自己的需要开发或购买各类组件，并通过组件的搭建来形成完整的财务系统。如果凭证管理有问题，就更换凭证模块；如果财务分析功能需要升级，就更新财务分析模块，其他模块不会因此受到影响。

4.3.3 网络财务软件的主要功能

传统财务软件虽然大多号称通用财务软件，但其功能基本是固化的。这样虽然可以在一定程度上满足企业的共性需求，如进行凭证处理、账簿登记、报表编制、工资管理、固定资产管理等，但对于企业的个性化要求则往往难以满足，也很难对其功能进行更新和扩展。为了解决上述问题，网络财务软件采用了基于企业服务总线的开放式模块结构，其部分功能如图 4-1 所示。

网络财务软件由财务组织与人员设置、会计核算、财务报告、财务制度、资金管理、预算管理、财务战略管理、纳税管理、财务分析与决策、财务风险管理及内部审计等多个功能模块构成。每个功能模块内部都包含诸多具体功能，可以完成相应的财务职能。如通过会计核算模块可以完成科目、账簿及核算流程的设置，并实施日常会计核算。通过预算管理模块可以设定预算目标和指标，设计预算样表体系，并进行预算的编制、调整、执行、分析、考核及评价。在财务分析与决策模块中，用户可以运用杜邦分析、EVA分析等方法进行综合绩效评估，可以对资产、负债、权益、损益、现金流量等财务报表要素进行分析，可以计算企业的营运能力、赢利能力、偿债能力、发展能力等财务指标，还可以分析资金的余额与流向及生产成本的构成与变动等，并在此基础上辅助管理人员完成投资、融资、股利分配等财务决策。

网络财务软件的每个功能模块都是一个独立的服务插件。各功能模块通过企业服务总线以松散耦合的方式连接在一起，并通过标准格式的消息来传递信息，实现集成。网络财务软件的应用具有极大的灵活性，用户可以随时对软件中的模块进行自定义的重新配置和组合，还可以在企业服务总线上加入新的功能模块，扩充网络财务软件的功能。需要说明的是，企业服务总线上并非只包括财务模块，其他的如供应链管理、生产管理、人力资源管理、客户关系管理、办公自动化等功能模块同样挂接在企业服务总线上，与财务模块一起组成集成化的企业管理软件系统。此外，企业服务总线还连接着数据访问服务、用户交互服务，流程服务等基础性的功能模块，这些功能模块可以为包括财务模块在内的其他功能模块提供数据库访问、用户界面设定、业务流程定义等各种公共服务。

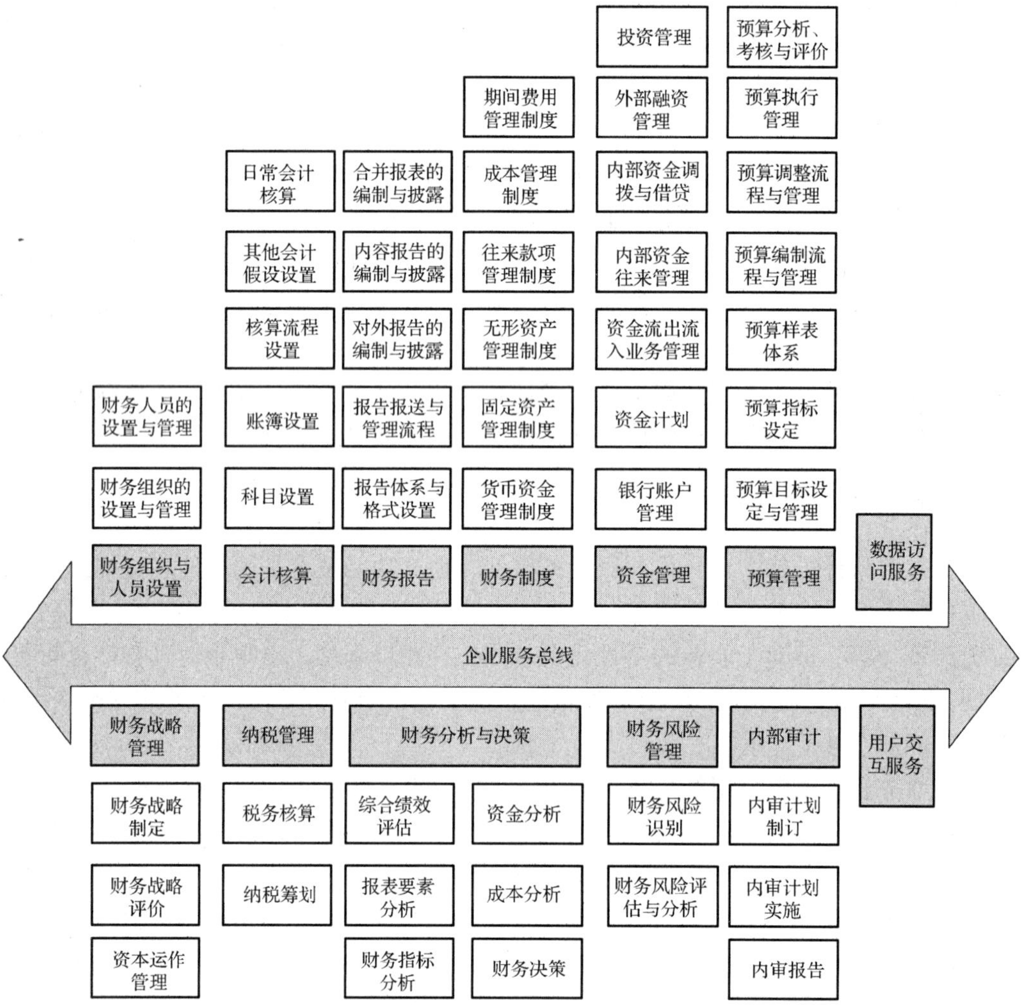

图 4-1 网络财务软件的功能模块

4.3.4 网络财务软件的运行模式

根据企业的不同特性和需求，网络财务软件的运行模式可以分为分散式，集中式及基于 ASP 的运行模式。

1．分散运行模式

网络财务软件的分散运行模式是指企业各分支机构在服务器上各自安装网络财务软件，并独立处理相关业务。财务数据平时存储在分支机构本地，并定期通过网络传递到企业总部的服务器进行汇总。

该运行模式对网络基础设施的要求不高，系统整体的可靠性较高，信息管理也比较灵活，但需要配置较多的服务器，购置和管理成本较高。更重要的是，分散运行模式不利于企业掌握财务状况和经营成果的全貌和最新情况，也影响财务分析和财务监控的效果，因此不能完全满足企业对网络财务的需求。对大多数企业而言，分散运行模式只是企业从传统财务向网络财务转换的一种过渡模式。

2．集中运行模式

集中运行模式通常采用浏览器/服务器(B/S)三层结构技术来完成。在此模式下，网络财务软件的部署、升级维护和数据备份等都集中在企业总部的Web应用服务器和数据库服务器上完成。各分支机构无须安装任何特别的应用软件，只要使用浏览器即可通过因特网访问总部服务器，并使用网络财务软件进行实时作业。

集中运行模式的优点在于服务器配置成本小，而客户端可以实现“零维护”，极大地降低了系统的总体维护成本。而且，该模式还有数据集中管理，及时性好，使用方便的优点。但是，集中运行模式对网络基础设施的要求较高，整体系统的可靠性受软硬件及网络的影响较大。集中运行模式是目前大中型企业应用网络财务软件的主流模式。

3．基于ASP的运行模式

ASP(Application Service Provider)是应用服务提供商的简称。它是1999年美国针对中小企业的信息化提出的概念。基于ASP的网络财务软件运行模式是指在共同签署的外包协议或合同(协议内容包括价格、服务水平、商业机密等)的基础上，企业将其部分或全部财务软件应用委托给服务商，由服务商保证这些应用流程的平滑运作。服务商不仅要负责应用程序的建立、维护与升级，还要对应用系统进行管理。ASP服务的交付是基于因特网的，用户只需要具有网络终端和与网络连接的线路，就可以从远程获得自己所需的财务软件应用服务。

相对于基于单个企业的独立软件应用模式，ASP模式的特点十分突出。用户不必购买功能强大的计算机，不必经历错综复杂的系统选型，不必聘请专门的IT技术人员，不必担心系统的维护和升级，不必承受系统实施的各种风险，只要拥有浏览器并具备基本的上网能力，就可以方便地使用信息系统，这样可以有效降低企业的总拥有成本(TCO)。特别是对于中小企业而言，它们只要根据服务内容和等级支付一定的服务费，就可以使用传统上大型企业才能拥有的昂贵信息服务，这对于网络财务系统的推广有着极为重要的意义。此外，ASP模式可以快速为企业提供网络财务的解决方案，其项目周期明显快于传统的财务信息系统建设，企业在短期内就可以看到应用成效。

需要指出的是，ASP模式是一种全新的软件应用模式，因此在很多方面还不够成熟，同时还受到很多客观条件的限制，如高度依赖于因特网基础设施的建设，安全措施有待进一步完善，相关的制度体系建设还没有跟上等。但是可以预期，随着信息技术的高速发展和用户观念的不断更新，ASP模式将在未来成为中小企业应用网络财务软件的重要模式之一。

4.4 财务数据仓库与数据挖掘

在网络环境下，企业财务信息的来源得到了极大的拓展，数据量也呈指数化增长。丰富的信息可以为企业财务管理提供更好的条件，但也带来了一些新的挑战。例如，如何统一处理不同来源、不同格式的数据；如何分析不同数据间存在的关系和规则，发现隐藏在数据背后的信息，并提供正确的决策辅助信息等。财务数据仓库和数据挖掘技术对于解决上述问题有着重要的作用。

4.4.1 财务数据仓库

数据仓库是一个面向主题的、集成的、稳定的、随时间变化的数据集合。建立数据仓库并不是为了取代传统的数据库系统，而是在传统数据库的基础上将企业长时间、多渠道收集到的数据以一致的方式进行统一组织和存储,从而方便数据的深入加工与分析，更好地为决策支持服务。财务数据仓库是面向财务管理的动态数据集合，其基本架构如图 4-2 所示。

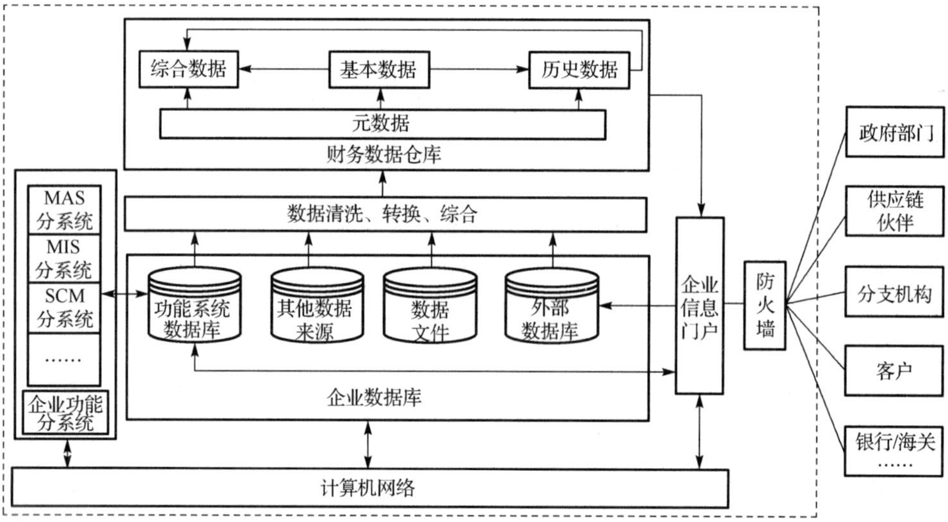

图 4-2 财务数据仓库的基本架构

通过在企业信息系统的生产自动化系统（MAS）、管理信息系统（MIS）、供应链管理（SCM）等子系统中嵌入各种业务处理规则，企业内外部的业务事件一旦发生，相关的财务和非财务信息就会被实时采集并传递到业务数据库中进行存储。企业管理过程中产生的非格式化的文档和报表存储于数据文件中，而通过信息门户收集的外部数据，如客户的反馈信息、市场的变化信息、竞争对手的最新动态等则存储于外部数据库中。

在功能系统数据库、数据文件、外部数据库以及其他数据来源中，数据的来源多种多样，因而不可避免地包含噪声数据和冲突数据等，并存在缺失数据的现象，这些数据都可以被视为“脏数据”，不便于直接使用。因此，各种数据在进入财务数据仓库前，首先需要按照一定的规则对“脏数据”进行清洁处理。数据清洁工具可以过滤不符合规则的数据，处理缺失数据、噪声数据、冲突数据和重复数据，并解决数据中的语义模糊问题，从而完成对“脏数据”的清洁任务。在此基础上，再通过数据转换工具对各种数据进行转换和综合，将其转换成面向财务主题的信息，并按标准格式统一存储于财务数据仓库中。财务数据仓库中不仅存储符合会计事项定义的业务事件，也存储企业需要计划、控制、分析及评价的其他事件，从而为财务数据挖掘与决策支持提供基础数据支持。

4.4.2 财务数据挖掘

数据挖掘是从大量的、不完全的、有噪声的、模糊的、随机的数据中提取隐含在其中的、人们事先不知道的，但又是潜在有用的信息和知识的过程。数据挖掘的主要功能包括分类、关联分析、聚类分析、预测、时序分析以及偏差分析等。其中，分类是找出数据库中一组数据对象的共同特点并按照分类模式将其划分为不同的类别；关联分析可以找出不同数据集之间隐藏的相关关系；聚类分析是对数据进行分组，形成多个集合，并使得组内相似性最大和组间相似性最小；预测是利用历史数据找出变化规律，通过建立模型，对未来数据的种类、特征及发展趋势进行预测；时序分析是指通过时间序列搜索出的重复发生概率较高的模式；偏差分析是通过寻找实际观察结果与期望值之间的差异，识别各种异常信息并进行分析、评价和预警。数据挖掘的各项功能不是独立存在的，而是在数据挖掘中互相联系，一起发挥作用的。

在进行数据挖掘时，处理不同的数据可以采用不同的挖掘方法。常用的数据挖掘方法有以下几个。

(1)统计分析方法。统计分析是数据挖掘技术的基本方法。它是利用统计学、概率论的原理对数据进行统计分析，从而找出数据之间的关系和规律。它往往根据不同的挖掘主题而选用适宜的计算方法，如回归方法、序列分析方法、统计检验方法等。

(2)决策树。根据数据的不同特征，以树形结构来表示决策集合，即构建一棵决策树，进而将决策树转化为规则。决策树方法主要应用于数据的分类模式挖掘。

(3)神经网络。模拟人的神经元功能，经过输入层、中间层(隐含层)、输出层等，对数据进行调整、计算，最后得到结果。各个节点从相连接的节点获取输入数据，并结合相应的转移传递函数，使用权值来计算输出数据值。当前已经出现了多种不同的神经网络模型，可以分别应用于预测和模式识别、联想和优化计算以及分类和聚类分析等领域的数据挖掘。

(4)遗传算法。遗传算法是一种基于生物自然选择与遗传机制的随机搜索算法，是一种仿生全局优化方法。遗传算法具有隐含并行性、易于与其他模型结合等性质，因此在数据挖掘中经常被应用。

(5)粗糙集方法。粗糙集是一种研究不确定性问题的数学工具。它可以在不完全和不完整信息环境下，通过分类归纳形成概念和规则，通过等价关系的分类以及分类对于目标的近似，解决模糊或者不确定数据的分析和处理，实现知识发现与获取。

(6)可视化技术。可视化技术是一类辅助方法，它采用计算机图形学和图像处理等技术，将数据和所挖掘出的模式转换成二维和三维的图像表达。可视化技术不仅可以帮助用户看到数据处理过程、监测和控制数据分析过程，并且还扩展了数据和数据模式的表达能力，易于为用户所理解。

在实施数据挖掘时，首先应当明确问题的要求和目标，将对具体问题的理解转化为数据挖掘问题。确定挖掘对象后，即可进行数据准备，包括选定用于挖掘的数据、对数据进行异常值剔除、缺失数据补充等预处理，并将数据转换为适合于具体数据挖掘算法的形式。在此基础上选择合适的挖掘算法，对经过数据准备处理后的数据进行挖掘，并通过表格、图形、规则描述等多种形式输出挖掘结果，形成分析报告。针对同一问题还可以选择不同的挖掘方法，反复进行数据挖掘，通过多次比较、分析和综合得到更为客观全面的挖掘结果。

财务数据挖掘系统的基本架构如图 4-3 所示。

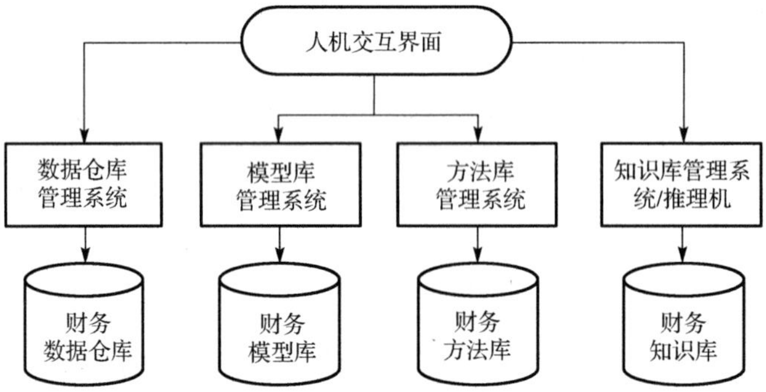

图 4-3　财务数据挖掘系统的基本架构

财务数据挖掘系统建立在财务数据仓库的基础上，并在模型库、方法库和知识库的辅助下运行。模型库用于存放用户求解财务问题所需的各种模型，包括管理控制模型、筹资决策模型、投资决策模型、企业经济价值评估模型、成本分析模型、利润分析模型等。由于财务问题种类繁多，所使用的模型根据具体问题的不同经常会发生变化，所以模型库中存储的模型一般是具有通用性的基本模型。在实际进行问题求解时，再根据具体问题调用模型库中的基本模型，匹配生成一个针对某一特定问题的求解过程，即动态模型。一旦具体决策过程结束，动态模型即消失，模型库中仍然只有基本模型。这种模型运行方式可以突破一个模型只能包含某种固定方法的模式，在系统运行时可连接不同的基本模型，形成多种模型，并通过比较获得最佳求解模型。

方法库用于存放与财务决策相关的基本方法，如量本利分析法、时序分析法、回归分析法、主成分分析法、线性和非线性规划法、动态规划法、网络计划法等。此外，方法库中还存放有不同的确认和计量规则，如会计准则就是这些规则中的一种。方法库中存储的各种基本方法和规则也可以根据需要进行灵活组合，形成解决具体财务问题的专用方法和规则。

此外，财务数据挖掘往往还需要得到专家的帮助和指导。例如，当进行某项成本决策时，有制造成本法、变动成本法、作业成本法等多种成本计算方法供选择，用户可能难以抉择。这时候就必须要组织知识，通过知识推理来加以解决。财务知识库中存放着财务管理领域的海量知识，并具备一定的推理功能，可以为人机交互、方法选择、动态建模以及综合分析等提供支持。

财务数据挖掘可以应用于企业的财务计划、成本预测与分析、产品组合优化、财务状况识别与危机预警、投资和筹资决策等多个领域。通过财务数据挖掘，管理人员在进行相关决策时可以获得全面和深入的数据支持，从而降低决策风险、提高决策的速度与正确率。

例如在开发新产品时，成本估算对于控制产品成本、实现产品性能与成本之间的均衡以及实施精准的市场定价等都有重要意义。特别是在网络经济环境下，客户需求日益个性化，产品种类大量增加，开发周期缩短，快速和准确地进行新产品成本估算的重要性也大大增加。该问题可通过成本数据的挖掘与推理来加以解决，如图 4-4 所示。

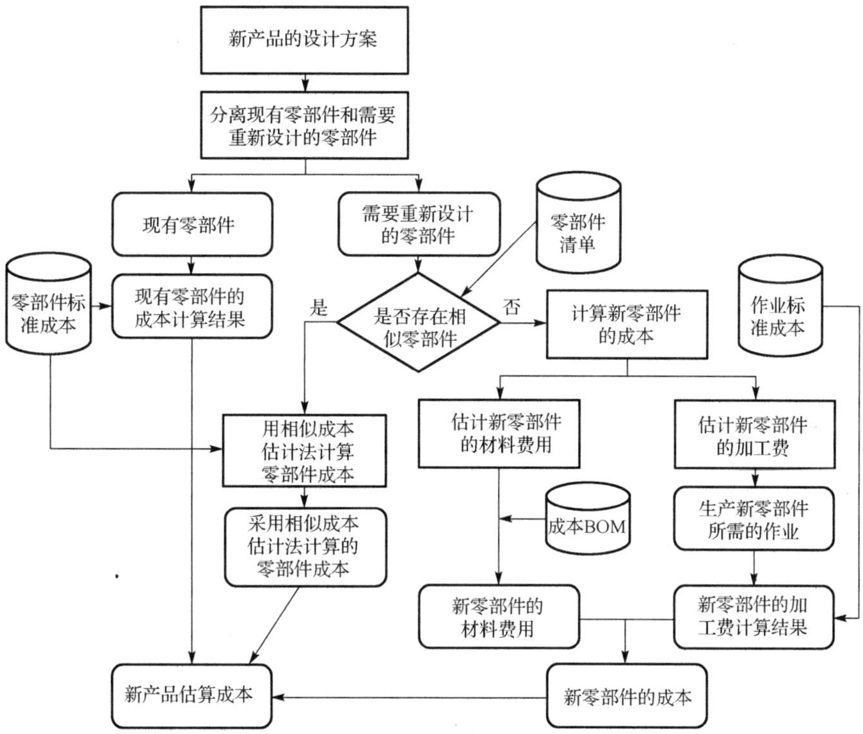

图 4-4　新产品的成本估算

设计人员首先对新产品设计方案进行分析，确定设计方案所需的零部件中哪些是企业现有的，哪些是需要重新进行设计的。对于现有的零部件，可以直接从零部件标准成本库中获取其准确成本。

对于需要重新设计的零部件，首先应当在零部件库中进行检索，查看是否存在相似的现有零部件。若存在相似件，则可采用相似成本估计法计算该零部件的成本。相似成本估计法是指当新零部件的功能、结构或性能等与某个现有零部件相类似时，就可以在该相似零部件的现有成本数据的基础上，通过考察新零部件与相似零部件的不同之处来对现有的成本数据进行修正，从而获得新零部件的成本。由于新产品的设计往往是基于某个产品族进行的，而同一产品族内的产品所使用的零部件在几何形状、加工流程以及工艺等方面存在很大的相似性，因此采用相似成本估计法可以在很大程度上简化成本估算工作。

不存在相似件的新零部件的成本可以分解为材料费用和加工费两个部分，其中材料费用可在成本 BOM（物料清单）的基础上通过滚加得到。为了估计新零部件的加工费，首先需要根据零部件的设计特征和制造特征确定生产新零部件所需的作业，然后即可基于作业标准成本库对作业成本按照加工层次逐级向上进行累加，得到新零部件的加工费。最后将材料费和加工费进行累加，即可得到新零部件的成本。

最后，将现有零部件的成本、采用相似成本估计法计算的新零部件成本以及不存在相似件的新零部件的估算成本相加，即可较为准确地估算出设计方案所对应的新产品的成本。

在图 4-4 中，零部件清单、零部件标准成本、作业标准成本以及成本 BOM 等相关信息都可以从财务数据仓库中取得，而相似零部件的成本估计则可以在财务方法库和知识库的支持下，由产品设计人员和财务人员通过输入相关参数计算完成。

4.5 事项驱动财务信息系统

4.5.1 事项会计理论简介

事项会计的思想最早由 Vatter 提出，随后 Sorter 在 20 世纪 60 年代末大力倡导了对事项会计的研究和发展，引起了学术界的关注和争议。1969 年，Sorter 在其著名论文《基本会计理论中的事项法》中正式提出了事项会计（事项法）思想。

与现行财务会计使用的价值法相比，事项法体现的会计思想迥然不同，具体表现在以下几方面。

1. 会计目标不同

价值法假定信息使用者的信息需求是可知的，会计将满足“大多数使用者的共同需要”。因此，价值法指导下的会计人员需要根据自己的主观判断，以货币为计量单位，对经济业务产生的原始数据进行一系列的确认、计量、分类和汇总，并向使用者提供格式和内容高度规范化的财务报表。而事项法则认为地位、个性不同的使用者，同一使用者的不同决策模型，所需要的信息各不相同。价值法提供的经过汇总和处理的数据可能会产生偏差或错误，并非对所有使用者都“相关和可靠”。而事项法的会计目标在于提供“原汁原味”的事项信息，让使用者各取所需。至于怎样利用这些信息，则是使用者自己的事情。

2. 信息收集范围不同

价值法的信息收集范围只是会计事项，这些事项只是会计主体业务活动的一个子集，对每一个会计事项的描述也只是收集了事项所有属性的一个子集。事项法则收集范围更广，且包含与信息使用者决策相关的会计主体的各种经济活动，并且对每一事项的描述都使用一个属性集，而每一属性都是人们对事项从某一角度观察的结果。

3. 数据汇总程度不同

在价值法下，会计人员对数据进行加工时加入了大量的主观判断和加总计算，尤其是分配、递延、预提、摊销、汇总等程序容易造成方法错误、信息偏差和产生损失。另外，管理当局可能通过会计政策选择进行盈余管理，使会计信息失真。事项法将事项展示于使用者，由使用者自己进行加工、处理和分析，避免了人为因素对会计信息的影响。

4. 计量属性不同

在价值法下，为了保证收益和价值数据的内在一致性，主要采用历史成本计量属性。事项法则认为：对于同一事项，不同的使用者或同一使用者从不同角度看会有不同的含义，因此同一事项可有多个计量属性。不同的属性，反映了事项不同方面的特征，从而可满足不同的需求。事项法推荐使用按多种计量属性编报的多栏式财务报表。

5. 事项特征揭示不同

价值法以货币为计量手段，仅揭示经济事项价值方面的信息，对非价值信息很少予以披露。如购置生产设备时，它只报告价值信息，对生产率、性能、可靠性、运行状态通常则不予披露。而事项法运用多种计量属性，揭示经济事项价值和非价值方面的信息，对一些暂时不影响收益和价值的事项也予以充分披露。

6. 信息可比性程度不同

在价值法下，相同或相似的交易或事项由于历史、经济、文化和制度上的原因，在世界各国各地采取了不同的会计处理方法，所产生的会计数据对使用者可能会产生不同的判断，从而丧失了会计信息的可比性。而事项法向使用者列示事项，由使用者按自己的理论和方法对相似事项进行处理，并对不同企业的财务状况进行比较，使得会计信息更具可比性。

7. 提供信息的时间不同

价值法提供的会计信息是对凭证、账簿、报表体系的顺序化处理。由于会计信息系统与业务活动相脱离，所以提供会计信息的时间是在会计期末。而在事项法下，会计信息实际上就是业务活动产生的事项信息，消除了会计信息与业务活动的时间差，可以实现会计与业务的一体化处理，并提供实时的会计报告。

事项会计自提出以来，长期停留在理论研究阶段。事项会计的目的在于提供全面而原始的事项信息，然而如何提供信息才算得上全面，以怎样的形式存储才称得上原始，以及如此庞大的数据量应如何利用，类似的问题事项会计一直未能完全解决。随着计算机技术及网络环境的发展，数据仓库及相关技术有效地解决了上述问题，为事项会计思想的实现提供了非常有力的支持。

首先，随着越来越多的企业开始运用计算机管理控制企业，为事项数据仓库的建立奠定了实践基础，同时也提供了丰富的数据源，大幅度降低了信息的采集和传输成本。其次，事项会计要求提供原始的未经加工过的经济业务信息，最大限度地恢复经济活动过程的原貌，以事项为单位的数据仓库存储结构可以很好地实现这一目标。数据仓库的数据存储结构与事项会计的思想相吻合，能够通过不同维度存储经济活动的立体信息。再次，数据仓库为集成不同企业数据库数据、各种其他数据源数据提供了技术支持。良好的数据接口工具，方便企业对不同数据来源的数据进行抽取、转化和加载。最后，先进的 IT 技术，如在线分析、数据挖掘等工具，为提供实时的、多角度的事项报告提供了实现的条件。因此，事项会计理论不再是空中楼阁，构建事项驱动的财务信息系统已成为可能。

4.5.2 事项的分类

为了研究和描述事项，需要对事项进行分类。一般按业务过程对其进行分类，这种分类方法认为每一个企业可将其整个业务活动分为几个业务过程(即业务循环)，而每一个业务过程都由一系列事项组成。例如，采购与支付业务过程主要包括订立采购合同事项、原材料购买事项、原材料入库事项和货款支付事项等；生产业务过程可以分解为领料事项、加工事项和产成品、半成品入库事项等；而销售与收款业务过程可以分解为营销商品事项、发出商品事项、收取货款事项等。

此外，还可以从价值链的角度更深入地分析企业的各项业务活动，将企业业务活动分为价值链中的主要价值活动和支持性价值活动两类。主要价值活动创造顾客价值，是业务运作中的关键活动；支持性价值活动的作用是促进主要价值活动的完成。

企业的主要价值活动包括以下几类。

(1) 内部销售管理，指与接收、存储流入的资源和将流入的资源分配到产品或服务中去的有关的事项。

(2) 对外销售管理，指与收集、分发实物产品和服务有关的事项。

(3) 生产业务事项，指与将流入资源转化为最终产品或服务有关的事项。

(4) 市场营销事项，指向顾客提供购买方式并促使顾客购买产品的事项。

(5) 服务事项，指与提供服务以保持产品性能或增强服务价值有关的事项。

企业的支持性价值活动包括以下几类。

(1) 获取事项，指与采购有关的流入资源的事项。

(2) 技术研发事项，指无形资产开发事项和无形资产取得事项。

(3) 人力资源管理事项，指招聘、雇用、训练、培养各类人员的事项和向员工付酬的事项。

(4) 企业基础结构，包括计划、控制、资产管理等业务事项。

对事项进行分类旨在更好地理解企业的业务活动，并不影响事项本身及对它的描述，更不会因为分类而过滤掉与事项有关的信息。

4.5.3 事项驱动财务信息系统的内涵

事项驱动是指由业务事项驱动信息处理过程，也就是在业务活动发生时触发信息系统记录或存储该业务活动的相关数据，而当用户提出信息需求时触发对业务活动的报告过程。

事项驱动财务信息系统的基本思想是首先对企业的资源、经济事件和参与者及其相互关系运用计算机进行对象化、模型化处理，并按其实际语义而非人为加工过的借贷分录等形式对与资源、经济事件和参与者相关的财务数据和非财务数据进行确认、收集和存储。然后根据用户的不同需要设计相应的用户视图，以提供管理决策所需的通用或个性化的特定信息。对事项驱动财务信息系统而言，事项是分类的最小单元。系统平时不对存储的事项进行进一步的处理，只有当使用者提出信息需求后才调用相应的处理程序和方法，加工出满足需要的信息。事项驱动财务系统的基本模型如图 4-5 所示。

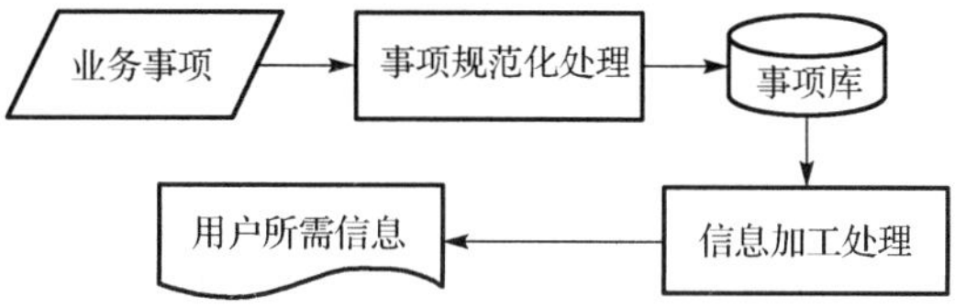

图 4-5 事项驱动财务系统的基本模型

与传统的功能驱动财务信息系统相比，事项驱动财务信息系统具有如下特征。

(1) 系统面向业务事项本身，不再基于会计循环，并在信息技术的支持下使业务流程和信息流程紧密结合起来。

(2) 系统集中处理业务事项，重新定义了会计的范围。系统不仅选择了改变企业资产、负债和所有者权益的业务事项，还选择了所有管理层想要规划、控制和考核的业务事项，多角度地反映企业业务活动，使财务数据和非财务数据有效集成在一起，强调报告的弹性，从而可提供更完善、更代表企业当前运行状况的信息。

(3) 系统集成了所有的业务数据。有效的数据集成有助于数据库技术的采用，而且使经济业务的描述更加一致和可靠。数据的集中存储在支持所有用户的信息需求的同时，也减少了数据的冗余。

(4) 集成了信息流程和实时控制。流程集成涉及三个关键的信息活动，即记录、维护和报告，也涉及减少相关业务和信息处理风险的控制。流程集成的目的就是要把信息流程融入实际业务流程中，因此，在业务活动发生时，信息技术既用于记载数据，也用于控制流程。

4.5.4 事项驱动财务信息系统的分析模型

建立事项驱动财务信息系统需要分析业务过程，识别重要的业务活动及其基本特征。目前常用的描述业务事项基本特征的方法是 REA/REAL 模型。

1. REA 模型

建立一个业务过程模型需要识别重要的战略性业务活动，并对这些业务事项的基本特征进行描述。业务事项的基本特征可以用 5W(What，When，Who，Where，Why)来描述，即何事、何时、何人、何地及为何。事项的描述还可以进一步深入，如描述事项为什么发生、执行过程中有什么风险、风险程度如何等。

REA 模型描述了资源(Resource)、事项(Event)和参与者(Agent)三个实体及三者之间的联系。

资源被定义为稀缺的并为企业所控制的有形实物对象，它能为企业带来经济价值而且可以辨认和受组织控制。在传统会计中确认为资产的大多数项目都属于资源，但该定义又不同于传统会计中资产的定义，因为它不包括像应收账款这样可以推导计算出来的资产。应收账款是指顾客的销售额与所收到的货款之间的差额信息，因此它不是 REA 模型的基本元素，建模时不必包括应收账款这样的实体。

事项是指能从某方面影响组织资源变动的业务活动。生产、交换、消费、分配方面的活动都是事项。事项不限于能够进入传统会计簿记体系的经济事项，还包括其他不进行会计确认与计量的经营活动,如市场调研活动等对管理决策提供所需信息的经营活动。但它不包括明显为纯信息处理或管理决策等的事项，因为它们是对原始的经营事项信息进行的操作或分析、选择，是由经营业务产生出的进一步的结果。

参与者是参与事项的单位、部门或个人。收集参与者数据是为了更好地计划、控制和评价其基本活动。参与者包括内部参与者(如销售员、采购员、生产人员、生产或业务部门)和外部参与者(如客户、供应商等)。

资源、事项和参与者合称 REA 模型中的实体。这三个实体之间存在以下四种联系。

(1)资源—事项联系，又称存量—流动关系。其中资源为存量，事项为流动，包括资源流入和流出的事项，以及用于表示那些增加或减少资源的事项。

(2)事项—事项联系。这种联系又称二元联系，是指组成一个业务循环的导致两组资源一增一减的两组事项之间的关系，即一组事项导致一组资源流入，另一组事项导致另一组资源流出，流入和流出的资源总是相互联系着的。如在销售与收款循环中，销售事项引起存货的减少，而收款事项引起现金的增加，减少的存货与增加的现金相联系，故销售事项与收款事项的联系就是二元联系。

(3)事项—参与者联系，又称控制关系。控制关系是内部参与者、外部参与者和事项之间的多元联系。为便于理解，这种多元联系常常被分解成两个二元联系，即事项—内部参与者联系和事项—外部参与者联系。

(4)内部参与者—内部参与者联系。这也是二元联系，又称责任关系，描述的是上级对下级进行管理和下级对上级负责的关系。

上述各种联系如图 4-6 所示。

采用 REA 模型建立财务信息系统，需要采集业务事项的多方面信息，而不是只记录汇总后的结果。例如，不能把几张领料单汇总后记入系统，而应如实地反映这几张领料单的发生及其具体内容。这样，在财务数据仓库中记录了经济事项的多方面数据以后，通过专用或通用的报告过程(加工程序)支持用户所需的信息视图(个性化或常规报表)就非常简单了。因此，在基于 REA 模型建立的财务信息系统中，并不存在传统财务信息系统中的日记账、分类账、会计科目表、借贷记账法等元素。基于 REA 模型建立的信息系统不仅能利用业务事项的详细数据生成财务报表和报告，还允许信息用户自己定义所需的信息视图，确定需要哪方面的信息，汇总程度如何，以何种形式输出，从而支持各种层次、各种职能领域的信息需求。此外，REA 模式不重复存储同一事项、资源、参与者的属性数据，因此避免了数据存储冗余和不一致。

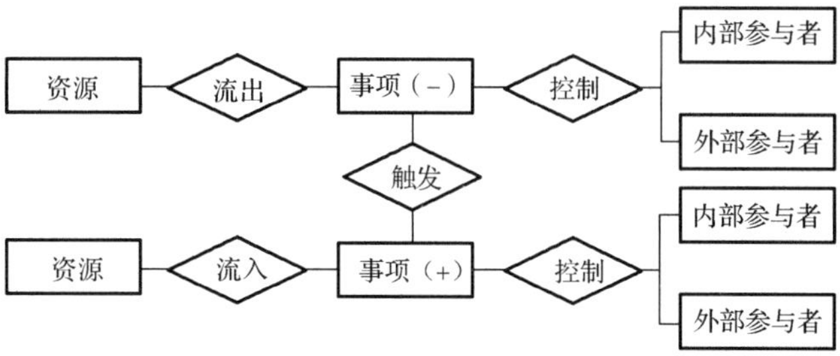

图 4-6　REA 实体的基本联系图

REA 模式已逐渐得到实际应用。如 IBM 公司已利用 REA 原理开发了 IBM 工资系统，而著名会计事务所普华永道也在对 REA 模式进行一定调整后，建立了在大型数据库中迅速获取数据的 GENEVA 系统。

2．REAL 模型

REAL 模型是 REA 模型的一个扩展。它在 REA 模型中增加了一个新的要素——地点(Location)，即业务事项发生的位置。在全球经济一体化的背景下，经济事项可能在任何地点发生，而管理者又需要收集业务发生地点的信息，则在模型中表示出业务事项发生的位置，在系统设计时就可以合理地决定数据的采集地点、处理地点、使用地点和传输路径，从而提高系统的效率了。

图 4-7 为表示资源、事项、参与者、地点及它们之间联系的 REAL 模型。

建立 REAL 模型的依据是企业的生产经营业务流程。由于一个业务流程由若干业务环节上的事项组成，故建立 REAL 模型前首先要界定企业的业务流程，识别每一流程中重要的战略性业务事项，然后对每一个业务流程分别建立 REAL 模型。

利用 REAL 模型对企业业务流程建模的一般步骤如下。

(1)明确要建模的业务流程，确定流程的范围、起点和终点。

(2)识别应包括在 REAL 模型中的业务事项。对要建模的业务流程进行分析，找出需要把握的业务事项，包括主要事项和辅助事项，但不包括信息处理、管理或决策事项。这是因为记录的有关经营业务活动涉及的资源、事项、参与者及其属性的数据，已经足以生成管理和决策所需的信息。

(3)识别进入 REAL 模型中的事项动用的资源、参与者和发生地点。

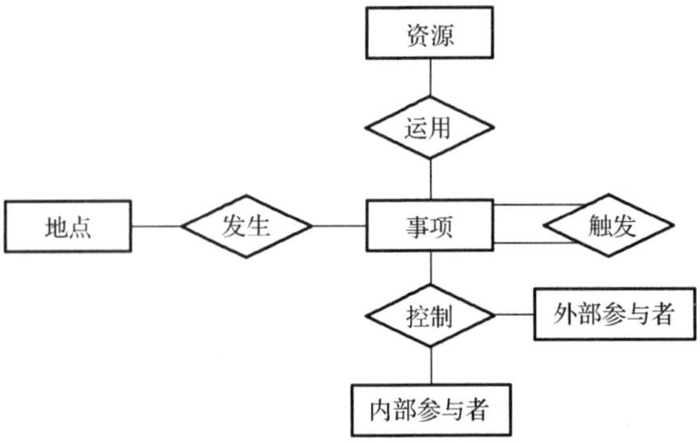

图 4-7　REAL 模型

(4) 识别事项、资源、参与者、地点之间的相互行为、特征，以及它们的属性。

(5) 识别资源、事项、参与者和地点之间的直接联系。

(6) 根据上述分析和识别的结果，画出业务过程适用的 REAL 模型图，并进行验证、修改和完善。

4.5.5　事项驱动财务信息系统的设计思想

事项驱动财务信息系统建立在三库理论基础上。三库是指事项库、方法库和目的库。事项库存放企业发生的有关业务事项的原始信息，属于财务信息系统的输入端。来自各种来源的大量数据都存放在事项库中。方法库提供处理信息的各种规则、方法、模型和知识，属于系统的加工处理端。目的库与事项库及方法库相连接，存放由事项库与方法库相结合产生的信息视图，它构成了输出端。三库各自独立，并独立于程序之外。事项是参数，随时间而变；方法是手段，相对稳定；参数与手段结合，就可加工产生新的目的数据。事项库、方法库和目的库的有效结合可以增强实时处理的及时性并降低复杂性。

具体而言，事项库是企业各种业务事项产生的所有数据的动态集合，包括财务信息和非财务信息。为了实现从业务事项到事项库数据的转换，可以采用前述的 REA/REAL 分析模型。该模型可以分析企业的现实业务活动，从而清晰反映事项的细节。首先，它把事项作为一个实体，事项与事项之间发生触发和被触发联系。其次，它将在某事项过程中涉及的资源、参与者和地点作为实体，即事项与资源、参与者和地点发生联系。在此基础上，将逻辑结构设计中分析出的实体与联系转换为关系模型即可构建事项库。由此，用户可以容易地获取比较完整的事件数据。

事项库中存储的海量标准化元数据是系统的信息源，可以满足所有用户的信息需求，并且使信息真正做到同出一源。例如，当用户需要了解公司关联方交易的具体细节时，可以追溯到企业与关联方发生的各项交易的详细记录，这样显然比会计报表附注中披露的交易金额及所占比例等更具相关性。需要注意的是，事项库中包含企业大量的商业机密，因此对事项库的访问必须进行严格的权限管理。如一般投资者可能只能查询固定资产原值和折旧的分类数据，而企业的主要贷款银行则可以查询到每项固定资产的详细情况。

方法库可以为用户多视角分析、加工和挖掘数据提供工具支持。对不同的用户而言，同一个事项很可能具有不同的信息内涵。方法库可以基于各种不同的规则、模型等对事项数据进行加工，从而满足用户的多样化信息需求。常用的基本工具由系统预置，用户可以根据需要对其进行修改及更新，还可以在方法库中不断添加新的方法、模型和规则等。在方法库的支持下，既可以根据某个方法和模型对原始数据进行详尽的数据分析，也可以根据会计准则的严格规定对会计事项进行相应的核算处理，并产生标准化的财务报告。

目的库负责接收用户要求，进行人机交互，并根据各种模板生成相应的报告，为用户提供各种视图输出。同时，目的库还负责存储按用户需求生成的输出信息。由于目的库中的模板可以由用户自定义，所以其输出并不局限于传统的财务报告格式，可以方便地实现财务报告的个性化呈现，从而使用户能积极参与财务报告的供给过程中。

目的库与使用者的接触最为密切，因此目的库的创建必须强调用户友好性。尽管事项法认为企业只负责提供事项数据，而加工是用户自己的事，但在实务中由于用户的专业素养参差不齐，难免有相当部分的非专业用户在面对海量的事项数据和众多的处理方法时感到无从下手，陷入“信息超载”的困境。因此，详尽的在线帮助显得十分必要。例如，目的库可以提供事项目录及方法模型目录，提供搜索建议，并对事项的基本内涵及各种工具的使用方法进行说明。此外，系统还可以追踪最常被使用的事项、工具及使用者类别，从而为用户的选择提供参考。

4.5.6 事项驱动财务信息系统的优点

与传统财务信息系统比较,事项驱动财务信息系统的优点主要体现在以下几个方面。

1. 采用双向模式提供财务信息

传统财务信息系统的信息提供采用的是单向模式，即“信息—信息使用者”模式。这样，信息使用者只能被动地接受企业提供的财务报告，没有自己选择的权利。事项驱动财务信息系统采用的是双向模式，可面向用户不同的信息需求，满足其各自的决策需要。用户可以从企业最原始的数据出发，选择方法库中的工具或使用自己的工具进行加工并获取所需的信息。显然这种双向沟通模式赋予了用户选择信息和自主处理信息的权利，大大提高了信息的相关性，这比被动地接受单一固化的信息更能满足个性化需求。

2. 可为管理决策提供非财务数据

近些年来，学术界与实务界一直都在思考怎样才能正确评价企业的经营业绩，他们认为不应该再把财务数据作为评价企业经营业绩的唯一依据，而是要综合考虑各种度量结果。另外，企业对客户满意度、产品质量、市场占有率和人力资源等非财务信息的重视程度日渐提高，而事项驱动财务信息系统不仅可以提供各种非财务数据，还可以方便地在这些非财务指标与财务指标之间建立关联。

3．消除了传统财务信息系统形成的信息孤岛

事项驱动财务信息系统增强了财务信息系统与业务系统的集成性，消除了原来各子系统之间的隔阂。由于财务数据与业务数据有共同的来源，经授权的不同用户均可以使用一致的数据，所以消除了以往财务信息系统封闭运行、数据不能实时交换与共享的局限。另外，运行事项驱动财务信息系统后，可以从多个角度记录业务活动，构造多种用户信息报告视图。例如，对于客户订货事件，至少可以提供以下几个视图。

(1) 生产部门安排生产进度所需的成本数据视图。

(2) 销售部门为产品定价、安排客户活动、制定销售目标所需的成本、销售费用视图。

(3) 执行经理评价某笔业务对企业的影响所需的资金占用情况视图。

(4) 投资者和债权人感兴趣的成本、收入及获利情况视图。

4．增强了会计信息的及时性

事项驱动财务信息系统在业务发生时，就将与业务事项相关的数据记录到事项库中，从而减少了从业务部门传递原始凭证以及处理原始凭证的过程。经授权的用户可以及时地从事项库中提取有关数据，并可直接使用方法库提供的工具进行数据分析和处理，形成自己所需的信息。

本章小结

网络经济的出现和发展改变了企业财务工作的内外部环境，对企业的财务信息有着深远的影响，具体表现在数据载体、处理模式、分析方法及披露方式等多个方面。网络财务信息除了具有传统财务信息的一般特征外，还表现出全面性、来源多样性、潜在风险大、实时性、集成性等新特征。

网络财务软件是进行网络财务信息处理的核心工具。与传统财务软件相比较，网络财务软件的特点主要表现为集中式的财务管理、强大的远程处理能力、动态的会计核算、财务与业务协同及软件应用的开放性，其技术基础主要包括 Internet/Intranet 技术、大型数据库和数据仓库技术、三层结构技术及组件技术。网络财务软件采取基于企业服务总线的开放式模块结构，其运行模式可以选择分散式、集中式及基于 ASP 的运行模式三种方案。

财务数据仓库是面向财务管理的动态数据集合。通过数据的清洗、转换和综合，各种来源的数据可以按标准格式统一存储于财务数据仓库中，为财务数据挖掘与决策支持提供基础数据支持。数据挖掘是从大量的、不完全的、有噪声的、模糊的、随机的数据中提取隐含在其中的、人们事先不知道的，但又是潜在有用的信息和知识的过程。财务数据挖掘系统建立在财务数据仓库的基础上，并在模型库、方法库和知识库的辅助下运行。财务数据挖掘可以应用于企业的财务计划、成本预测与分析、产品组合优化、财务状况识别与危机预警、投资和筹资决策等多个领域。

事项会计的目的在于提供全面而且原始的事项信息，计算机技术及网络环境的发展为事项会计思想的实现提供了有力的支持。事项可以按照企业的业务过程进行分类，还可以从价值链的角度更深入地进行分析。

事项驱动是指由业务事项驱动信息处理过程，也就是在业务活动发生时触发信息系统记录或存储该业务活动的相关数据，而当用户提出信息需求时触发对业务活动的报告过程。事项驱动财务信息系统面向业务事项本身，集中处理业务事项，集成了所有的业务数据，还集成了信息流程和实时控制。建立事项驱动财务信息系统需要分析业务过程，目前常用 REA/REAL 模型来描述业务事项的基本特征。REA 模型描述了资源、事项和参与者三个实体及三者之间的联系。REAL 模型在 REA 模型的基础上增加了地点要素。事项驱动财务信息系统建立在三库(事项库、方法库和目的库)理论基础上，其优点主要表现为采用双向模式提供财务信息，可为管理决策提供非财务数据，消除了传统财务信息系统形成的信息孤岛，增强了会计信息的及时性。

关键术语

网络财务信息　网络财务软件　财务数据仓库　财务数据挖掘　事项会计理论　事项驱动财务信息系统

复习思考

1. 网络经济对财务信息的影响表现在哪些方面？
2. 网络财务信息有哪些新特征？
3. 网络财务软件的特点主要表现在哪些方面？
4. 网络财务软件的技术基础是什么？
5. 网络财务软件在功能组织上有什么特点？
6. 网络财务软件有哪几种运行模式？各自的优缺点是什么？
7. 财务数据仓库有哪些数据来源？
8. 各种数据在进入财务数据仓库前需要进行怎样的处理？
9. 数据挖掘有哪些主要功能？常用的数据挖掘方法有哪些？
10. 财务数据挖掘系统的基本架构是怎样的？
11. 事项法的会计思想与价值法比较有什么不同？
12. 事项驱动财务信息系统的基本思想是什么？它有哪些特征？
13. REA 模型中包括哪几种实体？这些实体之间存在哪些联系？
14. 利用 REAL 模型对企业业务流程建模的一般步骤是什么？
15. 事项驱动财务信息系统中的“三库”分别具有怎样的作用？
16. 与传统财务信息系统相比较，事项驱动财务信息系统有哪些优点？

参考文献

[1] 潘东高. 网络环境下会计理论和方法若干问题研究[D]. 武汉理工大学博士学位论文，2003.

[2] 王晓娜. 基于电子商务的网络财务管理[D]. 大连海事大学硕士学位论文，2006.

[3] 江其玟，王黎. 基于网络环境的实时企业财务信息整合[J]. 中国管理信息化，2006(10).
[4] 李超. 网络财务[M]. 北京：中国财政经济出版社，2002.
[5] 蔡传勋. 会计信息系统[M]. 大连：东北财经大学出版社，2004.
[6] 李洁. 网络环境下财务管理模式的创新发展[J]. 中国管理信息化，2005(1).
[7] 张志恒，陈旭. 数据挖掘技术在会计信息系统中的应用研究[J]. 中国管理信息化，2006(2).
[8] 娄权. 价值法与事项法比较分析[J]. 四川会计，2000(12).
[9] 宋献中，谭小平. 事项会计与传统财务会计的比较分析[J]. 财会月刊，2003(7).
[10] 高经纬. 事项会计数据仓库的构建方法[J]. 会计之友，2009(1).
[11] 王振武. 会计信息系统[M]. 大连：东北财经大学出版社，2006.
[12] 林雄伟. 以事项法为基础构建会计信息系统[J]. 财会通讯，2002(12).

第5章

网络财务报告

本章导读

因特网作为财务报告的新型传播媒介，改变了企业向会计信息使用者传递信息的方式。网络传媒的交互方式一方面给传统纸质财务报告模式带来很大的冲击，另一方面也为财务报告的改进提供了契机。网络财务报告部分或完全取代纸质财务报告将成为不可逆转的历史潮流。

通过本章的学习，应当了解网络财务报告的概念、特点和发展状况；了解网络财务报告的发展阶段；了解创新网络财务报告模式 XBRL 的技术基础——XML 的特点和相关概念；掌握 XBRL 的技术框架和主要特性；了解 XBRL 在网络财务报告中的应用；了解 XRBL 在国内外的应用；了解网络财务的信息披露情况。

5.1 网络财务报告概述

5.1.1 网络财务报告的概念

财务报告是反映企业一定时期财务状况和经营成果的书面文件，是会计核算的结果和最终环节。网络财务报告也属于财务报告的范畴。信息化时代的到来，因特网的普遍应用，使得查阅网络财务报告日益成为广大信息使用者获取公司信息的主要途径。对网络财务报告概念的界定，至今还没有统一。

美国注册会计师协会(AICPA)财务报告特别委员会发表的《改进财务报告——关注用户》(Improving Business Reporting—A Custom Focus)将企业财务报告定义为："公司提供的、帮助使用者做出关于公司的资本分配决策的信息。它包括许多不同的元素，财务报表仅仅是这些元素之一。"根据这个定义，国际会计准则委员会(IASC)发布的《企业网上报告》(Business Reporting on the Internet)将"网络财务报告"定义为企业通过万维网或者相关的基于因特网的通信技术来公开报告经营和财务数据的一种方式。财务会计准则委员会(FASB)则通过描述网络财务报告的特征给出了网络财务报告的定义。FASB 讨论了网络财务报告的两个基本维度：显示格式维度和内容维度。其中显示格式维度指的是网络财务报告可以支持动态显示格式,譬如使用者和公司数据库的直接交流，以及多媒体的声音和视频，而这些在传统的报告方式里是不可能做到的。

何玉、张天西(2005)认为："网络财务报告就是指公司利用因特网技术(如万维网)披露财务报告的一种披露方式。"沈颖玲(2005)认为："网络财务报告是指企业通过万维网(www)或与因特网相关的传播媒体披露企业各项经营业务与财务信息，并将反映企业各种生产经营活动和事项的财务报告存储在可供使用者随时查阅的数据库中，以供使用者查询企业的财务状况、经营成果、现金流量及其他重要事项。"尽管各种研究文献对网络财务报告的概念有不同的定义，但是网络财务报告始终没有脱离网络这个环境。

5.1.2 网络财务报告的特点

1．信息容量增大

在网络时代，基于计算机的强大运算能力及网络的高传输速率，使企业扩大披露信息容量的目标得以实现，有助于信息使用者全面了解公司财务经营情况，提高其决策评估能力。从目前国际上规模较大的跨国公司所提供的网络财务报告来看，完整的网络财务报告一般都在 1 兆字节以上，相当于 10 ~ 15 个报纸版面。如果采用传统的披露方式，企业需要支付的成本较高。而以电子数据方式存储的网络财务报告所占物理空间很小。因此，网络财务报告在某种意义上突破了书面报告所含财务信息容量的限制。

2．方便信息使用者阅读

超文本和信息链接的引入使得财务报告所含信息量无限扩大，其中信息链接还可以提高信息的解释能力。网络财务报告中的“信息链接”所指向的对象可以是分布在不同报表内的数据，也可以是以前年度报告中的财务指标，甚至可以是因特网上其他站点上的相关信息。因此，财务报告的阅读者在浏览报告时可以随时追踪信息线索，无形中提高了阅读财务报告的效率。例如，在某公司的网络财务报告中，重要的资产负债表项目都包含指向报表附注中关于该项资产或负债的详细说明的信息链接。报告的读者只要点击带有信息链接标志的资产负债表项目，就可以切换到报表附注，及时获取有关该项目的详细说明。目前一些设计得比较好的网络财务报告还通过设置灵活的信息链接让阅读者在通读报告的同时，也获得一些相关的专业术语、同行业资料、专业投资机构的投资分析报告等。

3．信息传递实时化

网络财务报告有助于实现公司财务报告的及时性、可验证性，这是因为网络财务报告极大地缩短了财务报告信息传递的时间。网络时代以光纤作为主要传输介质，可以快速传输数据、文字、声音、图像等内容，具有双向传输、高精度、数字化传送等特征。网络财务报告的电子数据在网络上是以光速传输的，这样迅速的传输速度使企业有可能随时更新报告的内容，信息使用者也因此可能实时获得有关企业财务状况与经营成果的财务报告。

4．界面多媒体化

网络财务报告是具有多媒体特征的一种报告。多媒体指的是多种信息媒体的组合，包括文字、声音、图形、图像、动画等，多媒体信息使得信息呈现更具综合性、直观性和形象性。区别于传统意义上单调的表格与文字的报表，网络财务报告可以提供由用户控制的、互动的各种多维立体的报告环境，即它除了提供数字与文字资料外，还可以采用语音说明、图像展示、视频新闻的形式介绍公司的基本情况、重大财务活动等。

5．内容更具个性化

网络财务报告有助于公司与更广泛的信息使用者交流。有效的信息获取过程是一个信息使用者与信息提供者之间相互交流的过程。与报纸等书面媒体相比，在这一点上计算机网络具有较大的优越性。传统通用财务报告在一定程度上确实满足了外部使用者的共同信息需求，但难以迎合信息使用者日益多样化与个性化的需求。而网络这个平台为报告提供者与信息使用者之间的及时互动交流创造了条件。网络财务报告使得财务信息的获取过程具有交互性，改变了以往财务报告使用者被动接受统一格式的财务报告的局面。网络财务报告可以按照使用者指定的数量和质量提供信息，并可根据使用者的需求对报告所含数据进行进一步的处理，还可直接提供相关的财务指标，从而在一定程度上减轻了使用者分析财务报告的工作量。

5.1.3 网络财务报告的发展状况

1．国内外网络财务报告现状

随着信息技术的发展，财务报告的发展经历了由纸质报告到电子报告，又由电子报告到网络报告的过程。与纸质报告相比，电子报告减少了出错的可能性，而且方便了信息的传递，降低了信息传递的成本，因而财务报告由纸质报告发展为电子报告。而网络报告与电子报告相比又具有以下两个优点。第一，较强的时效性。网络财务报告是在网络的环境下实时更新的在线财务报告。第二，发布面较广。网络财务报告不再受时间、地域的限制，随时随地上网就可以查询，因而网络财务报告又开始逐渐取代电子报告。

为了全面了解网络财务报告的使用情况，IASC 于 1999 年 11 月发布了一份题为《企业网上报告》(Business Reporting on the Internet) 的研究报告，报告中公布了对亚太地区，南、北美洲和欧洲 22 个国家在道琼斯指数中排名靠前的 660 家上市公司网络财务报告的调查结果。发现其中 86%的企业在网上进行了信息披露，而大约有 2/3 的企业在其网站上披露了财务报告。2000 年，美国 FASB 发布的《企业报告调查计划》(Business Reporting Research Project) 显示：截至 2000 年 1 月 31 日，美国《财富》杂志的前 100 强公司中，99 家拥有自己的网站，这 99 家公司中又有 93%的公司制作了投资者或财务信息网页。而美国证监会 (SEC) 早在 1995 年就已要求上市公司用磁盘、光盘或计算机网络向 SEC 提交通用财务报告了。

在我国，中国证监会于 1999 年 12 月发布了《关于做好上市公司 1999 年年度报告的通告》，其中要求“上市公司在刊载年度报告摘要的同时，应将年度报告登载于中国证监会指定的国际因特网网站上”。中国证监会还同时发布了《公开发行股票公司信息披露的内容与格式准则第 2 号——年度报告的内容与格式》(1999 年修订稿)。上海证券交易所和深圳证券交易所已在 2000 年 4 月 30 日首次成功地实现了 959 家上市公司 1999 年年报的网上披露。上网浏览 1999 年年报的投资者达 9 000 万人次，累计下载年报共 566 万份。中国证监会从 2002 年 5 月开始《上市公司信息披露电子化规范》标准的制定工作。为了达到与国际接轨，以及进行数据交换与共享的目的，该标准最终确定采用 XBRL 的技术规范。2003 年 11 月，上海证券交易所开始实施基于 XBRL 的上市公司信息披露标准化报送系统，12 月 30 日上市公司年度报告摘要标准化报送系统开发完毕，并选定 50 家上海本地上市公司进行应用试点。2004 年 4 月，共有 730 余家上市公司采用标准化报送系统报送了 2004 年第一季度季报，占当时上海证券交易所上市公司总数的 90%以上。2004 年 8 月，上海证券交易所上市公司采用符合 XBRL 和《上市公司信息披露电子化规范》标准的报送系统制作了半年报摘要。2004 年 6 月，深圳证券交易所也启动实施了基于 XBRL 标准的《上市公司信息披露电子化规范》。深交所深入研究了上市公司信息披露全程电子化业务模式，于 2005 年 1 月正式推出改版后的基于 XBRL 的“上市公司定期报告制作系统新版 1.0”，深交所的全部上市公司利用该系统制作了 2004 年年度报告，并直接生成了 XBRL 实例文件。2005 年 2 月，深交所发布“XBRL 应用示范”，实现了在网站上展示“深证成分股指数”样本公司的年报实例文件。该示范还实现了一次提供五年的年报实例文件和数据，并提供了在线多公司多指标的财务分析。与其他国家相比，我国上市公司使用因特网的比例仍然较低，各上市公司的网站建设状况、披露策略、披露内容与列报形式等方面都很不一致，网络财务报告的监管水平也有待提高。

2. 网络财务报告发展的几个阶段

1) 网络财务报告发展的初级阶段

这一阶段是指作为纸质财务报告的电子版本，采用静态技术实现纸质财务报告的网络化。用户在阅读电子文档时，必须下载和安装阅读器。电子文档页面之间一般不具备超文本导航(Hypertext Navigation)的能力，电子文档一般不能通过主要的搜索引擎进行索引。在网上最常用的电子文档是用 Adobe 公司的 Acrobat、微软公司的 Word 和 Excel 制作的文档。这些文档通过 Web 发布到网上后，使用者既可在浏览器上联机阅读，也可将其下载后脱机阅读，需要时还可打印成纸质文档。这一阶段财务报告的制作成本较低，简洁实用，但检索数据不方便。

2) 网络财务报告发展的中级阶段

这一阶段是指在静态文本的基础上，采用多种信息表现方式，实现财务报告及相关信息的多媒体化。用户在这一阶段也需要安装专门软件。该阶段提供的财务报告信息量大幅提高，查找数据也较快。在这个阶段，大多数网站设有投资者关系栏目，技术上较多地采用 HTML。HTML 是一种公开的格式化标准，文件能够被大多数搜索引擎检索，可以通过应用程序(如 Java Script4)和数据库相连实现动态交互。HTML 属于国际标准组织(International Standard Organization，ISO)制定的标准通用标记语言(Standard Generalized Markup Language，SGML)的一个子集。SGML 是一种通用的文档结构描述标记语言，具有极好的扩展性，在数据分类和索引中非常有用，但是比较复杂；而 HTML 具有简单易学、灵活通用的特性，使人们发布、检索、交流信息变得非常简单。HTML 具有以下优点：能够直接用浏览器浏览，不需其他辅助阅读器；通过链接可以方便地访问其他 HTML 网页；可以通过应用程序(如 Java)和数据库相连实现动态交互。因此它可以对投资关系和财务报告内容进行指定形式的编排，使用者通过点击相关链接即可快速进入拟阅读的信息网页。此外，它还能够显著增强财务报告各要素之间的关联性，使用户能在浏览器上进行有效阅读和理解，如从财务报告的某一项目直接跳转到附注或其他相关的项目(如董事长报告、审计报告等)上，甚至跳转到财务报告之外的信息或其他组织机构的网页上，从而显著改善文本的可读性。

HTML 财务报告也存在一些问题。如 HTML 注重文本的形式表现，缺少描述文本语义的标记，仅提供很少的语义定义功能，不利于不同系统间的交流共享；不便于信息需求者利用网络技术对多个公司财务报告的内容进行搜索；文件的打印功能较弱，浏览器对其进行打印输出时仅提供屏幕显示内容的简单复制，不能进行有效的编排、分页；缺乏空间描述，处理图形、图像、声音及视频等多媒体的能力较弱；图文混排功能简单，没有时间信息，不能表示多种媒体之间的同步关系；对数据的描述能力十分有限，如不能描述矢量图形、科学符号等，应用到财务报告上时有很大的局限性。因此，HTML 很难用于表示大规模的、复杂的数据。另外，超文本链接在使阅读者快速获得大量相关信息的同时，由于链接的复杂性，可能导致年度报告及其审计报告文本边界和范围的混乱，故 HTML 财务报告一般仅作为公司网站的内容之一提供给公众，并且可能缺少明确的边界标志。

3) 网络财务报告发展的高级阶段

这一阶段是指采用新技术实现网络财务报告的创新，使财务报告内容及相关信息的表现方式多样化、个性化，并且可以对财务信息进行较深入的分析。该阶段的财务报告制作成本较高，存在安全风险，故要求使用者熟练掌握报表分析知识。XML 是 HTML 的下一代标记语言，它给提供、使用与交换数据等方面带来了革命性的创新。XML 是可扩展标记语言(eXtensible Markup Language)的缩写，是一种可以描述结构数据的元标记语言。由于 XML 的 DTD 没有固定，所以它可以作为派生其他标记语言的元语言，如通过对 DTD 进行定义以后用做财务报告的专用标记语言。XML 文件与 HTML 文件相比具有以下优势：XML 支持跨平台异构应用间的数据交换，这一特性使其成为表达结构化数据的行业标准，支持不同数据来源的数据集成，并可以利用其结构化表述不同财务报告的数据内容，方便智能搜索；由于 XML 的超文本链接能力比 HTML 强得多，其提供的信息内容也比 HTML 更丰富，所以它可以更全面地表现和描述财务报告的内容；由于数据描述和样式定义相分离，信息易于存储，可重复使用，故 XML 充分满足了财务报告对信息处理的要求。例如，要查找 100 个上市公司的净利润，如果上市公司主页的电子财务报告采用的是基于统一标准的 XML 技术，则利用网络上提供的搜索引擎可以很快将 100 个上市公司的净利润排列出来，从而大大方便了信息使用者。XML 还支持多语言，利用 XML 标记的文件可以很容易地被转换成其他各种语言。可扩展的企业报告语言(XBRL)就是一种基于 XML 的企业报告标准语言。XBRL 是 XML 在财务报告信息交换方面的一种应用，是目前应用于非结构化信息处理，尤其是财务信息处理的最新标准和技术。XBRL 标准用于对财务数据进行特别的识别和分类，并为财务信息提供更加强大的解释和分析平台。有了 XBRL 就能够实现按需定制的目标，也能整合财务信息供应链上各方的利益。XBRL 之所以能够得到世界大范围的推崇，是与它的独有优势分不开的。XBRL 具有三个主要优点。第一，能提供数据间的关系。XBRL 解决了 HTML 无法准确搜索信息的问题，它将数据显示和数据内容分开存储，从而可以快速、准确地搜索信息。另外，XBRL 格式文件的所有数据都有相对应的标记，并且相关的信息是互相连接在一起的。第二，能标记特定数据。XBRL 使用 XML 中的“标签”来标记数据，这意味着来自数据源文档或者数据文件的特定数据可以被单独加以“标记”和表示，而不会失去与实例文档之间的上下联系。特定的 XBRL 解析软件会将这些标记过的数据与分类标准一一对应，之后该映射可以被保存在电子数据表中。第三，能呈现不同格式的财务报告。利用不同的分类标准、实例文档、样式单，可以产生不同的呈现格式。XBRL 将使公司更容易地生成财务报告，使在不同的会计准则下的财务报告的编制更加容易。因此，XBRL 是网络财务报告的未来。总之，网络财务报告应该以建立按需编制网络财务报告模式为目标，努力实现网络财务报告内容和形式的多元化、网络财务报告系统的实时化、报告技术的动态交互化。有关 XBRL 的问题将在后面章节中进行详细的讨论。

3．网络财务报告需要完善的方面

虽然网络财务报告作为一种新的信息传播媒介具有明显的优点，但它作为一个基于网络环境下的新事物，也不可避免存在一些不足之处，需要进一步改进和完善。网络财务报告的完善主要有以下几个方面。

1）加快信息更新速度

从理论上讲，利用计算机强大的运算和传输功能，企业可以随时在网上更新报告，用户可以及时获得相关信息，特别是一些无须独立审计且自愿性披露的信息及非财务信息。但是由于有些企业对增加网络披露的内容缺乏积极性，并且无意改变目前的财务报告模式，致使网络财务报告更新速度慢，信息使用者不能及时得到相关信息，所以需要加快网络财务报告信息的更新速度。

2）制定和完善符合我国会计准则的 XBRL 分类标准

自 2003 年上海证券交易所 50 家上市公司试行上报 XBRL 网络财务报告以来，已经取得了较好的效果，得到了使用者、中介机构等各方的一致好评，并且取得了宝贵的实践经验。但应用 XBRL 国际标准的分类标准目前仍需要完善。如在证监会上报国家金融标准化委员会的《上市公司信息披露电子化规范》中，只定义了上市企业的财务报表科目；而且虽然近期金融类上市公司分类标准及上市公司临时公告分类标准已经制定完成并进行了推广，但在房地产、石化、农业等其他行业中还没有制定出相应的分类标准。

3）披露内容和形式多元化

目前的披露内容大多是通过将纸质的通用财务报告内容照搬到网上而形成的，还有部分企业仅披露摘要或一些简单的财务指标。为满足信息使用者的需求，今后的披露内容必然要走多元化的道路，并应把通用财务报告的信息和自定义报告的信息结合起来，从重财务信息扩展到财务信息与非财务信息并重。我国现有的网络财务报告形式还处在发展的初级阶段，目前应用于网络财务报告的信息格式主要有 Word、Excel、PDF、HTML、XML 和 XBRL。在这些技术中，除 XBRL 以外，其余的都是静态表现技术，这就给信息的抽取分析带来了很多不便。因此，从会计信息呈报形式看，应从重静态表现形式向静态与动态表现形式并重的方向发展。

4）加强对网络财务报告真实性的监管

这里所说的真实性主要是指企业的网络财务报告是否经过注册会计师的审计。将注册会计师出具审计报告作为强制性信息披露监管的一种制度，可为公司财务信息质量提供合理保证。但在目前的公司网页上，审计报告经常被省略，财务信息是否经过审计标识不清。更重要的是，网上链接的大量使用，已经审计的信息与未经审计的信息混合列示，网站内容的近乎实时更新，这些均导致审计边界的难以界定。由于信息用户无法区分已审计和未审计的会计信息，故可能会影响投资者利用信息进行决策。因此加强对网络财务报告信息真实性的监管是一个非常重要的问题。

5）推进相关政策法规的制定

由于财务信息在网上披露的时间、内容、范围及程度等方面还没有可操作的指导性文件，所以在比较不同公司的网上财务报告时会有很大的差别。同时，当报告在网上披露后，如何对擅自改动报告内容的公司或当事人界定其法律责任，目前还没有正式的法规。因此推进相关政策法规的制定是网络财务报告发展的迫切需要。

6）强化企业网站建设和数据安全维护

企业网站是企业披露网络财务报告和提供会计信息搜索的技术平台。由于企业网站与 Internet 相连接，故存放在网站上的财务报告可以很方便地供世界各地的信息使用者阅读、存取、分析、搜索，从而大大提高了财务信息的传递速度和企业财务报告披露的及时性。正是由于企业的网站上存有大量的重要信息，故其安全性和日常的维护也就显得非常重要。企业应该配备专门的网络安全人员或专家进行日常安全维护，并防止病毒或黑客的恶意攻击。此外，企业还应对网站做好数据备份，以便在网站数据受到破坏后能及时恢复。

5.2 创新网络财务报告模式——XBRL

网络财务报告的内容与形式正随着网络技术的发展而发展。XBRL 是网络财务报告向高级阶段发展的技术基础，是已经得到国际公认的专用于编制企业财务及商业报告，面向网络环境进行信息披露，能够革命性地提高信息利用能力的标准化语言。

5.2.1 XBRL 的基本概念

XBRL 最初由美国华盛顿州的注册会计师 Charles Hoffman 于 1998 年提出。Charles Hoffman 发现了可扩展性编写语言 XML 在网上财务报告方面的作用，提出将 XML 用于各类财务报表和审计程序。由于 XML 显现出的强大网络信息发布和获取优势，促使美国注册会计师协会对 XML 的开发和应用给予了大力支持。1999 年 1 月，美国注册会计师协会决定投资创建以 XML 为基础的财务报表框架标准，并正式将其命名为“可扩展商业报告语言”（eXtensible Business Reporting Language， XBRL）。

而 XBRL 国际联合会将 XRBL 的定义表述为：XBRL 是编制、发布企业网络财务报告、交换数据和分析财务报表及其所含信息的一种标准方法，是一种以现有公认会计准则（GAAP）为基础构建的企业财务报告方式的技术标准。其实质是一种基于因特网技术的新型企业财务报告语言。

XBRL 的作用主要体现在两个方面：一是建立了财务报告内容的标准化分类体系，有助于各类财务报表使用者从网络上快速检索特定的财务数据；二是建立了在不同应用程序之间进行数据交换的标准格式，有助于提高数据的共享程度，实现应用系统的高度集成。这些作用使得 XBRL 成为改进财务数据透明度及加强公司之间报告一致性的重要工具。

5.2.2 XBRL 的技术基础——XML

XBRL 是基于 XML 技术标准建立起来的用于财务报告的描述性语言。要了解 XBRL 网络财务报告模式，首先必须了解 XML。

1．XML 概述

XML 的全名为 eXtensible Markup Language，中文译为“可扩展标记语言”。它有效结合了 SGML 和 HTML 的优点，是继 HTML 之后的另一种新兴因特网标准，是由国际万维网联盟(W3C)组织开发并于 1998 年问世的一种网络技术。与 HTML 相似，它也是一种描述数据的标记语言。它的设计目标是让各种结构的文件都能通过网络无障碍地传输、支持各种各样的应用程序，并将其显示在用户的浏览器上。

2．XML 的主要特点

1) 可自行定义标记

HTML 的标记是由少数的权威团体所制定的，其种类有限且不能随意添加。而 XML 却可以由用户按各自需要来设计标记。不同的产业可以在彼此协议的基础上，自由地制定各自的标记，这也是 XML 被称为“可扩展”的原因。由于 XML 的这种特性，使得各专业机构、产业界、学术界和金融界纷纷开始发展各自的文件格式，并通过定义标准化的方式来显示及交换专业文件。XBRL 的实质就是基于 XML 技术开发的用于商业财务报告的标记语言。

2) 实现了数据语义与显示方式的分开

传统 HTML 的标记是给浏览器读取的，其主要功能是描述有关字体、换行及表格编排等是如何显示数据的信息的。它不能传达数据的语义，只是一种描述数据显示方式的语言。而 XML 是一种描述数据内容的语言，其主要功能就是要传递数据的特定含义，这使得它成为同时适合人与计算机阅读的语言。此外，虽然 XML 本身没有描述数据的显示方式，但是 XML 中数据的显示可以采用 XSL(eXtensible Style Language)来实现。本质上，XML 就是一套定义语义标记的规则，这些标记将文档分成许多部件并对这些部件加以标识。XML 的基本语法格式如下：

<标签>文本内容</标签>

XML 所用的语义标记又叫“Metadata”，也就是“关于数据的信息”，它可以清楚地向计算机或用户传达数据的语义，并可以帮助文件保存完整的数据结构。采用 XML 技术来记录数据，用户不仅可以指定一个定义了文档中的元素的词汇表，还可以指定元素之间的关系。如定义了标记<客户>来表示客户后，还可以在它的下面定义子标记<电话>、<姓名>、<性别>和<地址>以描述该客户的详细信息，这些子标记和<客户>之间是从属关系。从数据结构化的意义上讲，XML 是一种更加适合处理大型和复杂文档的工具。

由于 XML 是公开的标准，而不是专有格式，不受版权、专利、商业秘密或是其他种类的知识产权限制，故人们可以利用任何理解 XML 的工具来处理数据，还可以为不同的目的使用不同的工具；XML 还使得用户不必因为数据已经用专有格式编写好了或是接收数据的人只接收专有格式而限制在一个特定的程序上。因此，XML 成为不同格式之间相互理解的桥梁。

3．XML 的几个概念

1) 文档类型定义

文档类型定义(Document Type Definition，DTD)是一套关于标记符的语法规则，用于定义在文档中使用哪些标记，它们应该以什么顺序出现，哪些标记可以出现在其他标记中，哪些标记有属性等。XML 本身并没有一个通用的 DTD，想使用 XML 进行数据交换的行业或组织可以定义它们自己的 DTD。

一个“有效的”XML 文档首先应该是一个“格式良好”的 XML 文档，除此以外，它还必须遵守文档类型定义中的各种规定。DTD 实际上是“元标记”这个概念的产物，它描述了一个标识语言的语法和词汇表，也就是定义了文档的整体结构及文档的语法。简而言之，DTD 规定了用一个语法分析器解释一个“有效的”XML 文档所需要的所有规则的细节。XBRL 1.0 中尚保留有 DTD，以用于定义标签。而 XBLR 1.0 中包括一份 DTD 和模式文档，这是因为当 XBRL 1.0 公布时，模式尚没有正式的推荐标准。图 5-1 就是一份有效的 XML 文档。可以看出，XML 的表达方式不仅很容易让使用者读懂资料所代表的意义，而且也可以让搜索引擎根据标签与内容更精确快速地找到使用者所需的信息。由于资料内容与显示可以分开表达，故只要套上不同的样式单就可产生不同格式的文件，这样大大减少了资料的重复输入，也降低了因重复输入资料而导致的错误率。

```
          版本声明          编码格式声明
<?xml version="1.0"  encoding="GB2312"?>
     <!DOCTYPE 邮件[
     <!ELEMENT 邮件（收信人，发信人，标题，内容）>
     <!ELEMENT 收信人（#PCDATA）>
DTD  <!ELEMENT 发信人（#PCDATA）>
     <!ELEMENT 标题（#PCDATA）>
     <!ELEMENT 内容（#PCDATA）>
     ]>
     <邮件>
     <收信人>李玮</发信人>
文件 <发信人>罗筱颖</发信人>
主体 <标题>XBRL的构成</标题>
     <内容>XBRL包括规范、分类，以及实例文档等部分</内容>
     </邮件>
```

图 5-1　XML 文档

2）模式

简单来说，XBRL 分类模式就是由一个个的模式文件组成的，模式文件对应分类标准。作为 XML1.0 规范的重要组成部分，DTD 对于 XML 文档的结构起到了很好的描述作用。但是它的一些缺点也阻碍了它的应用，如它的约束定义能力不足，从而导致安全度太低；它采用了非 XML 的语法规则，不支持数据类型，扩展性较差等。除此之外，对 XML 文档处理的自动化要求需要有一种更为严格、更为全面的解决方案。这方面的需求包括如何使一个应用程序的不同模块间能够互相协调，以及对文档结构、属性、数据类型等的约束等。XML Schema 正是用于解决这些问题的。从根本上讲，XML Schema 是 XML 的一种应用，最为正式的 XML Schema 语言是由 W3C 制定的 XML Schema 规范，简称 XSD(XML Schema Definition)，在 XBRL 2.0 以后制定的模式文件均是 XSD 文件。

3）命名空间

XML 和 HTML 最根本的差别在于 XML 是标识语言的元语言，而 HTML 仅仅是由

SGML定义的一个实例。利用XML元素定义各种各样的XML实例活动是相当开放的。针对不同的应用领域和应用方向，大量的XML实例被设计出来。在新的XML实例不断产生的过程中，产生了一种新的需求，即在一个XML文档中，需要包含有两个以上的XML实例描述的数据。XBRL也是XML的一个实例。

用命名空间(Namespace)标准解决多XML实例的XML文档中，元素名、属性冲突的基本方法是所谓的二元命名法。用这种方法命名的元素或者属性的名称，都可由两部分组成。第一部分是用来唯一区分当前元素或者属性来自哪一个命名空间的前缀；第二部分是元素或者属性本来的名字。在XBRL的模式文档和实例文档中，命名空间无处不在。以XBRL文件的名称空间为例，下述文字定义有若干命名空间。

```
<xbrl xmlns=http://www.xbrl.org/2003/instance
xmlns:xbrll=http://www.xbrl.org/2003/linkbase
xmlns:xlink="http://www.w3.org/1999/xlink"
xmlns:common=" http://www. csrc.gov.cn/cn/br/ci/common/2004-12-3I"
xmlns:iso4217=" http://www.xbrl.org/2003/iso4217"
xmlns:p3="http://www.csrc.gov.cn/cn/br/cilpfs/2004-12-31 ">
```

其中，“xmlns=http://www.xbrl.org/2003/instance”部分指定了文档中默认命名空间的位置，即文档中所有未加命名空间前缀的元素或属性的定义都来源于“http://www.xbrl.org/2003/ instance”；“xmlns:xbrll=http://www.xbrl.org/2003/linkbase”定义了一个命名空间前缀“xbrll”，它意味着所有以“xbrll:***”形式命名的元素或属性的定义都来源于“http://www.xbrl.org/2003/ linkbase”，其他命名空间前缀的定义皆可以此类推。要注意所有的命名空间前缀的定义都要采用“xmlns:nsname=***”的形式，其中“xmlns”表示在其“:”之后的“nsname”部分为命名空间前缀，而“=”后的“***”部分则代表了命名空间指向的位置。

4) XML链接语言

XML链接扩展了HTML链接的功能，可以支持更为复杂的链接。通过XML链接，不仅可以在XML文件之间建立链接，而且可以建立其他类型数据之间的链接。XML链接还为文件内部定位提供了全新的方式，它允许链接的建立者利用文件结构指定文件内部的资源片断。

在HTML中，多个HTML文档常常可以通过超级链接的方式链接起来。但是在XML规范中并没有类似HTML中的超级链接的功能，为了使XML文档也有类似HTML中的超级链接的功能，W3C特地为XML制定了XML链接语言(XLink)。XLink是专用于XML文档的描述链接资源的特殊工具。它除了支持XML文档外，还支持现有Web的URL链接格式。其功能超越HTML，可链接多个对象且支持双向链接；它允许使用者在链接两端来去自如[①]。XLink需要利用XML标准规定的语法结构来创建。XLink从类型上可以分为简单链接(Simple)和扩展链接(Extend)两种，其中扩展链接已经被应用于

① 资料来源：http://www.w3.orgPCR/xlink/.

XBRL 规范。下面以扩展链接[①]中的分类信息 Taxonomy)为例进行说明。

```
<linkbase xmlns=http://www.xbrl.org/2003/linkbase
xmlns:xsi="http://www.w3.org/2001 /XMLSchema-instance"
xmlns:xlink="http://www.w3.org/1999/xlink"
xsi:schemaLocation="http://www.xbrl.org/2003/linkbase
http://www.xbrl.org/2003/xbrl-linkbase-2003-12-31.xsd">
<definitionLink                          xlink:type="extended"
xlink:role="http://www.xbrl.org/ 2003/role/link">
<loc  xlink:type="locator"  xlink:href="cn-csrc-ci-pfs-2004-12-31.
xsd# cn-csrc-ci-pfs_7"
Xlink:label="cn-csrc-ci-pfs_ 本 年 度 主 要 会 计 数 据 "xlink:title="
definition:本年度主要会计数据 to 主营业务利润"/>
<loc  xlink:type="locator"  xlink:href="cn-csrc-ci-pfs-2004-12-31.
xsd# cn-csrc-ci-pfs_389"
Xlink:label="cn-csrc-ci-pfs_主营业务利润"xlink:title="definition:本
年度主要会计数据 to 主营业务利润"\>
<definitionArc xiink:type="arc"
  xlink:arcrole="http://www.xbrl.org/2003/arcrole/general-special"
xlink:from="cn-csrc-ci-pfs_
本年度主要会计数据"xlink:to="cn-csrc-ci-pfs_主营业务利润"xlink:title=
"definition:本年度主要会计数据 to 主营业务利润"order=1" use="optional"/>
 </definitionLink>
 </linkbase>
```

上述 XML 文档首先定义了一个根元素 linkbase，然后在 linkbase 的起始部分定义了多个命名空间前缀，并且通过 xsi:sachemaLocation="http://www.xbrl.org/2003/linkbase; http://www. xbrl.org/2003/xbrl-linkbase-2003-12-31.xsd"指定了编写该链接库文件时的 Schema 文件位置；随后，文档又定义了一个 extended 类型("xlink:type="extended")的 XLink 元素 definitionLink。该 definitionLink 实际上是一个 XLink 链接库，它定义了一组 XLink 资源。接下来文档通过“loc”元素定义了两个资源，分别位于“cn-csrc-ci-pfs-2004-12-3.xsd#cn-csrc-ci-pfs_7”和“cn-csrc-ci-pfs-2004-12-31.xsd#cn-csrc-ci-pfs_389”处。然后文档再通过一个“arc”元素将上述两个资源关联起来，实现了相互间的链接关系。在整个 XBRL 分类标准中的链接库文件中，众多的会计科目资源基本上都是采用上述的 XLink 方式有序组织起来的。

5.2.3 XBRL 的基本框架

1. XBRL 的技术框架

从技术构架上来看，XBRL 主要由 XBRL 规格书(Specification)、XBRL 分类标准(Taxonomy)、XBRL 实例文档(Instance Document)和 XBRL 样式单(Style Sheet)组成。

1)XBRL 规格书

它是定义 XBRL 专用术语的一个文件，描述如何建立 XBRL 分类标准和 XBRL 实例

① 摘自《上市公司信息披露电子化规范》.

文档，以及如何创建财务报表。在 XBRL 中可以自行定义标签，但是必须遵循某些规则，也就是说 XBRL 必须对其所使用的标签赋予标准定义，这些都需要在它的 Schema 文件中给出。Schema 文件规定了 XBRL 文件的逻辑结构，定义了 XBRL 文件中的元素及其属性，以及各属性之间的关系。Schema 文件还能用于验证 XBRL 文件的合法性。在 XBRL 规格书 1.0 版本中，DTD 和 Schema 文件是同时存在的，由于 Schema 比 DTD 有更多的优点，故在 XBRL 规格书 2.0 的版本中放弃了 DTD 而完全采用 Schema 来定义分类标准。

目前有三种版本的 XBRL 规格书和一种增修套件同时存在，如下所示。

(1)-XBRL 1.4，2000 年 7 月 31 日公布，含 2 份 DTD 文件和 1 份 Schema 文件。

(2)-XBRL 2.0，2001 年 12 月 14 日公布，并于 2002 年 11 月 15 日公布修正版，含 5 份 Schema 文件。

(3)-XBRL 2.1，2003 年 12 月 31 日公布，并分别于 2004 年 04 月 29 日、2004 年 11 月 14 日、2005 年 04 月 25 日及 2005 年 11 月 7 日公布修正版，含 4 份 Schema 文件。

(4) Dimensions 1.0，2005 年 7 月 19 日及 2005 年 11 月 7 公布草案，2006 年 6 月 6 日公布候选推荐标准，2006 年 9 月 18 日公布正式版本，属于 XBRL 2.1 的模块化增修套件(选用)。

三种规格书及一种增修套件并存。拟采用 XBRL 技术的国家或其他领域也可以从三种规格书中任选一种(2.1 版可以进一步选用 Dimensions 1.0)，再自行制定符合各国一般公认会计原则(GAAP)或个别应用领域需求的分类标准。规格书中对于 XBRL 模式及指明模式文件地址的“Schema Location”两项标准都进行了详细的说明。例如，一个典型的 xbrl 元素中涉及 Schema 的部分如下所示：

```
<xbrl xmins=http://www.xbrl.org/2001/instance
xmlns:xsi=http://www.w3.org/2001/XMLSchema-instance
xsi:schemaLocation= "http: //www.sg.org.sg/xbrl/2001-08-16/Sg.xsd">
```

2) XBRL 分类标准

XBRL 为企业财务报告中的每个项目建立了不同的标记，所有的标记均叫做分类标准。分类标准定义了各项目的属性及其之间的关系等，相当于一个行业商业信息交换的“词典”。它是在 XBRL 技术规范的基础上，结合各个国家、行业、企业的实际情况制定的。分类标准描述的是一类关键性的元素，这种元素数据类型可以是数字的也可以是字符的，它们存在于 XBRL 的实例文档中，服务于特定的财务信息，并且可用于验证 XBRL 实例文档是否合法有效。XBRL 财务报告分类标准又包含财务报告分类标准的一般规范和具体各个国家的财务报告分类标准两个层面。

(1) 财务报告分类标准的一般规范。为了让各国制定的财务报告分类标准能在结构上具有一致性，XBRL 国际制定了财务报告分类标准架构 FRTA(Financial Reporting Taxonomies Architecture) 1.0 版本。采用 XBRL 2.1 技术规格制定的分类标准必须遵循 FRTA 1.0 的各项规则，只有这样才能获得 XBRL 国际的认可。该分类体系于 2005 年 4 月 25 日发布，主要用于制定有助于理解、执行不同财务报告分类标准的规则与惯例，其目的是增强财务报告分类标准的内在一致性。FRTA 1.0 规定了分类体系中财务报告的范围，包括按照公认会计准则要求披露的信息、与财务状况或业绩相关的管制报告（含相关解释性信息）、财务统计部门收集的财务数据信息。FRTA 1.0 指出，分类标准最关注的问题是对财务报告的完整、一致的描述能力，但 FRTA 本身并不是一套财务报告准则。

（2）各国的 XBRL 财务报告分类体系结构框架。财务报告分类体系结构框架实际上定义了一系列相互关联的分类标准信息。各国根据上市公司信息披露所包含的各个数据项在含义上的内在联系，对包含所有元素的集合进行划分，将描述同类信息的元素组织在一起，形成了一个个单独的分类信息。这些分类信息又相互关联或引用，从而形成了分类信息体系结构（中国证监会，2005）。目前美国和加拿大的财务报告分类体系结构框架已获得 XBRL 国际认可，具体如图 5-2 和图 5-3 所示。这两个国家的财务报告分类体系结构框架的主要区别表现在财务报表项目和附注项目的分类方面，2005 年 2 月 28 日修订后的美国分类体系结构框架通过基本术语元素分类来定义财务报表和附注的相关信息元素，而加拿大分别通过基本财务报表术语和财务报表附注两个分类来定义。

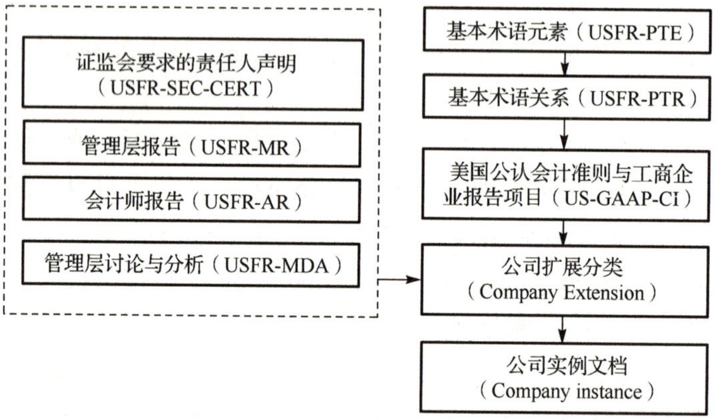

图 5-2　美国 XBRL 财务报告分类体系结构框架图（获 XBRL 国际核准）

资料来源：http: //www.xbrl.org/us/USFRTF/2005-02-28 /TaxonomyFrameworkOverview.htm.

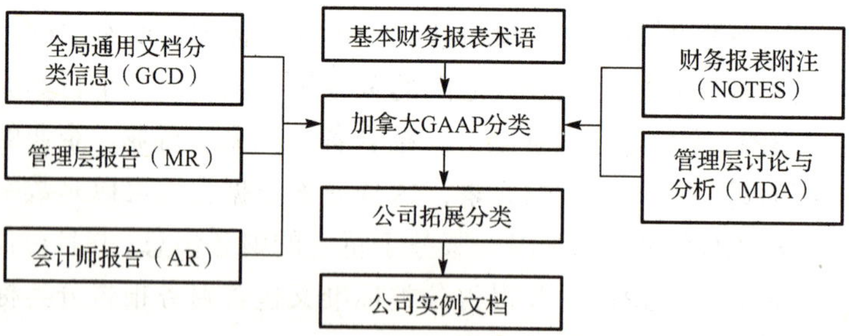

图 5-3　加拿大 XBRL 财务报告分类体系结构框架图（获 XBRL 国际核准）

资料来源：http://www.xbrl.ca/e/cafr.html.

我国的 XBRL 财务报告分类体系结构框架是参照美国来进行的，其体系结构与美国的类似，主要的区别表现在：我国的框架结构中不包括“管理层讨论与分析”和“证监会要求的责任人声明”分类模块，但包括了“全局通用文档分类信息”、“重要事件”和“公司基本情况说明”分类模块。

分类标准由多个文件组成。每一个分类标准的主要文件包括一个 Taxonomy Schema 文件(*.xsd)和计算(calculation)、定义(definition)、标签(label)、表示(presentation)、参考(reference)这五个链接库文件(*.xml)。

Taxonomy Schema 文件(*.xsd)必须是一个合法的 XML Schema 文件，即满足 XML Schema 规范的要求。此外，它还必须满足 XBRL 规范的要求。分类标准包含的 Taxonomy Schema 文件包括元素命名、ID 属性、元素类型等。

3) XBRL 实例文档

实例文档是一个根据所使用的分类标准中的概念进行标记的一套数据元素集合，是一个包含企业报告信息的 XML 文档，是一份根据分类标准而编写的具有 XBRL 标记的财务报告实例文档(主要包括财务报告中的数据和标签)。实例文档中的数据的含义在分类标准中都应有相关的解释。除非知道相应的分类标准，否则从某种意义上来说实例文档是无意义的。另外，实例文档主要包含财务报告的基本数据，其格式不易直接阅读，必须按财务报告的发布格式进行编排。样式单用于定义财务报告发布时的显示项目和格式。给 XBRL 实例文档套上不同的样式单后即可生成不同的财务报表。

4) XBRL 样式单

XBRL 本身并不产生任何可阅读的报告，而实例文档仅仅是一些数据与可解释的标签的集合，没有向外界提供一个友好的界面。因此，当从浏览器中打开一个 XBRL 数据文件时，显示的是该文件的源码，即 XML 的标签。如果一家公司准备向公众提供纸质的财务报告，仅有 XBRL 的实例文档是不够的，因为它的格式不是一份财务报告。通过对样式单的使用，则可以产生阅读性很好的财务报告。这类可以充当样式单的技术很多，有级联样式表(Cascading Style Sheets，CSS)、可扩展样式语言(XSL)样式单、电子表格等。为了设计出有用的财务报告，可用样式单给实例文档中的数据添加所需的显示元素，最终将财务报告以 HTML 或其他格式显示出来。

由上面的分析可以看出，XBRL 的四个组成部分之间是相辅相成的。而 XBRL 分类标准作为其核心内容，在 XBRL 网络财务报告披露过程中发挥着重要的作用。

XBRL 对财务报告的内容和格式进行的是分开处理(传统的处理方法是对财务报告的内容和格式进行并行处理)，从而可实现内容和格式的各自标准化处理。从技术架构上看，XBRL 规格书、XBRL 分类标准、XBRL 实例文档这三个部分使得财务报告内容和格式的分离得以实现。图 5-4 有助于读者清楚地理解 XBRL 技术架构。

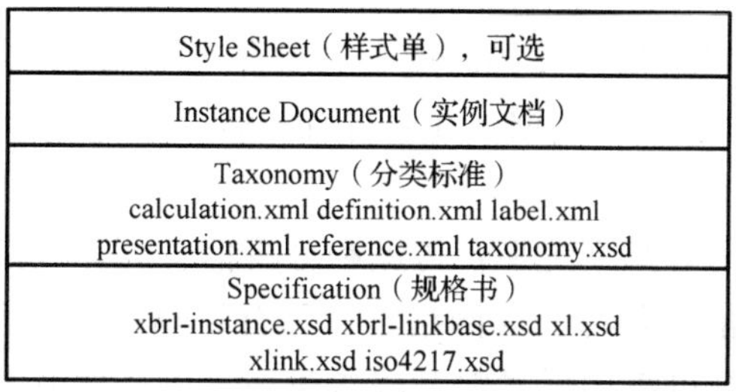

图 5-4 XBRL 技术架构图

2. XBRL下的会计信息处理流程

XBRL下的会计信息处理流程从技术角度上来讲大致可以分为以下三个步骤。

第一步，从原始资料库(包括会计记录、外部披露文件、其他第三方文件等)中读取数据，形成标准文件格式的数据库，再通过解析程序把得到标准文件格式的数据库分解成项目元素流。

第二步，对元素列表上的元素逐个进行定义，并根据IASC及会计制度与准则相关规范创建链接库，包括XML模式文件与XBRL链接库文件，同时根据XBRL分类标准和技术规格生成公司应用层面的实例文档。

第三步，把XBRL实例文档通过网络发布管理及服务系统转换为用户所认可的网页形式。当然用户也可根据需要从公司XBRL实例文档中临时生成所需要的差异性会计报告。

由此可见，XBRL下的会计信息处理流程实质是将报告的标准内容在技术上重新归属和再转换的一个平台。

3. XBRL的主要特性

在XBRL下，企业只需通过基本信息系统将信息储存为XBRL格式文件，就可以实现信息在各子系统间的传递共享、对外公布及向其他利益关联方的报送传递，其他利益关联方取得XBRL格式的报告文件后通过软件自身的支持功能就可以将原始数据文档转换为所需要的各种格式，这样既减少了企业的工作量，也给关联方提供了便利，节省了无谓的成本。由于XBRL在技术上的优势，使得XBRL模式的网络财务报告能让信息使用者更容易获取网络财务报告。此外，XBRL模式使网络财务报告能同时被人类与智能代理软件使用，这也是网络财务报告未来发展的根本需求。作为会计信息处理技术，XBRL的特性主要体现在以下几方面。

1)强大的搜索能力

XBRL解决了信息搜索的问题。XBRL将数据的内容与显示格式分开存储，还对所表现的数据赋予特定的含义。采用这种方式存储的数据十分清晰。XBRL不但要求标记配对、嵌套，还要求严格遵守XBRL模式的规定，以便做到准确识别，确保通过Web浏览器搜寻结果的准确性，XBRL使用的标签以标准化的会计业内定义为基础，以描述和识别财务信息的每个项目为目的。通过给搜索内容加上详细的标签后，搜索引擎就能更精确且快速地找到使用者所需的财务信息。如搜索某公司的应收账款信息时，只要将应收账款与资产负债表、坏账准备相关联，搜索工具就能立刻指向用户所需的特定目标数据。当用户需要收集多个公司的应收账款数据及比较公司的经营情况时，只需对搜索工具加以调整就可以获取多个公司的数据，并可将有关信息导入电子表格以便进一步分析。

2)可重用性

XBRL可以允许使用者跨系统平台传递和分析信息，降低信息重新输入的次数。信息的可重用性是XRBL的新特征，在网络时代具有特别重要的意义。XBRL大大减少了重复输入资料的次数，其可重用性是财务报告供应链上各环节效率的源泉。基于XBRL的所有信息均通过独特的标签准确表达，这是软件系统信息共享和重用的前提。由一个系统生成的 XBRL 信息可以直接为另一系统所重用，基本不再需要额外的录入和转换。XBRL 的可重用性使会计信息迅速得到多方面的利用，显著增强了其决策支持功能。

3)跨系统、跨平台的数据交换能力

不同的系统、数据库与软件之间的数据传输与交换所采用的标准不同，但是它们没有遵循统一的标准是无法进行信息交流的。现在不同企业、不同部门中存在着许多不同的计算机操作系统、数据库和显示界面，如果要在这些不同的平台、不同的软件之间传输信息，必须使用一些特殊的软件，这样非常不方便，如图 5-5 所示。

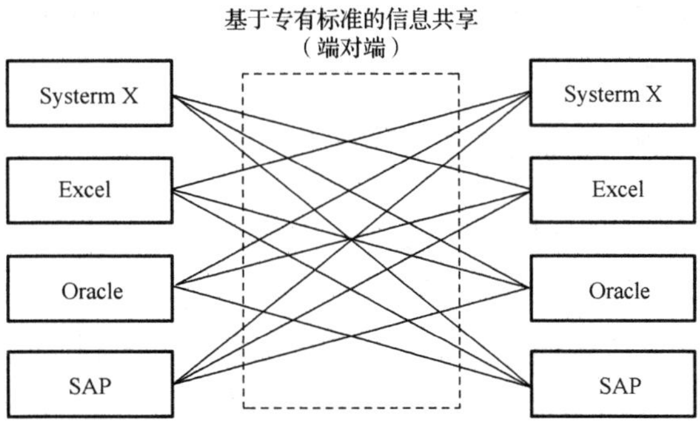

图 5-5　基于专有标准的信息共享模式

资料来源：Colm O hAonghusa. The Journal Taxonomy—XBRI GL and the journey towards a single, timely, consistent version of the truth. Accountancy Treland, Oct. 2005:72.

XBRL 以标准化的标记来描述和识别每个财务信息项目，即为每个财务项目定义标记(tags)，使财务报告的编报标准趋向统一。

XBRL 是一种通用的会计标准语言，具有极强的通用性。伴随着其推广，可以毫无限制地在不同部门、不同系统、不同平台、不同的应用软件之间传递、交换、分析财务信息。它能充分发挥因特网媒介的有效性，使财务信息得到更有效的利用。只要制定出一套公认的标记及语法，就可以使用 XBRL 进行数据交换，而不再需要担心系统不兼容的问题了，如图 5-6 所示。

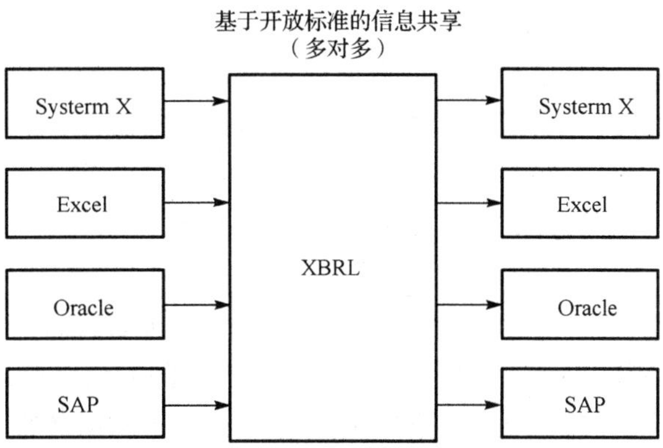

图 5-6　基于开放标准的信息共享模式

资料来源：Colm Oh Aonghusa. The Journal Taxonomy—XBRL GL and the journey towards a single, timely, consistent version of the truth. Accountancy Ireland, Oct. 2005:72.

因此，利用 XBRL 作为财务信息共享桥梁可加快获取财务信息的速度，充分发挥因特网媒介的优势，使财务信息得到更有效的利用。

4) 可扩展标记

HTML 的标记是由少数的权威团体所制定的,其种类有限且不能随意添加。而 XBRL 是 XML 关于商业财务报告的分支，继承了 XML 可扩展标记的特性，可由用户根据自身需要来增加 XBRL 标记。XBRL 模式在遵循 XML 标准技术框架的同时还保留了充分的弹性，以便于不同国家、不同行业甚至不同企业根据其实际情况来扩展 XBRL 标记，从而在一定程度上解决了会计国家化的问题。XBRL 最终将为不同国家、不同领域、不同行业设计出不同的且互相兼容的版本。

5.2.4 XBRL 在网络财务报告中的应用

1. XBRL 对财务报告的主要影响

1) 增强财务信息的及时性

财务信息的在线和实时披露都是不可扭转的必然趋势。利用 XBRL 可以完全突破传统的财务报告按年、季或月发布的模式，做到实时发布、在线披露，通过将会计业务处理系统与财务报告系统连成一体，使从凭证信息的输入、处理到会计报表的输出在同一时间完成，就可以将公司的财务状况实时地在网上披露出来了。信息使用者可以实时了解企业的最新财务状况，而不必等到一个会计期间结束。

2) 编制和发布更容易

XBRL 没有改变现有的会计准则，也不需要公司额外披露超出现有会计准则要求的信息，只是改进了编制、分析与发布企业报告信息的流程。它是一种高效编制报表的方法。会计系统和其他信息系统中的财务相关数据，均可以生成符合 XBRL 格式的文件，这提高了各种报表的编制效率，而且可以使用预先设计好的应用程序一次完成书面财务报告的编制、网络财务信息的发布及上传至相关主管单位等多项工作，不需进行多次的单独作业，从而较大程度地提高了公司编制和发布财务报告的效率。

3) 提高财务信息的准确度

XBRL 可以自动为财务信息加上代码或标识，以便于用户进行识别。无论这些信息如何被浏览器或其他工具进行编排或加工，其标识都不会改变，这样企业可以通过模板的形式自动生成财务报告，包括资产负债表、损益表、现金流量表等公司报告。这种方式避免了财务信息的多次输入，降低了数据输入错误的风险。

4) 扩大财务报告的信息量

现有财务报告模式是一种扁平式的体系，每一个公司的报表几乎都是千篇一律的。由于信息的使用者在不同的情况下需要的数据不同，有限的信息难以满足其要求。例如，在 XBRL 之前，投资者必须浏览大量财务报告，然后将各种财务报告的数字输入计算机中，才能进行分析。而采用 XBRL 所编制的财务报告后，更加详细的财务报告项目划分可以满足投资者的各种查询要求。利用 XBRL 可以在各项相关资料之间建立链接，便于投资者科学地进行决策。

5）提高财务信息的透明度

强调财务信息透明度的目的在于增强信息使用者对于企业真实的经营及财务状况的洞察力。实证研究表明，XBRL 具有强化信息使用者获取、集成和全面评价相关财务信息的能力；可降低使用者的认知成本；通过提高财务报告信息的可比性，可使企业会计政策选择对于信息使用者更为透明。例如，当对以公允价值计量的信息依据 XBRL 以一致的方式做标记时，有助于信息使用者更好地评判公允价值信息的公允性，并易于与其他企业做横向比较。

6）便于财务报告的审计

利用 XBRL 通过应用程序可以生成财务报告，同时又能进一步与公司的审计轨迹资料库进行链接，增强了会计信息的透明度，减少了人工操作的复杂性，提高了核查效率。同时，在线持续报告的出现，便于审计部门对财务报告进行实时监控。

7）有利于财务报告与国际标准接轨

从 XBRL 的技术潜力看，它可以为会计信息的跨国交流提供支持，可以编制、发送各种不同格式的财务信息，交换与分析财务报表中所含的信息。因为 XBRL 的分类标准可以应用于总分类账层面，故公司可在交易事件发生时对其进行标识，然后根据不同的概念模式（中国会计准则、美国的公认会计原则、国际会计准则或其他标准）将信息抽取组合在一起。在传统方式下，一个公司外部的分析师或投资者可能无法将一个财务报告从美国公认会计准则规格转换为国际会计准则规格，但是有了 XBRL 后，这种转化工作完全可以交给专门的转换软件来完成。同时，会计信息使用者也可以按照国际会计标准编制财务报告了。这种方式有利于我国财务报告尽快与国际标准接轨。

2. XBRL 对财务报告供应链上各关联方的影响

利用 XBRL 方式传递财务信息会重构现代财务信息链。XBRL 的应用不仅能够提高财务报告的发布效率，而且也会对其他领域产生深远的影响，即财务信息供应链上所有的参与者都会从中受益，这些参与者包括企业、投资者、审计机构、证券管理机构、政府部门、金融机构。它们分别是财务报告的提供者、需求者和中介机构。

1）企业

由于 XBRL 利用分类模式定义的模板保存企业报告的格式和标签，故企业编制财务报告时，通过应用程序可以直接从本企业的会计业务数据库中提取数据，这保证了数据的准确性，提高了报表编制的效率。同时由于 XBRL 文件不受平台限制，所以企业在选购信息系统的软硬件时，并不需要为了应用 XBRL 技术而增加额外的投资，从而提高了企业选购系统的灵活性。

2）投资者

通常情况下，投资人为了收集数据，不得不浏览大量财务报告，并将各种数据输入到计算机中去分析企业的经营状况。由于这些数据的来源不同，格式各异，所以分析过程耗费时间较多，成本较高且容易出现差错，从而会影响分析结果的准确性。利用 XBRL

投资者可更快速地获得企业的相关信息资料，避免重新输入。投资者可直接将所获取的资料用于分析，同时也可以选择其所需要的输出格式，这样就提高了资料整理的效率，省去了处理大量数据的时间。由于 XBRL 可以对企业报告的项目进行更加详细的分类，可以在各项相关资料之间建立链接，可以满足投资者的各种查询要求，故提高了数据分析的效率和投资决策的准确性。

3）审计机构

随着财务信息在网络中披露的迅速发展，审计机构必然面临对网络财务信息进行审计的需求。首先，利用 XBRL 可以突破传统的财务报告按年、季或月发布的模式，做到财务信息的实时发布、实时披露，便于审计人员实时地了解企业的财务状况，做到实时监控。其次，审计人员在阅读财务报告时，不再需要以人工方式审查不同格式的资料，而可直接通过标准应用程序取得客户公开的财务资料的内容，还可以通过超级链接跟踪审计线索。再次，XBRL 总分类账可以为每一个财务事项提供有据可查的信息，从而提高了审查的效率。最后，XBRL 可以使得财务报告的项目更加细化（财务报告不仅包含财务信息，还可以包含与信息使用者有关的非财务信息），从而使审计工作可以突破时间、空间等因素的限制，并切实提高审计工作的效率和质量。

4）证券管理机构

按照我国证监会的要求，上市公司必须在指定的媒体如报纸、网站和证券交易所公开发布与公司相关的公告事项。如果采用 XBRL 格式，不仅便于信息使用者阅读，而且可以通过软件来进行分析和汇总，企业报告中的异常数据也更容易被发现。中国证监会于 2003 年年末通过《上市公司信息披露电子化规范》，该规范在上海、深圳证交所要求企业填写 XBRL 实例文件的模式标准。

5）政府部门

政府部门可以规划标准的 XBRL 表单及文件的格式，并将其放置在政府公开网站上，以供企业填写或上交资料。企业可以利用 XBRL 向行业主管部门如税务局、工商管理局等政府机关上报各类报表。这样做可确保政府部门更快速地收集到其所需信息，也可使得政府资料的使用者以更具效率的方式快速取得信息，实现报表填报、传送和处理的信息化，提高工作效率，同时还有利于行业主管部门的监管。

6）金融机构

金融机构在研究财务状态和进行风险分析时也可以利用 XBRL，使所有的财务数据直接通过网络交换给金融机构，并利用标准的 XBRL 将文件中的数据自动转换为放款分析软件所接受的数据格式。通过定义模式文件，XBRL 可以被设计用来发送复杂的数据查询请求，对信贷申请进行实时的可比性分析，有效地评估公司的风险、信用等级等，从而降低贷款风险，提高贷款的速度。

3. XBRL 的应用范围

XBRL 的应用范围非常广泛，但在公司财务报表方面的应用应是其优先发展的部分。概括起来，XBRL 的应用涵盖了以下几个方面。

1)企业财务报告和审计资料的编制和传递

这是XBRL当前最主要的任务。XBRL最初就是为了规范网上财务信息而建立的信息交换标准。会计主体可用XBRL对外公布其电子化的财务报表，包括资产负债表、损益表、现金流量表、财务报表附注和注册会计师的审计报告等。企业和其他单位只要将其会计信息系统输出的各类电子文档形式的财务报表，通过相关计算机程序一次转换为XBRL格式的电子文档，就可直接通过因特网传播，并可将其导入到各种分析软件中以便信息使用者使用。采用XBRL所编制的报表，还可对报告项目进行更详细的划分，以满足信息使用者的各种查询要求，并使其能方便地获取各项相关资料。财务信息披露采用XBRL标准后，审计部门不再需要以人工方式审查不同格式的资料，而可以直接通过标准应用程序取得客户财务资料，并通过网络进行连续、非现场的实时审计。

2)会计与管理报表的编制与传递

公司内部往往需要作为经营分析使用的内部报表资料，但由于部门使用不同的软件或其他原因，部门之间的信息可能未能很好地实现共享，部门之间难以相互交流。以XBRL技术作为信息交流界面，将成为一种低成本、跨平台的有效解决方法。

3)向社会公众报告企业信息与进行监管

按照证监会的要求，上市公司必须在指定的媒体(报纸、网站等)和证券交易所公开发布公司相关的公告事项，如半年报、年报、内部人股权移转、公司管理层变动等。企业采用XBRL可极大提高按证监会、主管部门要求编制与传递财务报表等申报材料的效率。这在一定程度上规范了证券市场的信息披露，并可提高证券市场信息的透明度与可比性。

4)税务资料的编制与传递

通过XBRL的应用，各企业的申报纳税资料可直接由公司编制财务报表的同一资料库直接产生，不必另外进行数据的整理准备，并可以从网上直接传给各税务部门，实现纳税申报的无纸化、信息化。这样除了可以有效避免人为的数据输入错误，提高税务部门的工作效率外，还可以使报税人不必在申报期间亲自到税务单位报税。

5)向主管部门报送企业报告

各级政府主管部门(如统计局、行业主管部门)会要求企业按规定格式申报企业财务资料。如果企业能按要求采用XBRL，则其报表的编制、传递效率与正确性都可以提高，同时也可以减轻主管部门在整理、建档方面的工作负担。

6)财务信息的综合利用

XBRL的出现为不同系统的数据交流提出了一个低成本、高质量的方案。只要将输入、输出接口设计为以XBRL为基础的统一格式，就可解决整合性系统跨越各种不同平台的问题。对于债权人、投资者和其他信息使用者而言，XBRL提供的数字化财务信息可做到信息共享，信息使用者能简便地搜索到特定信息，有效做出分析决策。对于软件制作企业而言，所有有关财务信息的软件产品均可运用XBRL作为其输入和输出的形式，即XBRL增强了与其他财务核算和分析软件的协同性。

7）会计文献与相关法规的保存与传递

会计文件和相关法规等文档资料的保存和阅读通常需要用专门的软件来处理。如果采用 XBRL 技术，由于 XBRL 的文件是以 ASCII 码的方式来保存的，所以只需利用简单的文字处理软件就可以对其进行读取或修改，而不再需要使用专用数据处理软件了。而且，由于 XBRL 文档具有可读性与易维护性，它非常适用于需长期保存的文献资料。AICPA、美国财务会计准则委员会与英国会计准则委员会已发布了一种标准方式来描述与会计相关的文献，使其资源利用更为方便。

4．应用 XBRL 应具备的技术条件

1）XBRL 规格书和分类标准的开发

XBRL 规格书主要用于对各种专用术语进行定义，规范 XBRL 文件应有的格式，以及如何编写一份符合标准的 XBRL 文件。XBRL 规格书由 XBRL 指导委员会负责。在规格书中还应对文档类型定义和用于指明定义标签位置的模式两个重要文件标准进行详细的说明。由于在 XML 的架构下，标签是可以自定义的，所以必须制定 XBRL 分类标准以对表达企业财务信息的标签进行统一定义，而且每个项目必须唯一。

XBRL 国际组织提供分类标准体系的主要目的就是提供一个范本，以让不同企业以相同名称或方式来呈报不同的财务信息。XBRL 规格书适用于所有公司，对所有财务报表都是一致的。XBRL 规格书和分类标准体系的制定主要由 XBRL 指导委员会负责。目前，XBRL 根据美国的工业和商业（Industry&Commerce）GAAP 已总共定义了 1880 个标签，可以分为 12 类，如表 5-1 所示。

表 5-1　XBRL 分类标准

编号	类　别	说　明
1	文件信息	包括文件的一般信息、修改日期及版本信息等
2	实体信息	介绍公司的有关信息，如公司名称、地址、电话、主营业务及统计代码等
3	审计报告书	报告类型、内容、事务所名称等
4	资产负债表	表达方式与传统的资产负债表基本一致，只是用 XBRL 定义了标签，并采用 US GAAP，commercial and industrial companies 来定义了祖、父、子、孙的报表结构
5	损益表	表达方式与传统的损益表基本一致
6	综合损益表	表达方式与传统的综合损益表基本一致
7	股东权益变动表	表达方式与传统的股东权益变动表基本一致
8	现金流量表	表达方式与传统的现金流量表基本一致
9	财务报表附注	与传统方式大致一样，只是用 XBRL 标记方式显示出来
10	补充财务信息项目	与传统方式大致一样
11	需要强调的财务信息	与传统方式大致一样
12	公司未来营运方针	与传统方式大致一样

资料来源：http://www.xbrl.org/usJgasp/ci/2000-07-31/Sample/us-gasp-ci-2000-07-31.xsd.

2）应用程序的开发

应用程序应允许企业编制用 XML 标记的财务报表，并将其附在规格书后。该应用程序类似于现有报告模式下被公司广泛运用的会计软件。新开发的应用程序可帮助企业报告的提供者编制、发布 XBRL 格式的财务报告。这个应用程序主要由参与开发 XBRL 软件的供应商负责开发。

3)样式单的开发

样式单实质上是可以将信息呈报为特定或各种格式的一种应用程序，主要供企业报告使用方使用。样式单可以帮助财务报告信息的使用者从因特网上获取XBRL财务报告信息，并将其转换成使用者需要的格式。样式单的开发可以由各个不同的软件供应商完成。

4)健全的网络保护系统

由于XBRL网络财务报告系统是用标准格式的XBRL数据进行传输的，减少了可执行文档的上传和下载(与原来的系统相比)，故从这个意义上讲，它减少了一部分感染病毒机会，加强了系统的稳定性。

5)相关信息制度和环境的建设

为了XBRL模式的有效实施，国家相关监管部门需要组织对XBRL理论的学习和研究，并与XBRL国际组织联系，设立XBRL地区组织，出台与之相关的法律法规，建立适应中国公认会计原则并与国际接轨的Taxonomy体系，保障数据安全与完善网络身份认证等。

5.2.5 XBRL在国内外的应用

1. XBRL在国外的应用

在国际上，XBRL主要应用于两个领域，即公司的外部报表和内部报表。在XBRL国际组织制定的XBRL体系中，它们被称为XBRL FR(财务报告)和XBRL GL(财务记账)，分别制定有不同的分类标准。国际上对XBRL的应用已经相当广泛，但主要还停留在财务报告阶段。参与XBRL项目开发的成员主要来自管理者，其次是信息准备者。此外，信息分析者、交易所等其他供应链上的成员也在致力于该项目的开发。目前，由于制定XBRL分类标准所遵循的会计准则基本上都是本国的惯例，所以XBRL要真正成为国际上通用的、标准的企业财务报告一般语言，应当以各国会计准则为基础。如果各国会计准则存在着较大的差异，如会计科目的设置和使用存在着较大的差异，则企业财务报告语言标准化就缺乏基础，很难实现。

1999年10月13日成立的XBRL国际联合会(XBRL International)，是一个具体负责制定并发布XBRL标准，为推动XBRL国际化提供统一技术口径的常规性业务组织机构。它作为XBRL的倡导者，是一家国际化的非营利性成员组织。它于2000年7月31日首先发布了XBRL规格书Version 1.0及XBRL分类标准。迄今为止，XBRL国际联合会已经分别于2000年7月、2001年12月、2003年12月发布了XBRL 1.0、XBRL 2.0和XBRL 2.1三个版本的规格书。

2. XBRL在我国的应用

相对于美国、欧洲等发达国家，我国应用XBRL标准的速度可能更快些，具有一定的后发优势。中国证监会在我国推广了XBRL标准，规范了上市公司信息披露的内容和格式，提高了证券行业信息化程度，并促进了国际交往和信息交换。但我国同时也遇到了以下几个方面的问题。

1）国内缺乏 XBRL 的专家和地区组织

XBRL 国际组织实行的是会员制，会员之间可交流和探讨应用上遇到的难题，并可共享技术资料。XBRL 标准于 2000 年在国际上出现，2003 年颁布 XBRL 2.1 标准，而我国国内真正理解和懂得 XBRL 标准的人还很少。同时，我国内地缺乏广泛的 XBRL 地区组织，国内企业与 XBRL 国际组织的交流和合作还很少。

2）国内对该标准的研究大多停留在理论上

由于我国新会计准则体系的形成尚需时日，加之其他方面的原因，国内对 XBRL 标准的研究主要还是停留在理论上。

3）分类标准目前还不完善，财务报告安全性不高

应用 XBRL 最重要的 Taxonomy 目前还不完善。在《上市公司信息披露电子化规范》中，主要定义了部分企业的财务报表科目，对金融、房地产等行业还没有制定出相应的分类标准。目前实际应用 XBRL 编制财务报告在安全性方面也还存在一定问题，相应法规也较欠缺。

2002 年 5 月，中国证监会开始制定《上市公司信息披露电子化规范》，该标准采用 XBRL，提出建立一套上市公司分类信息披露的电子化解决架构。2003 年年末，该规范经全国金融标准化技术委员会审批通过。上海证券交易所是国内第一家实现 XBRL 应用的证券交易所。2003 年 10 月，上海证券交易所成立 XBRL 联合工作小组，选定宝钢股份、上海汽车等 50 家上海本地上市公司进行 XBRL 应用试点，对 2003 年年报报送系统进行了论证和实施前期准备。2004 年 2 月，第一家采用标准化报送系统报送 2003 年年度报告摘要的 XBRL 实例文档顺利产生，成功实现上市公司标准化报送。2005 年 5 月，上海证券交易所正式成为 XBRL 国际组织会员，这是中国首次加入 XBRL 国际组织，表明我国上市公司信息披露已开始逐渐与国际接轨。上海证券交易所通过其官方网站（http://www.sse.com.cn）提供了沪市所有上市公司 2006 年第一季度季度报告的简要 XBRL 实例文档，实现了 XBRL 实例文档和 PDF 格式文件的共同披露。利用该网站所提供的工具软件，市场参与者可以获得上市公司在定期报告中披露的第一手格式化信息，并可在线进行多维分析。这标志着上证所的 XBRL 项目已从探索、推广发展进入实用阶段。

2003 年 6 月，深圳证券交易所组织公司监管、法规制定、信息技术等各方面的专家成立了“XBRL 与上市公司信息披露电子化标准”项目小组，针对上市公司定期报告信息披露和工商企业会计报表进行了分类并定义了规范，该项技术规范已于 2004 年 1 月经全国金融标准化技术委员会审核通过。2003 年 11 月，深交所派人员参加了第 8 届 XBRL 国际年会；2004 年 11 月，又派人员参加了第 10 届 XBRL 国际年会。2005 年 1 月，深交所正式推出改版后的基于 XBRL 的上市公司定期报告制作系统，在深交所上市的公司利用该系统制作了 2004 年年报和 2005 年半年度报告。2005 年 2 月，深交所发布“XBRL 应用示范”，实现了在网站上展示“深证成分股指数”样本公司年报实例文件，一次提供了 5 年年报实例文件和数据，并提供了在线多公司多指标的财务分析信息。

2005 年 6 月，中国证监会颁布实施了《上市公司信息披露电子化规范》和《证券交易数据交换协议》等 8 项证券期货行业标准。经证券业标准化委员会批准，我国已成立

“XBRL 及证券市场公司披露信息数据交换规范工作组”。2005 年 9 月 26 日，XBRL 国际组织正式认证通过上海证券交易所开发的中国上市公司信息披露分类(China Listed Company Information Disclosure Taxonomy Framework，CLCID Taxonomy Framework)，它是经 XBRL 国际组织认证的第一个中国分类标准。中国上市公司信息披露分类标准框架(XBRL 2.1)如图 5-7 所示。

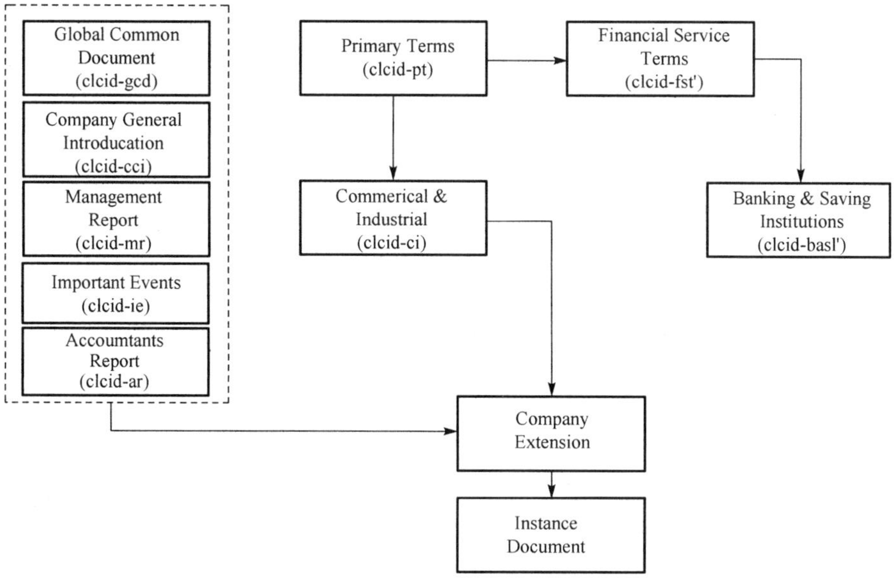

图 5-7　中国上市公司信息披露分类标准框架(XBRL 2.1)

资料来源:http://www xml.orb.twJFunctioniNewsContent.asp.NewsID=100.

从图 5-7 中可以看出，一份完整的实例文档中必须要有符合中国公认会计准则的工业和商业的模式文件，还要加入配合企业需求所制定的 Company Extension 文件。

就 XBRL 软件开发来看，只有个别软件公司与国内的证券交易所合作，开发出了用于证券交易所的 XBRL 应用软件，包括分类标准编辑软件、实例文档编辑软件、财务分析工具软件等，如与上海证券交易所合作的新利多技术公司。由于我国还处于分类标准的制定和推广的初级阶段，软件供应商开发相关软件的风险比较大，故目前 XBRL 应用软件还比较少，尤其是可供各企业自行使用的 XBRL 应用软件和财务分析工具软件，我国基本上还没有这类软件。XBRL 网络财务报告模式的成功及广泛的应用在技术方面需要软件供应商强有力的支持。相信有了软件供应商的支持后，不久的将来会有更多的软件诞生。

5.3　网络财务的信息披露

5.3.1　国外网络财务的信息披露

随着资本市场的发展与网络沟通技术的改进，各国运用网络披露财务报告的比例都在上升。1995 年，美国证监会(SEC)就要求上市公司用磁盘、光盘或计算机网络接口向

SEC 的 EDGAR 系统（电子数据集中与报告系统）提交通用财务报告。EDGAR 系统与 Internet 连接，为进入 Internet 的使用者便捷地获取信息创造了条件。之后许多国家也先后采取措施加快了这方面的动作，由此网络财务报告得到了很快发展。Petravick 与 Gillett（1996）的研究报告表明，美国《财富》（Fortune）报道的 150 家公司中 81%的公司拥有网站并提供一些财务信息。Gray 与 Debreceny（1997）发现《财富》500 强工业企业中有 34 家通过网络发布年报。通过对季报和其他公告的调查分析，Petravick 与 Gillett（1998）发现《财富》500 强公司的前 125 家中有 99 家企业在盈余公告的次日就在网上进行了公布。1996 年对英国金融时报证券指数 100 家公司的研究表明，大部分拥有网站的公司在其网站上发布了财务信息。1997 年，英国 50 家大公司中有 50%的企业的网络功能类似于美国。芬兰赫尔辛基证券交易所的上市公司中，只有约三分之一的公司没有在其网站上提供财务数据。1997 年，全球 100 家大公司中，德国企业提供的网络企业报告最少。1998 年年初，71%的德国企业与 72%的英国企业利用网络提供了与投资者相关的信息。1998 年年底在西班牙交易所上市的公司中，45%的企业有网站，但只有 19%的企业提供"完全"的在线信息，而其中 44%的企业没有提供任何财务数据。但是总的来说，欧洲网络财务报告的比例都在快速上升。Hussey 等（1998）对 1997 年 8 月与 1998 年 3 月最大的 100 家公司网上披露情况进行跟踪调查后，发现 1997 年只有 54%的企业采用了网络，而 1998 年该比例达到 60%，且报告的内容趋于具体化，如提供财务报表明细的公司增长了 30%。1998 年年底与 1999 年年初对欧洲国家在线披露财务信息的研究表明，英国处于领先地位，其他区域（如德国、奥地利、瑞典）正快速赶上。德国与奥地利网络财务报告的快速发展，在某种程度上与其首次允许大公司用国际会计准则编制财务报表的会计变革有关，瑞典发展网络财务报告的动因则可归属于其寻求国际投资者。

AIMR 在 1999 年曾经进行过一项调查，该调查表明目前公司在网上披露的财务信息主要包括年度报告、季度盈利数字、新闻简报、季度报告等。但是大部分的网上财务披露甚至不如纸质财务报告详细，这使得网上财务披露并未充分利用由网络技术的飞速发展带来的诸多便利条件。近年来，随着信息呈现技术的发展，基于可扩展标记语言 XML 定义的可扩展商业报告语言 XBRL 的出现，才使得情况逐渐有了改变。XBRL 的出现，标志着网络财务报告的信息呈现技术进入了一个新的发展阶段。

5.3.2 国内网络财务的信息披露

根据中国证监会和沪深两个交易所的规定，网络财务报告的内容主要包括定期报告、临时报告、新闻发布、公司概况、经营产品或服务情况、法定信息披露资料、投资者关系联系方法、专题文章、行政人员演说、股票行情、分析师会议、业绩说明会、路演活动及网络互动交流等。网络财务报告的格式主要规定为使用图表、视频影像资料及刊载等显著方式。如中国证监会规定：上市公司可将新闻发布、公司概况、经营产品或服务情况、法定信息披露资料、投资者关系联系方法、专题文章、行政人员演说、股票行情等投资者关心的相关信息放置于公司网站上。深交所规定：上市公司可将分析师会议、业绩说明会和路演活动的影像资料放置于公司网站上；上市公司应对公司网站进行及时更新，并将历史信息与当前信息用显著标识加以区分。然而，考虑到各个股东可能并非处在信息公平的地位上，中国证监会规定上市公司应积极主动地披露信息，公平对待公司的所有股东，不得进行选择性信息披露。

我国强制要求上市公司进行网上披露财务报告的工作始于 2000 年。中国证监会要求所有上市公司在因特网上公开披露其 1999 年度的财务报告。据报道，上海证券交易所和深圳证券交易所已在 2000 年 4 月 30 日首次成功实现了 959 家上市公司 1999 年年报的网上披露，上网浏览 1999 年年报的投资者达 9 000 万人次，累计下载年报共 5 万份，平均每家年报下载 5 000 次。2000 年 6 月 27 日，沪深两地证券交易所又联合发布通知，要求上市公司中期报告全文上网。这标志着中国企业在应用因特网进行财务信息披露方面的工作又向前迈进了一大步。另外，沪深两所网站的访问人次和年报的点击数激增，也反映了信息使用者对网上披露方式的关注和认可。可以预见，通过因特网披露财务信息将会得到更快的发展。

5.4　未来的网络财务报告模式

5.4.1　满足信息使用者的多元化需求

网络环境下的财务报告的目标是要满足各种信息使用者的不同信息需求。传统的通用财务报告并不能很好地满足不同使用者对信息的需求，而对网络财务报告进行改革就是为了真正实现这个目的，建立一个按需网络财务报告模式。根据 AICPA 财务报告特别委员会的研究，使用者具有不同的信息需求，其主要原因在于：使用者的目标和方法不同；被估价的资产不同；报告公司的环境不同；使用者的信息偏好不同。

该委员会同时认为需求是不断变化的。由于利益相关者采用不同的会计责任基础，他们的信息需求也是多样的。传统的通用财务报告模式实质上是一种大批量生产模式，即大量生产某一标准产品，并将相同的财务报告提供给不同的使用者，将不同的报告标准化。而按需网络财务报告模式指的是公司在网络环境下运用技术和管理方法实现产品多样化，并通过灵活快速的反应来满足顾客千差万别的需求。

网络财务报告使用者对信息需求的多样化并不意味着要排除使用者的共同信息需求。因为通用财务报告模式仍具有以下优点：对于报告单位、审计人员和监管者来说是经济的、实用的和方便的；可以满足使用者的一些共同需求，具有规模效益和信息可比性；其标准化使得拥有有限资源的监管者能更有效地监督公司的财务报告行为。此外，某些财务的信息需求至少在短期内是稳定的，通过与使用者沟通，报告公司可能在事前获得使用者的一些信息需求，这时仍需采用通用财务报告模式。因此，大规模按需网络财务报告模式并不是要抛弃通用财务报告模式，而是提供附加的信息以补充通用财务报告。这里将通用财务报告作为一个基准，不但有利于保持信息的可比性，而且可以满足使用者的共同信息需求。而按需供应的信息则可以满足使用者对信息的个性需求。

5.4.2 网络财务报告披露内容的拓展

由于网络时代财务报告使用者的需求越来越趋向多元化，所以有必要对网络财务报告的披露内容进行拓展。企业除了应对基于传统会计理论体系的通用财务报告信息（如资产负债表、权益表、现金流量表等）加以披露外，还应该根据需求增加更多的信息以供财务报告使用者选择。

(1) 企业无形资产（包括专利权、专有技术等）的财务信息将成为未来网络财务报告的披露重点。对有形资产的占有和使用是工业社会环境中企业得以持续经营的重要条件，这在客观上决定了传统会计系统必须围绕企业有形资产的确认、记录、计量和报告来建立。随着以技术为主导的知识经济时代的到来，企业持续经营的重要条件已开始转向对技术的开发、利用，以提高未来现金流量和企业市场价值，确保竞争优势。无形资产在企业总资产中的比重大大提高，而有形资产的比重则相应下降。在这种发展趋势下，企业的无形资产将成为财务报告的重心。

(2) 增加衍生金融工具项目在表内或表外的详细表述、披露。应增加衍生金融工具，如期权、期货等项目的信息披露。因为这些事项具有前瞻性、风险性和收益性等特点，它们也是知识经济时代信息使用者所关注的热点。

(3) 增加社会责任报告，反映企业的社会责任履行情况。企业在追求利润最大化的过程中往往会忽视社会和公众的利益。企业的社会责任报告就是从宏观经济出发，对企业生产经营活动的社会影响进行计量和报告，使会计服务对象由传统的为一个企业单位服务扩大到为整个国民经济服务。它包括财务与非财务成果状况的计量反映。随着人类对生存环境的日益重视，社会责任报告将会逐渐成为处在网络时代中的企业对外报告的重要组成部分。

(4) 增加非财务信息的披露。非财务信息的内容十分广泛，它们对信息使用者评价企业的过去、了解企业的现在和预测企业的未来有很大的帮助。这些信息主要包括经营业绩信息、前瞻性信息、背景信息等。借助非财务信息来辅助说明与解释财务信息，可帮助信息使用者更准确地理解与运用财务信息，从而最终提升财务信息的价值。

5.4.3 网络财务报告形式趋向复杂化

随着网络财务报告披露内容的拓展，单一的通用财务报表形式已经无法适应其要求，因为很多披露内容无法进入传统财务会计计量的范畴，故只能采用形式多样的网络财务报告作为补充。

(1) 编制专用财务报告或差别财务报告，实现标准化的通用报告与按需编制的专用报告的相互补充。专用财务报告或差别财务报告可以在以下两个层面上实施。

一是从信息提供者角度，由报告单位为不同使用者提供在内容和时间上有差别的财务报告。由于信息使用者的信息需求和获取信息的权力各不相同，某些特定使用者或使用者集团已不满足于通用财务报告，所以企业可以有选择地、有重点地对外披露某些使用者或使用者集团需要的特殊信息。例如，主要债权人收到的信息比一般股东更为详细和及时，债券评估机构收到的信息也往往比年度财务报告更为详细等。通过差别报告，企业既可以满足特定使用者及其集团的特殊信息需要，又可避免因广泛披露而对企业产生不利影响。

另一层面是从会计规范角度，建立有差别的会计信息揭示制度。它实际上是指由一国政府通过有关的规则或法规，对不同规模或类型的企业在编制与提供财务报告的种类，以及要求其披露的会计信息的格式、内容、数量、详尽程度等方面进行差别对待的一种制度安排。

(2) 增加预测性财务报告，使财务报告由揭示事后信息为主向揭示事后信息与前瞻性信息并重转变。预测性财务报告是建立在对未来经济条件和行为方案进行假设的基础上，反映企业下一年度或未来某个特定期间的主要经营成果和财务状况变动的报表。用户虽然可以根据传统财务报告中提供的信息进行预测，但由于在专业经验、技术及对企业的熟知程度等方面都有欠缺，会使预测效果受到限制，因而需要企业提供预测信息。预测性报告旨在为用户提供信息，帮助其了解管理层对未来的看法及企业的计划，以增强用户评价企业经营前景的能力。

(3) 重视编制分部财务报告，增加披露分部信息。1994 年，国际会计准则委员会发表了《分部财务信息：原则说明草案》，而 AICPA 在《改进企业报告：以使用者为中心》的研究报告中把提供分部信息当成了改善财务报告的重要依据。在网络时代，分部信息和合并信息都将受到重视。分部财务报告是指企业集团对其内部按一定标准划分（如行业、地区等），披露其重要财务状况和经营成果的分部信息的报告。分部信息是分析企业所面临机会和风险的重要依据。编制分部财务报告已经成为当前的国际会计惯例。未来的分部信息将会以分部报表的形式在年度财务报告中披露出来，而分部报表将成为上市公司年度财务报告的组成部分。

本章小结

网络财务报告的发展经历了 3 个阶段，即初级阶段、中级阶段和高级阶段。网络财务报告应该以建立按需网络财务报告模式为目标，努力实现网络财务报告内容和形式的多元化、网络财务报告系统的实时化、报告技术的动态交互化。网络财务报告的发展离不开网络技术的支持。

XBRL 的开发与应用为网络财务报告走向高级阶段、实现按需定制模式提供了技术支持。XBRL 是编制、发布企业网络财务报告、交换数据和分析财务报表及其所含信息的一种标准方法，是一种以现有公认会计准则为基础构建的企业财务报告方式的技术标准。XBRL 的作用主要体现在两个方面：一是建立了财务报告内容的标准化分类体系，有助于各类财务报表使用者从网络上快速检索特定的财务数据；二是建立了在不同应用程序之间进行数据交换的标准格式，有助于提高数据的共享程度。XBRL 的技术基础是 XML。它是一种描述数据的标记语言。它的设计目标是让各种结构的文件都能通过网络无障碍地传输、支持各种各样的应用程序。XBRL 运用 XML 数据标记描述财务信息。从技术构架上来看，XBRL 主要由 XBRL 规格书、XBRL 分类标准、XBRL 实例文档和 XBRL 样式单组成。XBRL 网络财务报告具有能增强财务信息的及时性，更容易编制和发布财务报告，能提高财务信息的准确度，可扩大财务报告的信息量和提高财务信息的透明度等特性。财务信息供应链上的各个环节都能享受由它带来的便捷。从全球化角度而言，它能为会计信息的跨国交流提供技术上的支持。XBRL 技术的应用范围非常广泛，上海证券交易所和深圳证券交易所已经实现利用 XBRL 对上市公司财务报告的在线披露，这标志着上证所和深交所的 XBRL 已从探索、推广发展进入实用阶段。我国上市公司信息披露已开始逐渐与国际接轨。

关键术语

网络财务报告　XML　XBRL　信息披露

复习思考

1. 网络财务报告有哪些特点？
2. XBRL 的技术架构包含哪些内容？
3. 网络财务报告在哪些方面还需要改进和完善？
4. XBRL 给财务报告带来了哪些影响？
5. 应用 XBRL 应具备的技术条件有哪些？

参考文献

[1] AICPA. 财务报告特别委员会. 论改进企业报告[M]. 陈硫圭译. 中国财政经济出版社，1997.

[2] 薛云奎. 网络时代的财务与会计. 管理集成与会计频道[J]. 会计研究，1999(11).

[3] 肖泽忠.大规模按需报告的公司财务报告模式[J]. 会计研究，2000(1).

[4] 潘琰.因特网财务报告若干问题研究[D]. 厦门大学博士学位论文. 2002.

[5] 张天西，薛许军，林进安. 信息技术环境下的财务报告及信息披露研究[J]. 会计研究，2003(3).

[6] 何玉，张天西. 上市公司网络财务报告决定因素的实证研究[J]. 会计研究，2005(12).

[7] 沈颖玲. 网络财务报告研究(第 1 版)[M]. 上海：立信会计出版社，2005.

[8] 张天西. 网络财务报告：XBRL 标准的理论基础研究[J]. 会计研究，2006(9).

[9] 罗筱颖. XBRL 网络财务报告模式探析[D]. 江西财经大学硕士学位论文，2006.

[10] 闫萍. XBRL 网络财务报告模式在我国的应用与管制[J]. 财会研究，2010(3).

[11] 余姝纬. XBRL 网络财务报告模式应用评价研究[D]. 陕西科技大学硕士学位论文，2012(5).

[12] AICPA. Report of the Specialing A Customer Focus:Meeting Committee on Financial Reporting:Improving Business Report the Information Needs of Investors and Creditors. NewYork.American Institute of Certified Public Accountants.1994:1-80.

[13] Alison Jones，Mike Willis. The challenge of XBRL:business reporting for the investor [J]. Balance Sheet，Vol. 11，No. 3，2003:29-37.

[14] Antia Malnig. XBRL:Deep Drilling for Financials. Vol. 5，No. 4，The Seybold Report in

Analyzing Publishing Technologies，2005:11-14.

[15] CICA Information Technology Advisory Committee. 2003. The use of XBRL in electronic filing and disclosure of information White paper:www·cica·ca/itac.

[16] Ferguson，Renee Boucher. XML variant to ease financial reporting. eWeek 11/10/2003，Vol. 20，Issue 45:16-17.

[17] Frank D. Hodge.Jane Jollineau Kennedy.Laureen A.Maines.Does Search-Facilitating Technology Improve the Transparency of F financial Reporting.The Accountting Review. 2003，3(79):687-703.

[18] FASB. Business reporting research project-electronic distribution of business reporting information.New York (LTSA)，FASB Press.2000:1-75.

[19] Hannon Neal. XBRL Grows Fast in Europe. Strategic Finance，Oct. 2004:55-56.

[20] Neal J.Hannon.Why the SEC is Bullishon XBRL. Strategic Finance，Jan. 2006: 59-61.

[21] Strand et a.l 2001. the XBRL potentia.l Strategic finance. June:58-63.

案例

中国石化 XBRL 网络财务报告

本章讨论了 XBRL 网络财务报告在我国的应用现状。目前在我国提倡采用 XBRL 网络财务报告的机构主要有上海证券交易所和深圳证券交易所，而采用 XBRL 网络财务报告的主要是上市公司。下面以一个上市公司代表——中国石化为例研究 XBRL 网络财务报告在我国的应用。

1．公司概况

中国石油化工股份有限公司(简称“中国石化”)是一家上、中、下游一体化，石油石化主业突出，拥有比较完备销售网络且在境内外上市的股份制企业。中国石化是由中国石油化工集团公司依据《中华人民共和国公司法》，以独家发起方式于 2000 年 2 月 25 日设立的股份制企业。中国石化的 167.8 亿股 H 股股票于 2000 年 10 月 18 日、19 日分别在中国香港、纽约、伦敦三地交易所成功发行上市；2001 年 7 月 16 日在上海证券交易所成功发行国内公众股 28 亿股。目前，中国石化总股本为 867.02 亿股，其中，中国石化集团公司持有的国有股占总股本的 71.23%，未流通的其他国有股和法人股占 6.2%，H 股占 19.35%，国内公众股占 3.22%。

中国石化参照国际模式，构筑了公司的架构，建立了规范的法人治理机构，实行了集中决策、分级管理和专业化经营的事业部制管理体制。中国石化现有全资子公司、控股和参股子公司、分公司等共 80 余家，包括油气勘探开发、炼油、化工、产品销售及科研、外贸等企业和单位。

中国石化是我国上市公司的优秀代表，而中国石化面临的网络财务报告披露问题也是我国上市公司共同面对的问题。随着中国加入 WTO 和国际化进程的加快，对于我国的上市公司来说，随之而来的是跨国企业集团的竞争。而国外各大公司应用 XBRL 进行财务信息编报已经是一种潮流，其应用的领域也很广阔，给信息使用者提供了极大的方便。为了能够适应这种形势，中国石化也必须采用 XBRL 进行财务信息的编报。

2. 中国石化 XBRL 网络财务报告解析

为了对 XBRL 的具体应用有更深刻的认识，下面以中国石化 2004 年年报数据为参照，对整个网络财务报告的建立与应用流程进行分析。因篇幅有限，这里只对资产负债表进行分析。资产负债表数据如表 5-2 所示。

一个完整的 XBRL 文件由多个组件和文档构成，其中最关键的文档包括 XBRL 规格书、XBRL 分类标准、XBRL 实例文档和 XBRL 样式单。

表 5-2 中国石化 2004 年资产负债表

项 目	2004 年度	项 目	2004 年度
流动资产		流动负债	
货币资金	18 280 000 000	短期借款	26 723 000 000
短期投资		应付票据	30 797 000 000
应收票据	7 812 000 000	应付账款	23 792 000 000
应收股利		预收账款	8 605 000 000
应收利息		应付工资	3 223 000 000
应收账款	9 756 000 000	应付福利费	1 101 000 000
其他应收款	12 462 000 000	应付股利	
预付账款	4 828 000 000	应交税金	6 741 000 000
应收补贴款		其他应交款	1 519 000 000
存货	63 918 000 000	其他应付款	26 459 000 000
待摊费用		预提费用	652 000 000
一年内到期的长期债权投资		预计负债	
其他流动资产		一年内到期的长期负债	14 298 000 000
流动资产合计	117 056 000 000	其他流动负债	
长期投资		流动负债合计	143 910 000 000
长期股权投资	13 409 000 000	长期负债	
长期债券投资		长期借款	94 087 000 000
长期投资合计	13 409 000 000	应付债券	3 500 000 000
其中：合并价差(贷差以“–”号表示，合并报表填列)		长期应付款	
其中：股权投资差额(贷差以“–”号表示，合并报表填列)		专项应付款	
固定资产		其他长期负债	820 000 000
固定资产原价	519 462 000 000	长期负债合计	98 407 000 000
减：累计折旧	243 510 000 000	递延税项	
固定资产净值	275 952 000 000	递延税款贷项	198 000 000
减：固定资产减值准备	5 816 000 000	负债合计	242 515 000 000
固定资产净额	270 136 000 000	少数股东权益(合并报表填列)	31 216 000 000
工程物资	430 000 000	股东权益	
在建工程	45 976 000 000	股本	86 702 000 000
固定资产清理		减：已归还投资	
固定资产合计	316 542 000 000	股本净额	86 702 000 000
无形资产及其他资产		资本公积	37 121 000 000
无形资产	5 345 000 000	盈余公积	26 116 000 000

续表

项　　目	2004 年度	项　　目	2004 年度
长期待摊费用	3 563 000 000	其中：法定公益金	
其他长期资产		未分配利润	37 124 000 000
无形资产及其他资产合计	8 908 000 000	拟分配现金股利	
递延税项		外币报表折算差额(合并报表填列)	
递延税款借项	4 166 000 000	减：未确认投资损失(合并报表填列)	−713 000 000
		股东权益合计	186 350 000 000
资产总计	460 081 000 000	负债和股东权益总计	460 081 000 000

XBRL 规格书在技术方面对 XBRL 及 XBRL 的实现进行了解释说明，并设定了 XBRL 的框架，详细分析了 XBRL 分类标准和实例文档的语法和语义。XBRL 分类标准用于描述关键数据元素(数字或文本)。XBRL 分类标准包括特定商业报告体系使用的概念和相互关系，这些概念和关系同时又与实例文档紧密关联。XBRL 实例文档是根据所使用的 XBRL 分类标准中的概念进行标记的一套数据元素的集合。XBRL 样式单则是决定 XBRL 显示样式的文档，使得 XBRL 可以通过 HTML 或其他格式直观地将财务数据以资产负债表或损益表的通用格式显示出来。

XBRL 网络财务报告的建立步骤可简单地分为以下几步。

(1) 依据规格说明书建立 XBRL 分类标准。XBRL 分类标准可以参照会计科目的分类来建立。中国石化是以上海证券交易所发布的分类标准为依据来建立的。

(2) 依据分类标准制定元素名称，生成 Taxonomy schema(. xsd) 文件。根据分类标准对上述资产负债表会计科目的每一个项目按 XML 格式进行元素定义，生成对应的 Taxonomy Schema 文件。信息发布者可以自己编制 Taxonomy Schema 文件，当然，该步骤可以利用已开发的软件来实现，如可利用富士通的 Taxonomy Editor 来实现。制作好的标准可以通过网络统一放在服务器上，供财务信息提供者调用并发布符合 XBRL 标准的财务信息。目前，中国石化的 Taxonomy Schema 文件按照上海证券交易所制定的标准发布在了中国证券监督管理委员会的网站上。假设将其 Taxonomy Schema 文件命名为 cnfr-ci-ar-2004-12-31. xsd。

(3) 将财务信息转换成 XBRL 标记格式文件。在制定完标准后，所有的财务信息提供者都要按这套标准对财务数据进行统一的定义，并将财务数据转换成计算机可以识别的格式。在 XBRL 标准中，就是依照 Taxonomy Schema 文件定义的元素名称对每个财务数据进行标记，并生成了对应的 XML 文件。本例中，将生成的文件命名为 cnfr-ci-ar-600028-2004. xml 。

```
<xml version=" 1 .0" encoding="UTF-8"?>
<xbrl xmlns="http://www. xbrl. org/2003/instance"
     xmlns: xlink="http: //www. w3. org/1999/xlink"
     xmlns: link="http: //www. xbrl. org/2003/linkbase"
     xmlns: xsi="http: //www. w3. org/2001/XMLSchema-instance"
     xmlns: iso4217=" http: //www. xbrl. org/2003/iso4217"
     xmlns:cnfr-gcd="http://www.csrc.gov.cn/cn/fr/rpt/gcd/2004-12-31"
     xmlns: cnfr-ie=" http: //www. csrc. gov. cn/cn/fr/rpt/ie/2004-12-31"
     xmlns: cnfr-common=" http: //www. csrc. gov. cn/cn/fr/rpt/common/
```

```
                         2004-12-31"
xmlns: cnfr-pt=" http: //www. csrc. gov. cn/cn/fr/rpt/common/pt/2004-12-31"
xsi: schemaLocation="http: //www. csrc. gov. cn/cn/fr/ci/ar/2004-12-31/cnfr-
ci/ar-2004-12-31 .xsd"
link: schemaRef
xlink: type="simple"xlink: href "cnfr-ci-ar-2004-12-31 .xsd"
  <context id=" C_ instant_ 20041231">
  <entity>
    <identifier scheme="http: //www. sse. com. cn">600028</identifier>
    &lt;segment&gt;
    <cnfr-common: CtxName>合并</cnfr-common: CtxName>
    &lt;/segment&gt;
  </entity>
  <period>
    <startDate>2004-01-01 </startDate>
    <endDate>2004-12-31 </endDate>
    </period>
  </contexts>
  <unit id="U _CNY">
    <measure>iso4217: CNY</measure>
  </unite>
<cnfr-pt: 货币资金 contextRef="C_ instant_20041231" decimals="0"
  unitRef="U_ CNY">18280000000</cnfr-pt: 货币资金>
<cnfr-pt: 短期投资 contextRef="C_ instant_20041231" decimals="0"
  unitRef= "U_ CNY">0</cnfr-pt: 短期投资>
<cnfr-pt: 应收票据 contextRef=" C_ instant_20041231 " decimals=" 0"
  unitRef="U_ CNY">7812000000</cnfr-pt: 应收票据>
<cnfr-pt: 应收股利 contextRef="C_ instant_20041231" decimals="0"
  unitRef="U_ CNY">0</cnfr-pt: 应收股利>
<cnfr-pt: 应收利息 contextRef="C_ instant_20041231" decimals="0"
  unitRef ="U_ CNY">0</cnfr-pt: 应收利息>
<cnfr-pt: 应收账款 contextRef=" C_ instant_20041231 " decimals=" 0"
unitRef="U_ CNY">9756000000</cnfr-pt: 应收账款>
<cnfr-pt: 其他应收款 contextRef=" C_ instant_20041231 " decimals=" 0"
unitRef="U_ CNY">12462000000</cnfr-pt: 其他应收款>
<cnfr-pt: 预付账款 contextRef=" C_ instant_ 20041231 " decimals=" 0"
unitRef="U_ CNY">4828000000</cnfr-pt: 预付账款>
<cnfr-pt: 应收补贴款 contextRef=" C_ instant_ 20041231 " decimals=" 0"
unitRef ="U_ CNY">0</cnfr-pt: 应收补贴款>
<cnfr-pt: 存货 contextRef="C_ instant_ 20041231" decimals="0"
unitRef="U_ CNY">63918000000</cnfr-pt: 存货>
<cnfr-pt: 待摊费用 contextRef=" C_ instant_ 20041231 " decimals=" 0"
unitRef ="U_ CNY">0</cnfr-pt: 待摊费用>
<cnfr-pt: 一年内到期的长期负债投资 contextRef="C_ instant_ 20041231"
decimals="0" unitRef="U_ CNY">0</cnfr-pt: 一年内到期的长期负债投资>
<cnfr-pt: 其他流动资产 contextRef="C_ instant_ 20041231" decimals="0"
unitRef="U_ CNY">0</cnfr-pt: 其他流动资产>
<cnfr-pt: 流动资产合计 contextRef="C_ instant_ 20041231" decimals="0"
unitRef="U_ CNY">117056000000</cnfr-pt: 流动资产合计>
<cnfr-pt: 长期股权投资 contextRef="C_ instant_ 20041231" decimals="0"
```

```
unitRef= "U_ CNY">0</cnfr-pt: 长期股权投资>
<cnfr-pt: 长期债券投资 contextRef="C_ instant_ 20041231" decimals="0"
unitRef ="U_ CNY">0</cnfr-pt: 长期债券投资>
<cnfr-pt: 长期投资合计 contextRef="C_ instant_ 20041231" decimals="0"
unitRef="U_ CNY">13409000000</cnfr-pt: 长期投资合计>
<cnfr-pt: 合并价差 contextRef=" C_ instant_ 20041231 " decimals=" 0"
unitRef ="U_ CNY">0</cnfr-pt: 合并价差>
<cnfr-pt: 股权投资差额 contextRef="C_ instant_ 20041231" decimals="0"
unitRef ="U_ CNY">0</cnfr-pt: 股权投资差额>
<cnfr-pt: 固定资产原价 contextRef="C_ instant_ 20041231" decimals="0"
unitRef="U_ CNY">519462000000</cnfr-pt: 固定资产原价>
<cnfr-pt: 累计折旧 contextRef=" C_ instant_ 20041231 " decimals=" 0"
unitRef="U_ CNY">243510000000</cnfr-pt: 累计折旧>
<cnfr-pt: 固定资产净值 contextRef="C_ instant_ 20041231"decimals=" 0"
unitRef="U_ CNY">275952000000</cnfr-pt: 固定资产净值>
<cnfr-pt: 固定资产减值准备 contextRef="C_ instant_ 20041231"
decimals="0" unitRef="U_ CNY">5816000000</cnfr-pt: 固定资产减值准备>
<cnfr-pt: 固定资产净额 contextRef="C_ instant_ 20041231"decimals=" 0"
unitRef="U_ CNY">270136000000</cnfr-pt: 固定资产净额>
<cnfr-pt: 工程物资 contextRef=" C_ instant_ 20041231 " decimals=" 0"
unitRef="U_ CNY">430000000</cnfr-pt: 工程物资>
<cnfr-pt: 在建工程 contextRef=" C_ instant_ 20041231 " decimals=" 0"
unitRef="U_ CNY">45976000000</cnfr-pt: 在建工程>
<cnfr-pt: 固定资产清理 contextRef="C_ instant_ 20041231" decimals="0'
unitRef ="U_ CNY">0</cnfr-pt: 固定资产清理>
<cnfr-pt: 固定资产合计 contextRef="C_ instant_ 20041231" decimals="0'
unitRef ="U_ CNY">0</cnfr-pt: 固定资产合计>
<cnfr-pt: 无形资产 contextRef=" C_ instant_ 20041231 " decimals=" 0"
unitRef="U_ CNY">5345000000</cnfr-pt: 无形资产>
<cnfr-pt: 长期待摊费用 contextRef="C_ instant_ 20041231" decimals="0'
unitRef="U_ CNY">3563000000</cnfr-pt: 长期待摊费用>
<cnfr-pt: 其他长期资产 contextRef="C_ instant_ 20041231" decimals="0'
unitRef ="U_ CNY">0</cnfr-pt: 其他长期资产>
<cnfr-pt: 无形资产及其他资产合计 contextRef="C_ instant_ 20041231"
decimals="0" unitRef="U_ CNY">8908000000</cnfr-pt: 无形资产及其'fit
资产合计>
<cnfr-pt: 递延税款借项 contextRef="C_ instant_ 20041231" decimals="0'
unitRef= "U_ CNY">0</cnfr-pt: 递延税款借项>
<cnfr-pt: 资产总计 contextRef=" C_ instant_ 20041231 " decimals=" 0"
unitRef="U_ CNY">460081000000</cnfr-pt: 资产总计>
<cnfr-pt: 短期借款 contextRef=" C_ instant_ 20041231 " decimals=" 0"
unitRef="U_ CNY">26723000000</cnfr-pt: 短期借款>
<cnfr-pt: 应付票据 contextRef=" C_ instant_ 20041231 " decimals=" 0"
unitRef="U_ CNY">30797000000</cnfr-pt: 应付票据>
<cnfr-pt: 应付账款 contextRef=" C_ instant_ 20041231 " decimals=" 0"
unitRef="U_ CNY">23792000000</cnfr-pt: 应付账款>
<cnfr-pt: 预收账款 contextRef=" C_ instant_ 20041231 " decimals=" 0"
unitRef="U_ CNY">8605000000</cnfr-pt: 预收账款>
<cnfr-pt: 应付工资 contextRef=" C_ instant_ 20041231 " decimals=" 0"
unitRef="U_ CNY">3223000000</cnfr-pt: 应付工资>
```

```
<cnfr-pt: 应付福利费 contextRef=" C_ instant_ 20041231 " decimals=" 0"
unitRef="U_ CNY">1101000000</cnfr-pt: 应付福利费>
<cnfr-pt: 应付股利 contextRef=" C_ instant_ 20041231 " decimals=" 0"
unitRef ="U_ CNY">0</cnfr-pt: 应付股利>
<cnfr-pt: 应交税金 contextRef=" C_ instant_ 20041231 " decimals=" 0"
unitRef="U_ CNY" >6741000000</cnfr-pt: 应交税金>
<cnfr-pt: 其他应交款 contextRef=" C_ instant_ 20041231 " decimals=" 0"
unitRef="U_ CNY">1519000000</cnfr-pt: 其他应交款>
<cnfr-pt: 其他应付款 contextRef=" C_ instant_ 20041231 " decimals=" 0"
unitRef="U_ CNY">26459000000</cnfr-pt: 其他应付款>
<cnfr-pt: 预提费用 contextRef=" C_ instant_ 20041231 " decimals=" 0"
unitRef="U_ CNY">652000000</cnfr-pt: 预提费用>
<cnfr-pt: 预计负债 contextRef=" C_ instant_ 20041231 " decimals=" 0"
unitRef "U_ CNY">0</cnfr-pt: 预计负债>
<cnfr-pt: 一年内到期的长期负债 contextRef="C_ instant_ 20041231"
decimals="0" unitRef="U_ CNY">14298000000</cnfr-pt: 一年内到期的长期负债>
<cnfr-pt: 其他流动负债 contextRef="C_ instant_ 20041231" decimals="0"
unitRef ="U_ CNY">0</cnfr-pt: 其他流动负债>
<cnfr-pt: 流动负债合计 contextRef="C_ instant_ 20041231" decimals="0"
unitRef="U_ CNY">143910000000</cnfr-pt: 流动负债合计>
<cnfr-pt: 长期借款 contextRef=" C_ instant_ 20041231 " decimals=" 0"
unitRef="U_ CNY">940870000000</cnfr-pt: 长期借款>
<cnfr-pt: 应付债券 contextRef=" C_ instant_ 20041231 " decimals=" 0"
unitRef="U_ CNY" >3 500000000</cnfr-pt: 应付债券>
<cnfr-pt: 长期应付款 contextRef=" C_ instant_ 20041231 " decimals=" 0"
unitRef "U_ CNY">0</cnfr-pt: 长期应付款>
<cnfr-pt: 专项应付款 contextRef=" C_ instant_ 20041231 " decimals=" 0"
unitRef "U_ CNY">0</cnfr-pt: 专项应付款>
<cnfr-pt: 其他长期负债 contextRef="C_ instant_ 20041231" decimals="0"
unitRef="U_ CNY">820000000</cnfr-pt: 其他长期负债>
<cnfr-pt: 长期负债合计 contextRef="C_ instant_ 20041231" decimals="0"
unitRef="U_ CNY">98407000000</cnfr-pt: 长期负债合计>
<cnfr-pt: 递延税款贷项 contextRef="C_ instant_ 20041231" decimals="0"
unitRef="U_ CNY">198000000</cnfr-pt: 递延税款贷项>
<cnfr-pt: 负债合计 contextRef=" C_ instant_ 20041231 " decimals=" 0"
unitRef="U_ CNY">242515000000</cnfr-pt: 负债合计>
<cnfr-pt: 少数股东权益 contextRef="C_ instant_ 20041231" decimals="0"
unitRef="U_ CNY" >31216000000</cnfr-pt: 少数股东权益>
<cnfr-pt: 股本 contextRef="C_ instant_ 20041231" decimals="0"
unitRef="U_ CNY">86702000000</cnfr-pt: 股本>
<cnfr-pt: 归还投资 contextRef=" C_ instant_ 20041231 " decimals=" 0"
unitRef "U_ CNY">0</cnfr-pt: 归还投资>
<cnfr-pt: 股本净额 contextRef=" C_ instant_ 20041231 " decimals=" 0"
unitRef="U_ CNY">86702000000</cnfr-pt: 股本净额>
<cnfr-pt: 资本公积 contextRef=" C_ instant_ 20041231 " decimals=" 0"
unitRef="U_ CNY">37121000000</cnfr-pt: 资本公积>
<cnfr-pt: 盈余公积 contextRef=" C_ instant_ 20041231 " decimals=" 0"
unitRef="U_ CNY" >26116000000</cnfr-pt: 盈余公积>
<cnfr-pt: 法定公益金 contextRef=" C_ instant_ 20041231 " decimals=" 0"
unitRef "U_ CNY">0</cnfr-pt: 法定公益金>
```

```
<cnfr-pt: 未分配利%I}} contextRef=" C_ instant_ 20041231 " decimals=" 0"
unitRef="U_ CNY">37124000000</cnfr-pt: 未分配利 II}}>
<cnfr-pt: 拟分配现金股利 contextRef="C_ instant_ 20041231"
decimals="0" unitRef="U_ CNY">0</cnfr-pt: 拟分配现金股利>
<cnfr-pt: 外币报表折算差额 contextRef="C_ instant_ 20041231"
decimals="0" unitRef="U_ CNY">0</cnfr-pt: 外币报表折算差额>
<cnfr-pt: 未确认投资损失 contextRef="C_ instant_ 20041231"
decimals=" 0" unitRef="U_ CNY">-713 000000</cnfr-pt: 未确认投资损失>
<cnfr-pt: 股东权益合计 contextRef="C_ instant_ 20041231" decimals="0"
unitRef="U_ CNY">186350000000</cnfr-pt: 股东权益合计>
<cnfr-pt: 负债和股东权益总计 contextRef="C_ instant_ 20041231"
decimals=" 0" unitRef="U_ CNY">460081000000</cnfr-pt: 负债和股东权
益总计>
    </xbrl>
```

对于一般的使用者来说，转换过程是一个比较烦琐的事情，可以利用微软提供的 MS-Word 来实现。只需将 XML 模板通过 MS-Word 打开，在对应的元素项目上填上对应的数据即可，如图 5-8 所示。

(4) 将财务信息数据通过存于服务器的标准文档结合样式表进行网络发布。接下来就可以将财务信息数据上传到上交所进行阅读和审核，然后通过 XBRL 服务器存于定期报告数据库中并进行发布。当然，步骤(3)中生成的 XML 数据格式只适合计算机阅读，而并不符合信息使用者的阅读习惯，这时就要利用样式表来对数据显示格式进行处理，生成与纸面格式一致的财务报告或依照特定要求编制相应的程序来进行应用。

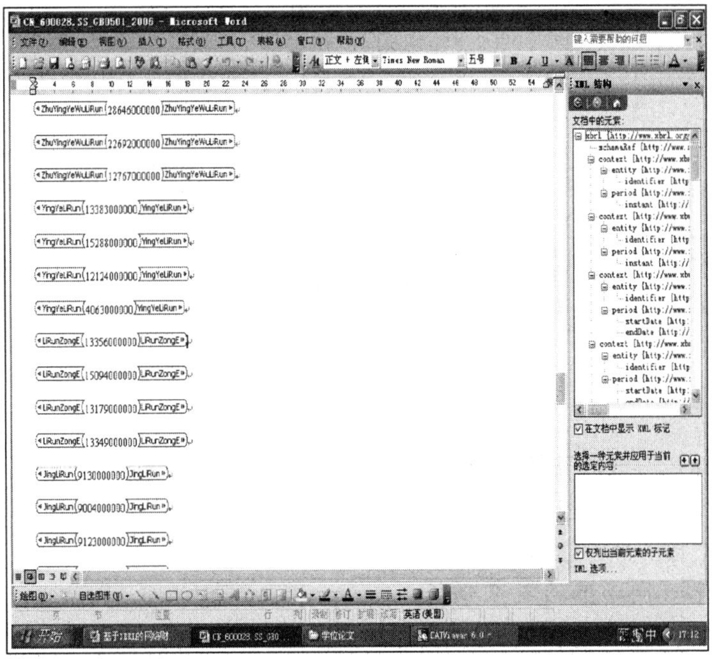

图 5-8　用 MS-Word 编辑 XML 文件

由于这一过程涉及较多的网络编程技术，较为复杂，故这里不做详细研究(读者可以自行参考现有的提供XBRL实例的网站，如上海证券交易所网站中的内容)。将上面制作的cnfr-ci-ar-600028-2004.xml文件上传到网站上，便可以生成如图5-9所示的资产负债表。

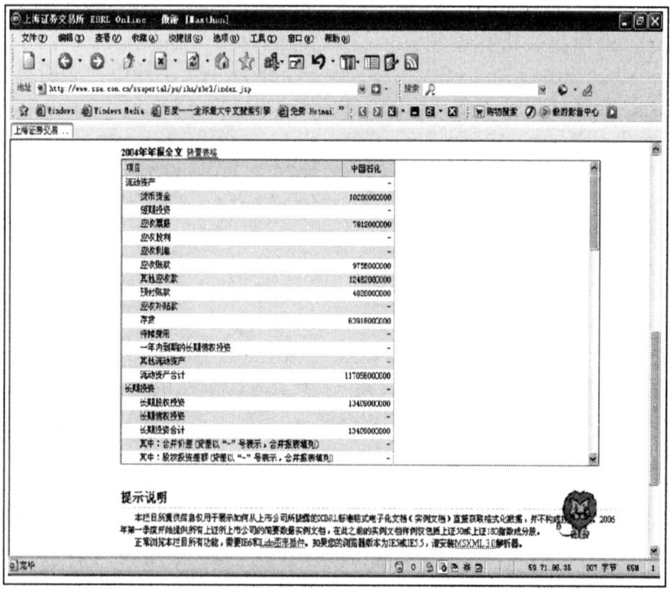

图5-9　利用浏览器浏览XBRL标准资产负债表

XBRL的整个设计与应用过程，可以用图5-10来说明。

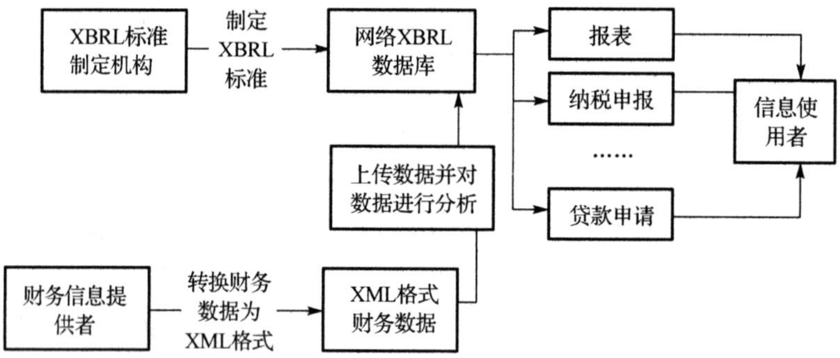

图5-10　XBRL的转换流程图

3．案例分析

以上对XBRL网络财务报告的建立过程进行了一系列的研究和探讨，但是XBRL实际应用的效果如何？鉴于国内XBRL的应用还处于起步阶段，下面主要对上海证券交易所和深圳证券交易所进行了研究。

1)中国石化以往年报的上报分析

上海证券交易所在未使用XBRL标准前，对财务报告的年报数据进行网上披露采用的是人工上报与电子上报相结合的方式。目前中国石化网站上的财务报告还是PDF格式。

以前的这种年报上报方式存在两个方面的不足。首先，采用的文件格式不利于财务信息数据的处理。PDF格式虽然能忠实反映原文，但是不能对内容进行编辑，仅仅相当于原文的影像复制，不利于数据的再利用。而且，要阅读 PDF 格式的财务信息，需要下载特殊的软件，且其文件占用空间比较多，页面之间的超文本链接相当困难，不具备超文本导航的能力。对于信息使用者来说，阅读它费时费力。其次，上报方式采用的是人工、电子和传真相结合的方式，无法利用因特网的优势。由于过去网络数据系统发展得不完善，为安全起见，采用的是人工、电子和传真相结合的手段，这虽然能部分增加信息的完善性，但也增加了上市公司披露财务信息的工作量，同时延长了财务报告的发布时间，降低了及时性。随着因特网的发展，网络数据传输在安全上已有了一定的保障，过去这种方式已不适应现在的发展。

2）基于 XBRL 标准的财务报告流程

上海证券交易所根据《上市公司信息披露电子化规范》的要求，对 XBRL 标准进行了研究，定义了工业企业的会计报表科目的分类标准，为实践应用打下了基础。

目前，中国石化采用的上海证券交易所的标准报送系统，充分利用网络的优势，大大提高了报告报送的效率。报送系统数据的报告流程如下。

(1) 会计师事务所将财务报表文件传送给上市公司，目前情况下采用的是 Excel 文件，在未来可能的情况下将直接采用 XBRL 文件。

(2) 上市公司制作定期报告，制作内容包括定期报告摘要和全文。如目前上市公司采用 Word 制作定期报告全文，未来可能的情况下将采用模板工具。上市公司采用提供的模板和客户端工具制作定期报告摘要(模板和客户端工具通过交易所网站获得)，并将目前在 Word 文本中编辑的定期报告摘要内容通过模板工具进行编辑报送，就不会给上市公司增加过多工作量；而且全文和摘要中所引用的财务报表可直接采用由会计师事务所提供的 Excel 文件。在未来标准统一的情况下，如果会计师事务所能够直接提供基于行业标准(如 XBRL 定义)的报表文件，则可以将这些文件直接用于报送和发布。

(3) 上市公司通过因特网向交易所提交定期报告全文和摘要。其提交方式可以是密码验证的上传通道和电子邮件方式，在条件许可的情况下还可以采用 CA 认证方式等。传输的具体内容包括特定格式(如 XML)的摘要文件、Word 格式的全文文件和 Excel 格式的财务报表文件。

(4) 交易所收到摘要和全文文件后，通过审核工具审核摘要文件的完整性、合法性、合规性及相应的钩稽关系，产生审核结果并通知上市公司。

(5) 上市公司收到交易所的审核结果，通过客户端将摘要文件转换成媒体可以直接使用的格式(如 Word、HTML)以发布给媒体进行披露。

(6) 交易所通过转换工具将上市公司提交的摘要文件和报表文件转换成 XBRL 格式以用于交互，并可以直接将其转换成数据库格式；将上市公司提交的全文文件转换成 PDF 格式在网站上发布；将 Word 格式文件提交给证监会。

(7) 交易所将上市公司提交的全文文件提供给信息公司，由信息公司完成全文数据的结构化处理后，再将数据以数据库格式传送给交易所，交易所可将数据库格式的数据用于其他应用场合。

在生成 XBRL 标准的财务数据后，除了正常的财务报告外，基于 XBRL 格式与数据分离的特点，用户可以任意选择数据或利用同一组数据进行不同形式的显示，甚至生成图表进行对比。如可以对中国石化的不同年度的数据或同一年度中中国石化与其他公司的数据进行比较分析，这样的工作以往要花费大量的人力和物力进行录入才能进行，现在只要轻轻点击即可按投资者的要求实现，大大方便了投资者对信息的获取与分析，对比分析如图 5-11 和图 5-12 所示。

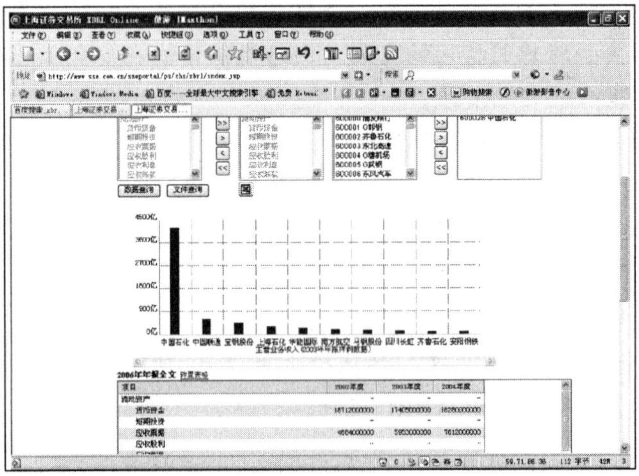

图 5-11　中国石化不同年度的资产负债表

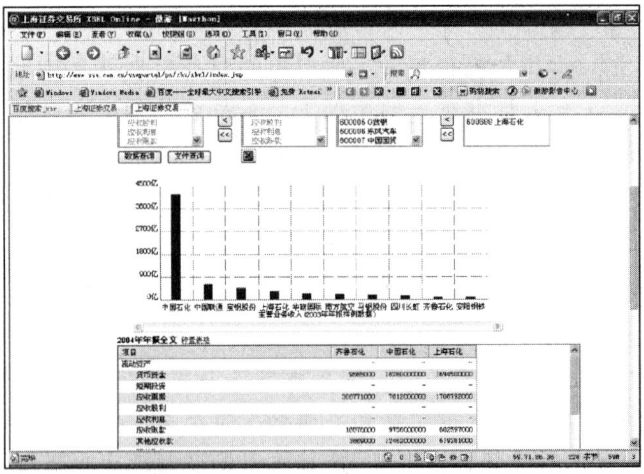

图 5-12　中国石化与齐鲁石化、上海石化 2004 年的资产负债比较

目前，中国石化的整个年报数据处理流程几乎已经完全脱离人工处理流程了，即所有的数据都可以通过计算机程序自动审核与转换，这样大大减少了出错率，提高了工作效率。另外，所有的财务信息不管是财务报表数据还是文字信息，都可以转换为同一种结构化数据并保存在同一个数据库中，这又为数据的保存和再利用提供了极大的便利。

资料来源：胡爱萍. 基于 XBRL 的网络财务报告模式研究[D]. 湖南大学硕士学位论文，2006.

第6章

网络财务信息系统的风险防范

本章导读

网络财务必须要有信息系统的支撑，才能正常高效地运转。由于信息系统的开放性，面临着网络风险、系统风险、信息风险的威胁，因此，网络财务信息系统的风险防范至关重要。

通过本章的学习，应该了解和掌握网络财务信息系统的风险识别；网络财务信息系统风险防范体系的设计；网络财务信息系统风险防范技术及网络财务信息系统风险管理制度等内容。网络财务信息系统风险防范的手段，主要依赖于两个方面：一方面是采用一些安全设备、信息技术；另一方面是制定科学合理的安全管理制度，这是本章学习的重点。

6.1 网络财务信息系统的风险识别

随着网络和信息技术的不断进步，网络经济迅猛发展，电子商务正在改变着人们的消费模式，对经济的增长产生了前所未有的影响。对于电子商务而言，传统的会计核算方式已经无法满足需要，新兴的网络财务正在不断得到完善和发展。由于工作环境、工作流程、操作方法、结算方式等方面的改变，网络财务必须要有信息系统的支撑，才能正常运转。因此，保证网络财务信息系统的安全是至关重要的，而进行风险防范的首要任务就是要识别系统面临的风险。

6.1.1 网络风险

可以说，在网络给我们的生活和工作带来方便和快捷的同时，网络风险就开始出现并一直伴随着我们了。网络风险也是网络财务面临的主要风险。网络的安全问题实际上包括两方面的内容：一是网络的系统安全；二是网络的信息安全。而保护网络的信息安全是最终目的。从广义来说，凡是涉及网络上信息的保密性、完整性、可用性、真实性和可控性的相关技术和理论都是网络安全的研究领域。从技术角度看，网络安全是一个涉及计算机技术、网络技术、通信技术、密码技术、信息安全、应用数学、数论、信息论等多种学科的边缘性综合学科。计算机犯罪大都具有瞬时性、广域性、专业性、时空分离性等特点，通常很难留下犯罪证据，这大大刺激了利用计算机进行高技术犯罪的发生。同时，网络实体还要经受诸如水灾、火灾、地震、电磁辐射等方面的考验，所以保证网络信息的安全非常必要。对于电子商务产业和为之服务的网络财务来说，首先要考虑的也是安全问题。网络风险的威胁主要来源于以下几个方面。

1. 网络实体的安全风险

对于网络财务而言，由于支撑整个业务流转的关键点在网络机房，所以机房的安全至关重要，要着重考虑诸如火灾、水灾、地震、雷击、电磁辐射等对机房的影响。另外，计算机及大量网络设备的安全也非常重要。

2. 内部操作人员的威胁

如操作员安全配置不当造成的安全漏洞，用户安全意识不强，用户口令选择不慎，用户将自己的账号随意转借他人或与他人共享等，都会给网络安全带来威胁。

3. 黑客的恶意攻击

黑客的恶意攻击是计算机网络所面临的主要的和最大的威胁。此类攻击又可以分为两种，一种是主动攻击，主要是指以各种方式有选择地破坏信息，如修改、删除、伪造、添加、重放、乱序、冒充、设置病毒等；另一种是被动攻击，是指在不影响网络正常工作的情况下，进行监听、截获、窃取、破译和业务流量分析等。这两种攻击均可对计算机网络造成极大的危害，并会导致机密数据的泄露。主要的网络攻击手段有如下几种。

(1)间谍软件。所谓间谍软件，是指在不知会计算机主人、未获得计算机主人许可的情况下，就偷偷安装在系统中的软件。根据反间谍软件生产商 Webroot Software 公司有关间谍软件的统计报告，每 10 台连到因特网的计算机中，就有 9 台受到过间谍软件的侵染；而在公司计算机中，大约有 87%感染过各种类型的间谍软件。间谍软件侵入用户计算机的方法有很多种，它可以通过电子邮件中的可执行附件，也可以通过网站上的“恶意代码”，还可以通过其他软件自身的安全漏洞，将其自身埋藏到其他软件的安装盘上，或者是隐藏到其他软件的下载程序中。间谍软件轻则使系统性能大幅降低，重则对系统造成蓄意破坏。它还可通过监控记录用户的键盘输入或者对用户文件进行检查，以偷取文件密码、金融账号信息及其他敏感数据等。

(2)分布式拒绝服务(Distributed Denial of Service，DDoS)。DDoS 攻击指借助于客户/服务器技术，将多个计算机联合起来作为攻击平台，对一个或多个目标发动 DDoS 攻击，从而成倍地提高拒绝服务攻击的威力。通常，攻击者使用一个偷窃账号将 DDoS 主控程序安装在一个计算机上，在一个设定的时间，主控程序将与大量代理程序通讯，代理程序已经被安装在网络上的许多计算机上。代理程序收到指令时就发动攻击。

(3)各种软件的漏洞和后门。任何软件都不可能完全无缺陷和漏洞，而这些缺陷和漏洞恰恰是黑客进行攻击的突破口。另外，软件所存在的后门也为黑客攻击提供了可能。

(4)网页及浏览器漏洞攻击。网页漏洞攻击试图通过 Web 服务器来破坏信息系统的安全防护，它可以完全控制系统，且可不经授权访问目录列表并建立新的账号，或者对数据进行读取、修改或者删除。

浏览器漏洞攻击试图利用用户的网页浏览器自身所带的漏洞进行攻击，尤其是在用户的网页浏览器没有打上最新补丁，或者没有进行相关安全配置时。恶意的 Java 脚本，ActiveX 及 Java 小程序可以使用户的计算机瘫痪。它还会自动下载“后门程序”或者其他恶意代码，使入侵者获得对计算机的完全访问权限。成功的攻击可以偷取用户的私密信息及其他敏感数据，并危及用户的计算机。

(5)网络欺诈。网络欺诈是指企图欺骗用户，使用户相信那些虚假的电子邮件、电话或网站，并认为它们是合法的。这些网站往往和网上银行或支付服务相关，而其意图则是让用户提交自己的私人信息，或是下载恶意程序来感染用户的计算机。在电子商务企业中，这类攻击后果尤为严重。

(6)击键记录。击键记录或者输入记录，指的都是那些对用户键盘输入(可能还有鼠标移动)进行记录的程序，它们以此来获取用户的用户名、密码、电子邮件地址，即时通信相关信息，以及其他员工的活动等。击键记录程序一般会将这些信息保存到某个文件中，然后悄悄地将这些文件转发出去，供记录者进行不法活动。最常见的击键记录方式，是利用间谍软件，或者在用户计算机上使用其他未经授权的相关软件进行记录。其他方式则包括在键盘或者计算机的 USB 端口中安装电子窃听的硬件设备等。

(7)即时通信软件漏洞。和电子邮件一样，即时通信也是病毒和间谍软件肆虐传播的一个常见途径。病毒和间谍软件主要是在用户之间传递文件时进行传播的。一旦用户打开了这些文件，即时通信软件病毒立刻就会将其自身转发给用户好友列表上的每个人，同时在系统中安装间谍软件。

4．蠕虫及病毒的传播

感染现有计算机程序的病毒，以及那些本身就是可执行文件的蠕虫，是最古老也最广为人知的计算机安全威胁。病毒一般倾向于栖身在文档、表格或者其他文件之中，然后通过电子邮件进行传播，而蠕虫通常是直接通过网络进行传播的。一旦病毒或者蠕虫感染了一台电脑，不仅会试图感染其他程序，同时还会对现有系统进行破坏。更为严重的是，病毒的传播很容易导致网络速度的降低，甚至导致网络瘫痪，其危害非常之大。

5．非授权访问

没有预先经过同意，就使用网络或计算机资源的行为被视为非授权访问，如对网络设备及资源进行非正常使用等。该行为主要包括假冒身份攻击、非法用户进入网络系统进行违法操作、合法用户以未授权方式进行操作等。

6．网络钓鱼

网络钓鱼（Phishing）是指利用欺骗性的电子邮件和伪造的 Web 站点来进行网络诈骗活动，受骗者往往会泄露自己的私人资料，如信用卡号、银行卡账户、身份证号等内容。诈骗者通常会将自己伪装成网络银行、在线零售商和信用卡公司等可信的品牌，骗取用户的私人信息。

6.1.2 系统风险

1．操作系统风险

操作系统是整个网络财务的信息系统和数据库运行的平台，其安全性至关重要。由于操作系统面向所有的用户，再加上其自身的缺陷，所以它时刻面临着来自各方面的潜在威胁，这些威胁主要包括以下几个方面。

（1）操作系统自身存在的缺陷，包括系统 BUG、后门、安全漏洞等。

（2）操作系统的稳定性。

（3）操作系统的非授权访问，包括系统内部人员的滥用职权、越权操作和系统外人员的非法访问甚至破坏等。

（4）各类针对操作系统的网络攻击。

（5）各种病毒对操作系统的破坏。

2．应用系统风险

应用系统的风险主要是指系统的开发风险、系统的运行风险和系统的维护风险。就网络财务而言，其应用系统风险可参见网络财务内部控制中的相关内容。

6.1.3 信息风险

1．数据库风险

数据库是网络财务的核心，其面临的主要风险有如下几种。

（1）针对数据库的各种恶意攻击。

(2) 数据的窃取、修改、增删等非法操作。

(3) 支撑数据库运行的硬件故障风险。

(4) 数据库自身的安全漏洞。

(5) 数据库管理上的风险。

2. 电子商务交易信息风险

全面防范电子商务的安全威胁是富有挑战性的工作，其中交易信息风险防范对于为电子商务服务的网络财务而言尤为重要。交易信息风险有如下几种。

(1) 信息的截获和窃取。

(2) 信息的篡改。

(3) 信息假冒。

(4) 交易抵赖。

6.2 网络财务信息系统风险防范体系的设计

6.2.1 设计原则

在进行计算机网络安全的设计、规划时，应遵循以下原则。

1. 需求、风险、代价平衡分析的原则

对任何一个网络来说，绝对安全难以达到，也不一定必要。因此，首先要对一个网络进行实际分析，对网络面临的威胁及可能承担的风险进行定性与定量相结合的分析，然后制定规范和措施，确定本系统的安全策略。保护成本与被保护信息的价值必须平衡，如对价值仅 1 万元的信息用 5 万元的技术和设备去保护就是一种不恰当的保护。

2. 综合性、整体性原则

应运用系统工程的观点、方法，分析网络的安全问题，并制定具体措施。一个较好的安全措施往往是适当综合多种方法后的应用结果。一个计算机网络包括个人、设备、软件、数据等环节，只有从系统综合的整体角度去看待和分析它们在网络安全中的地位和影响作用，才可能获得有效、可行的措施。

3. 一致性原则

这主要是指网络安全防范应与整个网络的工作周期(或生命周期)并存，制定的安全体系结构必须与网络的安全需求相一致。实际上，在网络建设之初就考虑网络安全对策，比等网络建设好后再考虑容易，花费也少得多。

4. 技术与管理相结合原则

网络安全建设是一个复杂的系统工程，其中涉及产品、过程和人的因素，因此它的安全总体解决方案，必须在考虑技术解决方案的同时充分考虑管理、法律、法规方面的制约和调控作用。单靠技术或单靠管理都不可能真正解决安全问题，必须坚持技术和管理相结合的原则。

5．适应性、灵活性原则

安全措施必须能随着网络性能及安全需求的变化而变化，要容易适应、容易修改。

6．多重保护原则

任何安全保护措施都不是绝对安全的，都可能被攻破。故应建立一个多重保护系统，使各层保护相互补充，则当一层保护被攻破时，其他层保护仍可保护信息的安全。

6.2.2 安全风险分析

网络系统可靠运转的前提是通信子网、计算机硬件和操作系统及各种应用软件等各方面、各层次的良好运行。它的风险来自对企业的各个关键点可能造成的威胁，这些威胁可能造成系统总体功能的失效。在这种广域网分布式计算环境中，相对于过去的局域网、主机环境、单机环境而言，安全问题变得越来越复杂和突出，因此，安全风险分析便成为了制定有效的安全管理策略和选择有作用的安全技术实施措施的基础依据。

安全保障不能完全基于思想教育或信任，而应基于“最低权限”和“相互监督”的法则，尽量减少保密信息的介入范围，尽力消除使用者为使用资源不得不信任他人或被他人信任的问题，从而建立起完整的安全控制体系和保证体系。

6.2.3 网络安全策略

网络安全策略分为安全管理策略和安全技术实施策略两个方面。

（1）安全管理策略。安全系统需要人来执行。即使是最好的、最值得信赖的系统安全措施，也不能完全由计算机系统来实施，必须建立完备的安全组织和管理制度。相关国家标准有GA/T 391、《信息系统安全等级保护测评准则（送审稿）》等。

（2）安全技术实施策略。安全技术实施策略指针对网络、操作系统、数据库、信息共享授权提出具体的措施。相关国家标准有GA/T 389、GA/T 390、GB/T 28448、GB/T 28449等。

6.2.4 系统安全管理的实现

网络财务信息系统的安全管理部门应根据管理原则和系统数据的保密性，制定相应的管理制度或采用相应规范，具体情况可参见相关国家标准，主要有以下几个方面的工作。

（1）确定该系统的安全等级。

（2）根据安全等级，确定安全管理的范围。

（3）制定相应的机房出入管理制度。对安全等级要求较高的系统，要实行分区控制，限制工作人员出入与己无关的区域。

（4）制定严格的操作规程。操作规程要遵守职责分离和多人负责的原则，相关人员各负其责，不能超越自己的管辖范围。

（5）制定完备的系统维护制度。维护时，要首先经主管部门批准，然后必须有安全管理人员在场，故障原因、维护内容和维护前后的情况要详细记录。

(6) 制定应急措施。要制定在紧急情况下，系统如何尽快恢复的应急措施，以使损失减至最小。

(7) 建立人员雇用和解聘制度，对工作调动人员和离职人员要及时调整其相应的授权。

安全系统需要由人来计划和管理。对于任何系统安全设施，都不能完全由计算机系统独立承担系统安全保障的任务。一方面，各级领导一定要高度重视并积极支持有关系统安全方面的各项措施。另一方面，对各级用户的培训也十分重要，只有当用户对网络安全性有了深入了解后，才能降低信息系统的安全风险。

总之，制定系统安全策略、安装网络安全系统只是保障网络系统安全的第一步，只有当各级组织机构均严格执行网络安全的各项规定，并认真维护各自负责的分系统的网络安全后，才能保证整个系统网络的整体安全。

6.2.5 网络安全设计程序

1. 资产评估

资产评估作为风险评估的基础，主要用于鉴别需要保护的重要资产，为后续的风险评估提供评估对象。资产评估的过程包括资产信息的收集和资产的重要性评估。一般来说，应编制资产调查表，并根据资产调查表的内容对资产状况进行汇总统计和分析。资产调查表如表 6-1 所示。

表 6-1　资产调查表

<table>
<tr><th>调查列表</th><th>属　性</th><th colspan="2">结　果</th></tr>
<tr><td rowspan="10">服务器</td><td>硬件型号</td><td colspan="2"></td></tr>
<tr><td rowspan="2">操作系统</td><td>名称</td><td></td></tr>
<tr><td>补丁</td><td></td></tr>
<tr><td rowspan="2">关键服务软件系统</td><td>名称</td><td></td></tr>
<tr><td>补丁</td><td></td></tr>
<tr><td>安全措施</td><td colspan="2">（软、硬）</td></tr>
<tr><td>数据</td><td colspan="2"></td></tr>
<tr><td>安全属性</td><td colspan="2">机密性( )　完整性( )　可用性( )
用户数量( )用户级别( )支撑程度( )影响程度( )</td></tr>
<tr><td>其他</td><td colspan="2"></td></tr>
<tr style="display:none"></tr>
<tr><td rowspan="3">网络设备</td><td>型号</td><td colspan="2"></td></tr>
<tr><td>生产商</td><td colspan="2"></td></tr>
<tr><td>安全功能</td><td colspan="2"></td></tr>
</table>

2. 风险评估

风险评估就是在评估标准的指导下，综合利用相关评估技术、评估方法、评估工具，对评估客体的威胁、影响、弱点，以及三者发生的可能性进行调查、研究，确定风险消减方案和控制优先等级。对信息系统进行风险评估，首先应确保风险分析的内容与范围覆盖信息系统的整个体系，包括系统基本情况分析、信息系统基本安全状况调查、信息系统安全组织、政策情况分析、信息系统弱点、漏洞分析等。风险评估的目的是为了识别风险大小，从而采取适当的控制目标与控制方式对其进行风险控制，以达到风险要求。人们追求的所谓安全的信息系统，实际上是指信息系统在实施了风险评估并做出风险控制后，仍然存在可以被接受的残余风险的信息系统。

风险评估应按照以下几个步骤来进行。

1）风险评估的准备

风险评估的准备是整个风险评估过程有效性的保证，主要包含确定风险评估的目标、确定风险评估的范围、组建适当的评估管理与实施团队、选择与组织相适应的具体的风险分析方法、获得最高管理者对风险评估工作的支持。

2）对系统的资产、脆弱性、面临的威胁、已采取的措施进行识别

资产是指具有价值的信息或资源，是安全策略保护的对象。信息资产的界定和赋值是整个评估工作的前提。对资产进行识别首先要对资产进行分类。资产能够以多种形式存在，如有无形的、有形的资产，有硬件、软件，有文档、代码，也有服务、形象等。在风险评估中，资产大多属于不同的信息系统，这时首先需要对信息系统及相关的资产进行恰当的分类，然后以此为基础进行下一步的风险评估。此外，还要对资产进行估价，也就是对资产机密性、完整性和可用性影响进行分析，并在此基础上得出一个综合结果。

对资产的脆弱性进行识别是风险评估中的重要内容，因为威胁总是利用资产的脆弱性进行的。脆弱性识别就是指针对每一项需要保护的资产，找出可能被威胁利用的脆弱性，并对脆弱性的严重程度进行评估，也即对脆弱性被威胁利用的可能性进行评估。脆弱性识别的数据应来自于资产的所有者、使用者，以及相关业务领域的专家和软、硬件方面的专业人员。脆弱性识别主要从技术和管理两个方面进行，技术脆弱性涉及物理层、网络层、系统层、应用层等各个层面。在技术方面，主要是通过远程和本地两种方式进行系统扫描，对网络设备和主机等进行人工抽查，以保证技术脆弱性评估的全面性和有效性。

威胁是一种对组织及其资产构成潜在破坏的可能性因素，是客观存在的。对威胁进行识别就要求对需要保护的每一项关键资产所面临的威胁进行分析。一项资产可能面临多个威胁，同一个威胁也可能对不同的资产造成影响。对威胁进行识别，还要判断威胁出现的频率，这是威胁识别的重要工作。判断威胁发生的频率主要依靠相关数据或者评估者的经验。在风险评估过程中，主要参考以下三个方面：以往安全事件报告中出现过的威胁及其频率的统计；实际环境中通过检测工具及各种日志发现的威胁及其频率的统计；近一两年来国际组织发布的对于整个社会或特定行业的威胁及其频率的统计，以及发布的威胁预警。当然，在评估威胁频率时，还要考虑资产的吸引力、威胁的技术力量、资产转化成报酬的难易程度及脆弱性被利用的难易程度等。

对安全措施的识别就是对已采取的安全措施的有效性进行确认，继续实施有效的安全措施，以避免不必要的工作和费用，防止安全措施的重复实施。对于确认为不适当的安全措施，应核实其是否应被取消，或者用更合适的安全措施替代它。安全措施可以分为预防性安全措施和保护性安全措施两种。预防性安全措施可以降低威胁利用脆弱性导致安全事件发生的可能性，如入侵检测系统；保护性安全措施可以减少因安全事件发生对信息系统造成的影响，如业务持续性计划。已有安全措施的确认与脆弱性识别存在一

定的联系。一般来说，安全措施的使用将减少脆弱性，但安全措施的确认并不需要像脆弱性识别过程那样具体到每个资产、组件，而是一类具体措施的集合。

3）风险计量

在完成了资产识别、脆弱性识别、威胁识别，以及对已有安全措施进行确认后，应采用适当的方法与工具确定威胁利用脆弱性导致安全事件发生的可能性，并根据其所作用的资产的重要性及脆弱性的严重程度判断安全事件造成的损失对组织的影响，即安全风险。

4）风险处理

确定风险数值的大小不是风险评估的最终目的，最终目的是明确不同威胁对资产产生的风险的相对值，即确定不同风险的优先次序或等级并采取相应的风险处理措施。对于风险高的资产，应给其优先分配资源并进行保护；对于不可接受的风险，应选择适当的处理方式及控制措施，并形成风险处理计划。风险处理的方式有：回避风险、降低风险（降低发生的可能性或减轻不良后果）、转移风险、接受风险。控制措施的选择应兼顾管理与技术，并考虑组织的发展战略、企业文化、人员素质，尤其应关注成本与风险的平衡。

3．制定网络安全解决方案

1）划分安全域

划分安全域指的是为保护不同安全需求的信息与信息载体，将系统中具有相同安全需求的可信或不可信部分划分成不同的安全区域，各安全区域之间通过可信方式建立安全连接。对于一个大型网络系统，要保证其网络安全，就需要在其内部采用网络纵深防御技术，并根据需要划分出多个安全等级不同的区域。合理划分安全域对网络安全建设具有重要意义。首先，纵深防御依赖于安全区域的清楚定义，以及清晰的区域边界和明确的边界安全策略；其次，可加强安全区域策略控制力，控制攻击的扩散，增加应对安全突发事件的缓冲处理时间；最后，可依据安全策略明确要部署的安全设备，使之充分运行、发挥作用。安全域划分遵循的原则为：一体化设计、多重保护、边界清晰、策略完整、安全域数量与管理复杂性均衡、风险代价平衡、适应性与灵活性。

2）搭建安全体系层次模型

整个信息系统的安全建设是多维度的，需要各方面的协同配合，只有这样才能确保有效的和适度的系统安全。其中，网络安全只是安全体系建设中比较重要的一个维度，但并不是全部，其他安全维度对整个信息系统的安全也有较大的影响。因此，在制定安全实施方案时，明确系统的安全体系层次是非常重要的。一般来说，应该从图 6-1 所示的层次考虑整个信息系统的安全。

3）制定具体的安全实施方案

在进行资产识别、风险评估的基础上，可以针对不同安全域，制定具体的安全实施方案。如像信息系统安全层次模型所描述的那样，安全方案应该包括两大部分，一是各种安全设备和风险防御信息技术，二是全面的安全管理制度，这两部分是不可或缺的。一般来说，安全实施方案应该包括以下主要内容。

（1）基础安全服务设施。网络安全必须构筑在一个坚实的安全服务设施基础之上，基础安全服务设施的作用就是为信息系统建立一个可相互信任的网络环境，为其他安全技术的实施提供正确决策的基础。这其中必须解决的信任问题包括：可信的身份，即你是谁；网络信任域，即你来自哪里；可信的数据，即数据是否完整、机密；可信的时间服务。

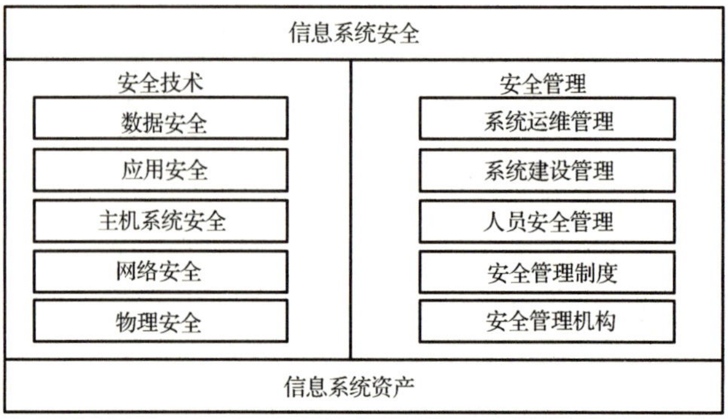

图 6-1　信息系统的安全体系层次模型

(2)安全管理保障体系。在网络安全体系中，管理占有相当大的比重，任何完善的安全技术如果没有完善的管理制度做保障都无安全可言，所以建立定期的安全检测、口令管理、人员管理、策略管理、备份管理、日志管理等一系列管理方法和制度是非常必要的。

(3)安全技术支撑平台。解决了网络中的信任问题后，可以在一个可信任的环境下利用现有的安全产品和技术无偏差地实施既定的安全策略，包括访问控制、通信加密、防病毒、日志与审计、漏洞扫描、入侵检测、物理安全等。这些策略的执行为整个网络构筑起了一个真实的安全环境——可用于抵御网络攻击，防止信息泄露，预防信息破坏，控制用户访问范围和权限。安全技术支撑平台就是指利用各类安全产品和技术建立的这样一个执行安全策略的环境。

(4)响应与恢复机制。由于信息系统中最重要的是数据，故必须建立一套响应与恢复机制，以确保出现自然灾害、系统崩溃、网络攻击或硬件故障情况时数据能得以恢复。响应与恢复系统应该具备以下功能。

① 支持大容量存储。

② 支持异地备份与恢复。

③ 跨平台的备份能力。

④ 支持多种存储介质和备份模式。

⑤ 支持自动恢复机制。

6.3　网络财务信息系统风险防范技术

6.3.1　网络风险防范技术

1. 防火墙

1)什么是防火墙

防火墙是强制执行网络间存取控制规则的一个或一组设备，它或它们会在两个或两个以上的网络设备之间隔出一条界线来。防火墙是一个双向的安全管理机制，既能防止外来攻击，也能限制内部主机对外的通信。不论是外部或内部的数据包，在经过防火墙设备时都必须通过防火墙所设定的安全规则的审查。

2）防火墙的类型

目前常见的防火墙类型如下。

(1) 静态包过滤型防火墙。它主要作用于 IP 网络层。这类防火墙几乎是与路由器同时产生的。它会根据定义好的过滤规则审查每个数据包，以便确定其是否与某一条包过滤规则匹配。过滤规则是基于数据包的报头信息制定的。

(2) 动态包过滤型防火墙。此类型防火墙可监视当前网络连接状态，且可根据连接信息（如 IP 地址，Port 等）决定该数据包是否可以通过防火墙。

(3) 应用网关型防火墙。这类防火墙是通过一种代理技术参与到一个 TCP 连接的全过程中的。从内部发出的数据包经过这样的防火墙处理后，就好像是来自防火墙外部网卡一样，从而可以达到隐藏内部网结构的作用。它的核心技术是代理服务器技术。

(4) 自适应代理型防火墙。它可以结合代理类型防火墙的安全性和包过滤防火墙的高速度等优点，在毫不损失安全性的基础之上将代理型防火墙的性能提高 10 倍以上。

3）防火墙的主要功能和参数

一般来说，一台防火墙设备应该具备如表 6-2 所示的主要功能和参数。

2. Web 应用安全网关

Web 应用安全网关（WAF）是 Web 安全防护与应用交付类应用安全产品，用于防御以 Web 应用程序漏洞为目标的攻击，并针对 Web 服务器进行 HTTP/HTTPS 流量分析，针对 Web 应用访问各方面进行优化，以提高 Web 或网络协议应用的可用性、性能和安全性，确保 Web 业务应用安全、快速、可靠地交付。其主要功能特点如表 6-3 所示。

表 6-2 防火墙设备的主要功能和参数

指　标	说　明
安全功能	代理功能：支持 HTTP，FTP，SMTP，POP3，NNTP 等协议的透明应用代理
	地址转换：支持静态和动态 NAT，支持双向网络地址转换（SNAT、DNAT）
	DHCP：支持 DHCP 协议，Server/Client/Relay 方式
	路由功能：支持静态和动态路由，支持链路分流
	混合模式：支持路由模式、透明（桥接）模式同时工作
	带宽管理：支持多层次分布式带宽管理（QOS）
	负载均衡：支持服务器负载均衡，并能对服务器群进行探测
	地址绑定：支持 IP 地址与 MAC 地址绑定，支持基于源 MAC 地址的过滤
	支持 APT 云防御：支持 DMZ 区域的划分
	抗 DDOS 攻击：支持主流 7 种抗 DDOS 策略
	VPN 功能：支持 IPSEC 和 IKE 标准，支持国家批准的算法，支持和 SCM、VPN 网关、远程客户端等组成完整的 VPN 解决方案
	支持 IPv6：支持 IPv4、IPv6 双栈运行、静态 IPv6 路由、手工隧道、6to4 隧道和 ISATAP 隧道
	内容过滤：能够实现 URL，ActiveX，Java，Java Script，关键字等过滤，支持 DPI 规则，能进行深层次的应用层过滤
	联动防御：支持与第三方主流厂商的入侵检测的联动

续表

指　标	说　明
管理功能	支持 CGI、WEB 等多种方式的管理
	支持本地、远程和 SNMP 集中式的管理和监控
	支持邮件、声音等多种方式的报警机制
	提供 trap 和 polling 管理方式，提供设备管理面板
日志分析	支持日志的自动导出和统计分析，日志记录丰富，多种报表格式
	支持 Syslog、Web trends 等多种格式的日志
高可用性	支持私有协议 HA 和 VRRP，实现双机热备和冗余，支持链路级备份
高扩展性	支持功能槽扩展，支持热插拔端口扩展

表 6-3　WAF 的功能及参数要求

指　标	说　明
WEB 应用防护	能够精确识别并防护常见的 Web 攻击：基于 HTTP/HTTPS/FTP 协议的攻击，CGI 扫描、漏洞扫描等扫描攻击，SQL 注入攻击、XSS 攻击等 Web 攻击，应用层 Dos 防护
	精确识别并防护常见的 Web 非授权访问攻击，常见的 Web 恶意代码攻击
WEB 应用合规	基于 URL 的访问控制
	HTTP 协议合规
	敏感信息泄露防护，Web 表单关键字过滤
	文件上传下载控制
WEB 应用交付	网页防篡改，Web 应用加速
	基于 URL 的流量控制，多服务器负载均衡
管理与分析	提供完善的集中管理功能，能够实时监控 Web 流量的连接状况和流量信息，具备分析和报表功能

3．病毒防范

病毒防范(防病毒网关和网络杀毒软件)在系统安全中具有非常重要的地位，防病毒系统的功能及参数要求如表 6-4 所示。

表 6-4　防病毒系统的功能及参数要求

指　标	说　明
统一管理	防病毒系统由客户端、服务器端及控制中心组成，并能通过控制中心对各客户端、服务器端进行统一的管理，实现防病毒策略的统一制定，以及软件和补丁的分发
病毒库的实时升级	针对内网不允许连接因特网的客户端和服务器端，能够通过防病毒服务器实现实时的升级
多接口旁路部署	支持多接口旁路检测的部署方式，可并行检测并记录多个网段内的病毒传输行为
实时监控	能够对通过如电子邮件、因特网、可移动磁盘等途径传播的病毒进行实时监控，并具有多种方式(消息提示、邮件等)的报警功能
未知病毒的检测	具有对未知病毒的检测能力
IPv6 病毒防御	支持 FTP/HTTP/SMTP/POP3 等应用协议的 IPV6 病毒检测与过滤，同时支持上述应用协议的 IPV6 病毒统计排名

4．入侵检测

入侵检测(IDS)技术是继“防火墙”、“数据加密”等传统安全保护措施后的新一代安全保障技术。它可以对计算机和网络资源上的任何恶意使用行为进行识别和响应。它不仅可以用来检测来自外部的入侵行为，同时也可以监督内部用户的未授权活动。入侵检测技术可以从各种各样的系统和网络资源中采集信息（系统运行状态、网络流经的信息等），并对这些信息进行分析和判断，及时发现入侵和异常的信号，为做出响应赢得宝贵时间，必要时还可直接对攻击行为做出响应，将攻击行为带来的破坏和影响降至最低。其主要技术有数据收集技术、攻击检测技术、响应技术。入侵检测设备一般具有如表 6-5 所示的功能。

表 6-5　入侵检测设备的功能

<table>
<tr><th colspan="2">功　能</th><th>描　述</th></tr>
<tr><td colspan="2">攻击防护功能</td><td>能对当前主流的拒绝服务（DOS/DDOS）、蠕虫（worm）、后门（Backdoor）、木马（Trojan）、间谍软件（Spyware）、Web 攻击（Web Attack）及自定义攻击拒绝服务进行检测和阻断</td></tr>
<tr><td colspan="2">带宽流量控制功能（QOS）</td><td>能够控制网络中流量的带宽大小</td></tr>
<tr><td colspan="2" rowspan="2">应用监控跟踪控制</td><td>能够控制 P2P、IM 游戏等应用，并进行跟踪和控制</td></tr>
<tr><td>能对设备的异常流量进行分析、阻断</td></tr>
<tr><td rowspan="3">增强安全性</td><td rowspan="2">流量实时监测功能</td><td>能够显示实时流量信息、流量大小、字节大小等信息</td></tr>
<tr><td>能够区分 Out 和 In 的流量</td></tr>
<tr><td>系统资源监视功能</td><td>能够实时监控设备的 CPU、内存、硬盘的使用情况</td></tr>
<tr><td colspan="2">系统更新功能</td><td>可以对 Signature 和系统进行自动和手动升级</td></tr>
<tr><td colspan="2" rowspan="5">报表功能</td><td>支持按照时间、攻击类型、IP 地址等多种方式提供几十种统计报表</td></tr>
<tr><td>支持自定义组合报表功能</td></tr>
<tr><td>支持 Top10 攻击者、被攻击者统计报表</td></tr>
<tr><td>支持选定时间内网络使用、网络攻击等情况的统计报表</td></tr>
<tr><td>支持报表输出，输出格式可以为 PDF，DOC，HTML，TXT，CVS 格式</td></tr>
<tr><td rowspan="2">高可用性</td><td>HA</td><td>支持冗余部署——可工作在 Active/Active、Active/Passive 模式</td></tr>
<tr><td>ByPass</td><td>提供专业的芯片级 ByPass 功能，保证网络通畅</td></tr>
<tr><td>网络工具</td><td>原始包分析</td><td>能对原始包文进行捕获、分析、存储</td></tr>
<tr><td rowspan="3">数据安全</td><td>网络定位</td><td>支持各种网络定位工具，如 nslookup，traceroute，ping 等</td></tr>
<tr><td>数据备份</td><td>能够根据用户需要来备份设备中的相关数据</td></tr>
<tr><td>日志</td><td>可以指定日志服务器</td></tr>
<tr><td rowspan="8">响应方式</td><td rowspan="2">允许（Permit）</td><td>放行策略中允许通过的数据</td></tr>
<tr><td>允许异常流量阀值范围内的数据通过</td></tr>
<tr><td rowspan="2">阻断（Block）</td><td>阻断策略中禁止通过的数据</td></tr>
<tr><td>阻断异常流量阀值范围外的数据</td></tr>
<tr><td>报警（Alert）</td><td>检测到匹配数据后，进行报警</td></tr>
<tr><td>限制流量（Rate Limit）</td><td>限制超出规则设定范围的数据</td></tr>
<tr><td rowspan="2">日志（Log）</td><td>记录被检测到攻击的相关数据</td></tr>
<tr><td>记录系统中相关的操作（登录、修改等）</td></tr>
</table>

5．入侵防御

入侵防御（Intrusion Prevention System，IPS）是一部能够监视网络或网络设备的网络资料传输行为的计算机网络安全设备，能够即时的中断、调整或隔离一些不正常或是具有伤害性的网络资料传输行为，是对防病毒软件和防火墙的有效补充。一般来说，入侵防御应具备如下几大方面的功能（见表 6-6）。

（1）应用程序防护：提供扩展至用户端、服务器、及第二至第七层的网络型攻击防护，如：病毒、蠕虫与木马程序。

(2) 网络架构防护 ：保护路由器、交换器、 DNS 服务器以及防火墙等有可能被攻击的网络设备，预防 DDoS 及其他溢出式流量攻击所造成的网络断线或阻塞。

(3) 性能保护 ：用来保护网络带宽及主机性能，免于被非法的应用程序占用正常的网络性能。

表 6-6 入侵防御的功能及参数要求

指　标	说　明
入侵防护	全面防御 SYN flood、ICMP flood、UDP flood、DNS Flood，DHCP flood、Winnuke、TcpScan 以及 CC 等多达几十种 DoS/DDoS 攻击行为
软件控制	能够识别包括传统协议、P2P 下载、股票交易、即时通信、流媒体、网络游戏、网络视频等在内各种网络应用
过滤功能	通过管理策略有效进行邮件过滤和 Web 过滤
病毒防护	能够对通过如电子邮件、因特网、可移动磁盘等途径传播的病毒进行实时监控，并具有多种方式（消息提示、邮件等）的报警功能
集中管理	具有对未知病毒的检测能力

6.3.2 系统风险防范技术

1．数字认证系统

对于系统风险防范来说，最关键之处在于访问控制和授权管理。建设数字认证系统，可以在很大程度上解决系统风险防范的问题。

数字认证系统是实现信息系统身份认证（强身份认证）的基础平台，通过为信息系统用户制发数字身份证书，可为信息系统提供身份认证服务。

为签发证书，并达到国家对数字身份证书的安全管理要求，可将数字认证系统的认证模块分成密钥管理子系统、签发子系统、注册子系统、发布子系统。

(1) 密钥管理子系统（KMC）：负责用户加密密钥的生成、存储、分发等，接受签发子系统提取密钥的请求，以及提供其他系统内的管理功能。

(2) 签发子系统（CA）：是系统的核心部分，负责对其他子系统提出的请求给出应答，从密钥管理子系统提取密钥，签发证书及 CRL，管理中央数据库和管理系统内用户等。

(3) 注册子系统（RA）：即证书业务处理子系统，负责接受用户申请信息的录入、审核，提交给签发子系统进行签发，并将 CA 签发的证书制作完成后发给申请的用户。

(4) 发布子系统（DA）：即证书发布模块，为证书使用者提供在线的证书、CRL（证书注销列表）的查询、下载服务。

数字认证系统的建设，只有和应用系统的开发及网络财务的内部控制结合起来才有意义，才能真正发挥作用。数字认证系统将系统的身份认证由“用户名+口令”改为了“用户名+口令+数字证书”，并结合网络财务的内部控制进行了权限的设置和认证体系的设置，从而能很好地起到防范系统风险的作用。

2．漏洞扫描技术

漏洞扫描技术是检测远程或本地系统安全脆弱性的一种安全技术，它通过与目标主机 TCP/IP 端口建立连接并请求某些服务(如 TELNET/FTP 等)，记录目标主机的应答，收集目标主机的相关信息(如匿名用户是否可以登录等)，从而发现目标主机某些内在的安全弱点。漏洞扫描技术的重要性在于将极为烦琐的安全检测交给程序来自动完成，这样不仅可以减少管理者的工作，而且缩短了检测时间，使问题发现得更快。当然，也可以认为扫描技术是一种网络安全性评估技术。一般而言，扫描技术可以快速深入地对网络或目标主机进行评估。具体来说，漏洞扫描是对系统脆弱性的分析评估，能够检查、分析网络范围内的设备、网络服务操作系统、数据库系统等的安全性，从而为提高网络安全的等级提供决策支持。系统管理员利用漏洞扫描技术对局域网络、Web 站点、主机操作系统、系统服务及防火墙系统的安全漏洞进行扫描，可以了解在运行的网络系统中存在的不安全的网络服务，以及在操作系统上存在的可能导致黑客攻击的安全漏洞，还可以检测主机系统中是否被安装了窃听程序，防火墙系统是否存在安全漏洞和配置错误等。网络管理员可以利用安全扫描软件及时发现网络漏洞并在网络攻击者扫描和利用之前予以修补，从而提高网络的安全性。漏洞扫描的主要功能如表 6-7 所示。

表 6-7 漏洞扫描的功能及参数要求

指 标	说 明
全面	覆盖当前当前网络环境中重要的、流行的系统和数据库漏洞，支持多种系统、设备和数据库
	支持安全配置核查功能，能够对主流操作系统、数据库、中间件、网络设备、安全设备、虚拟化系统等进行安全配置项目进行检查，能够综合系统安全漏洞和配置隐患检查结果分析系统安全风险
准确	对象信息的准确识别
	域管理模式下的准确扫描
快速	强有力的扫描效率保证
	漏洞库的快速持续更新

6.3.3 信息风险防范技术

在信息风险防范中，数据库的风险防范和数据的备份和恢复是关键所在。为了保证数据库中数据的安全性和可靠性，网络数据库系统必须提供统一的数据保护功能，设法防止网络数据库系统遭到各种破坏，同时还要考虑当不可避免遭到破坏时应如何尽快地恢复。根据网络数据库系统的特点，可以采用 Web 的访问控制、用户身份认证、授权控制、监视跟踪、数据存储、安全审计、备份与恢复、数据加密、反病毒等安全管理技术来构筑网络数据库系统的安全体系。其中，数据加密、安全审计、数据备份和恢复是最主要的三种信息风险防范技术。

1. 数据加密技术

数据加密技术是保证网络数据库安全的最有效技术之一。一个加密的网络数据库，不但可以防止非授权用户的搭线窃听和入网，而且也是对付恶意软件的有效方法之一。数据库加密的目的是保护网络数据库系统内的数据、文件、口令和控制信息，以及网上传输的数据，防止数据的非授权泄露。从分析的角度看，加密会把声音变成噪声，把图像变成雪花，把计算机数据变成一堆无规律的、杂乱无章的字符。攻击者即使得到经过加密的信息即密文，也无法辨认原文。因此，加密可以有效地对抗截收，非法访问数据库窃取信息等威胁。

现代密码学的一个基本原则是：一切秘密存在于密钥之中。在设计加密系统时，总是假设密码与算法是公开的，真正需要保密的是密钥。因此，在分发密钥时，必须采用安全方式。衡量一个加密技术的可靠性，主要取决于解密过程的数学问题难度，而不是对加密算法的保密。可靠的加密系统应不怕公开其加密算法。另外，可靠性还与密钥长度有关。

数据库系统的数据加密过程是：将明文加密成密文，在数据库中存储密文，查询时再将密文取出进行解密，然后便可得到明文信息。对数据库的加密过程是通过形形色色的信息加密算法来实现的，它以很小的代价提供了很大的安全保护。

传统的加密以报文为单位，加密、解密都是从头至尾顺序进行的。数据库数据的使用方法决定了它不可能以整个数据库文件为单位进行加密。当符合检索条件的记录被检索出来后，就必须对该记录迅速解密。然而该记录是数据库文件中随机的一段，故无法从中间开始解密，除非从头到尾进行一次解密，然后再去查找相应的这个记录，这显然是不合适的。因此，必须解决随机地从数据库文件中某一段数据开始解密的问题。

在电子商务安全技术中，目前使用的网络数据库的加密算法有 RSA、DES、IDEA、MDS、椭圆曲线加密算法等。其中，DES 为对称密钥加密算法的代表，RSA 为公开密钥加密算法的代表。电子商务中应用的数字证书、数字签名、信息完整性校验、数字信封、身份认证、控制访问权限等技术，主要基于上述算法。

2. 安全审计系统

在网络财务中，内部控制的一大难题就是如何防止数据的无痕迹修改或者删除，当然还包括一系列对数据库的操作，这些仅仅依靠系统日志的记录是远远不够的。数据库审计系统可以在一定程度上解决这一难题。它对特定的连接数据包(数据库远程连接)进行分析，从数据库访问操作入手，对抓到的数据包进行语法分析，从而可审计对数据库中的哪些数据进行了操作。它同时还对特定的数据操作制定了规则，并可根据规则产生报警事件。

一般来说，数据库审计系统应满足如下要求。

(1)实时审计并处理，具有更快的响应速度。

(2)采用旁路侦听技术，不消耗数据库服务器的任何资源(如 CPU 处理时间、I/O、磁盘占用等)，不占用数据库服务器的网络带宽，不影响被保护数据库的性能。

(3)使用简单,不需要对被保护数据库进行任何设置,不改变原有网络的架构和配置。

(4)与原有的业务网络隔离，可有效地保护审计数据的安全。

(5)采用分布式监控与集中式管理的结构，易于扩展。

(6)在传输过程中采用 SSL 加密和身份认证机制，可有效防止审计信息被窃、被篡改及身份假冒。

(7)模拟操作系统 TCP 流重组和会话跟踪机制，无须操作系统和数据库结合就能获得用户及其行为组合的审计。

数据库审计系统是安全审计系统的一部分，一个完整的安全审计系统还应该包括网络审计和主机审计。安全审计设备的主要功能和参数如表 6-8 所示。

表 6-8 安全审计设备的主要功能和参数

指　　标	说　　明
数据库审计	能够截取特定的连接数据包（数据库远程连接）
	能够对捕获的数据包进行语法分析
	能够对数据库中的数据进行操作审计，可以知道对数据库中的某个表、某个字段进行了什么操作
	可以对特定的数据操作制定规则，能够产生报警事件
	支持 Sybase、DB2、SQLServer、Oracle、MYSQL、, Informix、PostgreSQL、达梦、南大通用 Gbase、人大金仓等多种主流数据库监控与审计
网络审计	网络行为审计与还原：广泛支持 HTTP、邮件、WEB MAIL、FTP、MSN、QQ、P2P 等 200 多种丰富的应用协议审计；支持 HTTP、邮件、文件传输等内容还原
	报警响应丰富：支持邮件报警、短信报警，可与防火墙、安全管理平台、数据库审计等联动
	网络入侵审计：对网络中传输的数据包进行抓包协议分析，并记录网络数据包前后状态，与相应的审计规则库进行模式匹配；发现有入侵特征的数据包，并分析入侵的可能或企图，记录入侵事件
	流量监控与统计：重要 IP 流量监视，历史流量监视；对抓取的数据包根据某一类（如 IP 地址、MAC 地址、URL 等）进行归类统计，得到各种流量统计表；对特定地址的流量速度进行限制，超过规定值时即产生报警事件
	MAC 地址绑定：制定 MAC 地址与 IP 地址的相应规则， 反映被修改的 MAC 和 IP 地址，并产生相应日志；若发现某个 MAC 与 IP 绑定被修改，不符合相应规则，则产生实时报警事件
主机审计	系统信息审计：对系统的配置信息和运行情况进行审计，包括主机机器名、网络配置、用户登录、进程情况、CPU 和内存使用情况、硬盘容量等
	网络审计：监控主机网络实时信息、设置网络规则和查询网络日志信息；记录和监控主机的网络连接情况，制定网络连接规则，允许或禁止指定的网络连接，对数据包内容进行过滤，对非法的连接产生报警事件
	拨号审计：通过设置拨号规则进行拨号控制管理，对实时拨号信息进行监控，对日志信息进行查询；对 MODEM 进行监控，任何方式的拨号都将禁止
	文件审计：对客户端文件的实时操作进行审计。可以查看历史操作记录；可以通过设置审计模块，审计不同类型文件、操作对象的操作类型等
	日志审计：可以查询主机的应用日志、系统日志、安全日志和开关机日志等信息
	进程审计：提供非法进程报警和报警信息查询功能，可以查询到主机的实时进程情况
	打印审计：对所有连接到审计中心的打印信息进行审计
	主机 IP 审计：实现对被审计主机 IP 地址的修改进行记录和禁止。同时可以查询到在指定时间段内的被审计主机 IP 地址的修改信息
	盘符审计：实现对被审计主机中盘符信息的审计。可以通过规则设置限制被审计主机对软驱、光驱、USB、并口、串口的访问

3．数据备份和恢复

在传统会计中，所有的会计数据都保存为了纸质资料，查询分析都需要人工进行。在网络财务中，虽然还会有纸质会计资料，但其作用仅仅是作为档案进行保存。真正有意义、有作用的数据是电子数据，因此电子数据的备份和恢复就显得非常重要了。

数据备份和恢复一般包括两个方面：一是保证系统日常运行的双机热备；二是数据的事后备份和恢复。

1）双机热备

从广义上讲，双机热备(双机容错)是指对于重要的服务使用两台服务器，互相备份，共同执行同一服务。当一台服务器出现故障时，可以由另一台服务器承担服务任务，从而在不需要人工干预的情况下，自动保证系统持续提供服务。双机热备利用备用的服务器解决了在主服务器出现故障时如何使服务不中断的问题。但在实际应用中，可能会出现多台服务器的情况，即服务器集群。一般情况下，双机热备需要有共享的存储设备，但在某些情况下也可以使用两台独立的服务器。实现双机热备，需要使用专业的集群软件或双机软件。

从狭义上讲，双机热备特指基于 active/standby 方式的服务器热备。服务器数据(包括数据库数据)同时往两台或多台服务器写入，或者使用一个共享的存储设备。在同一时间内只有一台服务器运行，当运行着的一台服务器出现故障无法启动时，另一台备份服务器会通过双机软件的检测(一般是指心跳诊断)将 standby 机器激活，保证服务器在短时间内完全恢复正常使用。

在网络财务中所用到的双机热备大多是狭义的双机热备。下面介绍最简单的双机热备实现方式，目的是让大家对数据备份有一个基本的了解。

首先，需要有两台数据库服务器，一个存储设备，一套双机热备软件。

当系统工作正常时，由“主数据库服务器”响应外界对数据库的访问，即承担所有工作负载，并管理数据库磁盘阵列柜中存储的数据库数据。而“从数据库服务器”处于休眠状态，不承担对数据库的访问负载，但它会通过心跳线实时监控主数据库服务器的工作状态。正常工作状态如图 6-2 所示。

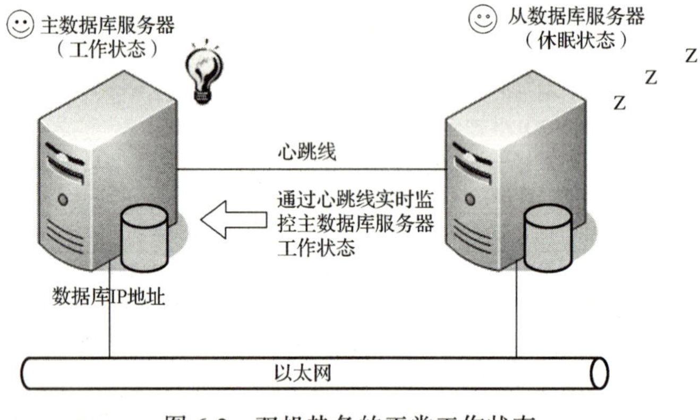

图 6-2　双机热备的正常工作状态

当主数据库服务器发生意外情况宕机时，从数据库服务器可以通过手动或自动的方式立刻启动数据库，响应所有对数据库的访问流量，承担所有工作负载，并接管数据库磁盘阵列柜中的数据，以保证数据库服务不因主数据库服务器的宕机而受影响，从而保证服务的高可用性。意外工作状态如图 6-3 所示。

2）数据的备份

为保证数据安全，一般采取同城备份和异地备份模式，简介如下。

同城备份：是指将生产中心的数据备份在本地的容灾备份机房中，它的特点是速度相对较快。由于是在本地，因此建议同时做接管。但是它的缺点是一旦发生大灾大难，将无法保证本地容灾备份机房中的数据和系统仍可用。

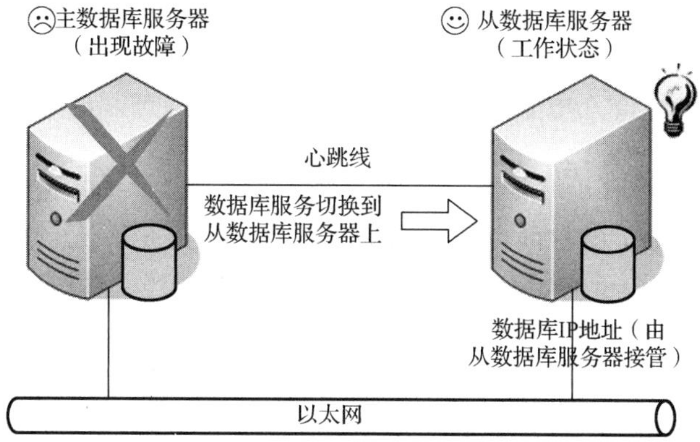

图 6-3 双机热备的意外工作状态

异地备份：通过互联网 TCP/IP 协议，将生产中心的数据备份到异地。备份时要注意“一个三”和“三个不”原则，即：必须备份到 300 公里以外，并且不能在同一地震带，不能在同地电网，不能在同一江河流域。这样即使发生大灾大难，也可以在异地进行数据回退。当然，异地备份，如果想做接管需要专线连接，一般需要在同一网段内才能实现业务的接管。

当然，最好是能够建立起“两地三中心”的模式，既做同城备份也做异地备份，这样数据的安全性会高得多。

3）备份和恢复系统的建设

对于容灾备份系统的建设，主要有三种建设模式。

独立自建：目前在我国，独立自建的模式主要集中于银行、海关、税务等灾备建设需求迫切、拥有强大经济实力、有较好技术支撑的行业。这些行业的独立自建是符合它的行业现状的，它们的灾备建设对国家经济的健康发展有着重要意义，因此对于这些行业的独立建设模式国家是支持的。

联合共建：主要包括平行或者垂直的共同建设，所谓的平行可以是一个行业的容灾备份，比如医卫行业、教育行业，联合起来建设行业内的容灾中心。垂直主要以城市为单位，相关部门牵头对本市乃至本省内的数据进行垂直集中保护。

社会化服务：社会化服务就是将行业或企业的灾难备份业务交由第三方，由专业的灾备服务提供商提供支持和服务。由于灾备服务提供商服务于广泛的客户群，因此拥有更为广泛专业的技能。此外，用户还可以利用服务商的规模经济降低成本并实现资源共享。因此，相比于自建与共建，社会化服务模式具有专业化程度高、成本投入低、资源共享、高服务质量的鲜明优势。

6.4 网络财务信息系统安全管理

在网络财务风险防范中，硬件设备和信息技术是非常重要的，但是再先进的设备和技术都需要人去操作和掌控。因此，要真正发挥好这些安全设备和防范技术的作用，建立起一整套完善的风险管理制度是非常关键的，否则所有的风险防范方案都只是摆设。既要制度完善，又要能有效地实施，我们需要做三方面的工作：第一，依据安全管理模型，设计管理制度架构；第二，选择管理系统，协助制度的具体执行；第三，根据制度架构和管理系统功能特点，按照国家相关规范制定具体管理制度。

1．安全管理模型

对于网络财务来说，在管理方案的制定上一般采用的是以安全管理为中心的MPDR模型。MPDR(Management Protection Detection Response)模型就是体现主动防御思想的安全模型。它以管理为核心平台。通过这个核心平台，各个安全特性，即防护(Protection)、检测(Detection)、响应(Response)并不是简单地以流程或者平面的方式组合在一起，而是互相影响、互相促进的。MPDR模型如图6-4所示。

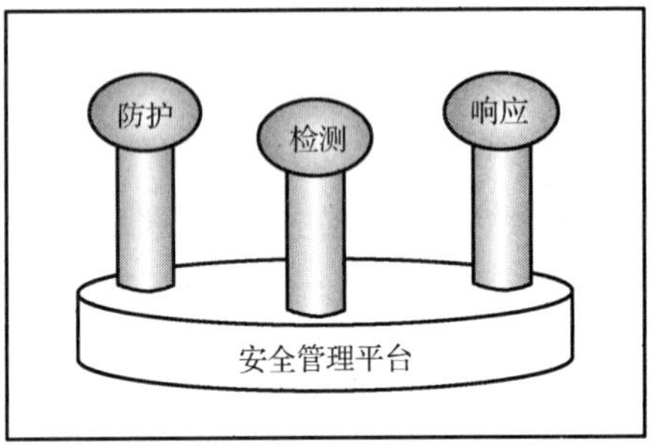

图6-4　MPDR模型

下面对MPDR模型各部分的功能和作用进行详细说明。

(1)安全管理(M)，指以统一的管理安全策略为基础，控制和协调网络中部署的防护、检测、响应模块，防范和处理安全事件，审计和分析安全日志，制定和实施安全管理规章，完整地实现网络安全目标。

(2)防护(P)，指采用一切可能采取的手段保障信息的保密性、完整性、可用性、可控性和不可否认性。技术手段包括网络安全、操作系统安全、数据库系统安全访问控制、口令等保密性和完整性技术。

(3)检测(D)，指利用高级技术提供的工具检查系统可能存在的由黑客攻击、白领犯罪、病毒泛滥等造成的脆弱性。技术手段包括病毒检测、漏洞扫描、入侵检测、用户身份鉴别等。

(4)响应(R)，指对危及安全的事件、行为、过程及时做出响应处理，杜绝危害的进一步蔓延扩大，力求使系统提供正常服务。技术手段包括监视、关闭、切换、跟踪、报警、修改配置、联动、阻断等。

2．等保管理平台

信息安全等级保护制度是国家在国民经济和社会信息化的发展过程中，提高信息安全保障能力和水平，维护国家安全、社会稳定和公共利益，保障和促进信息化建设健康发展的一项基本制度，是对信息和信息载体按照重要性等级分级别进行保护的一种工作。

信息安全等级保护工作包括定级、备案、安全建设和整改、信息安全等级测评、信息安全检查五个阶段，其实施的基本原则如下。

(1) 自主保护原则：信息系统运营、使用单位及其主管部门按照国家相关法规和标准，自主确定信息系统的安全保护等级，自行组织实施安全保护。

(2) 重点保护原则:根据信息系统的重要程度、业务特点，通过划分不同安全保护等级的信息系统，实现不同强度的安全保护，集中资源优先保护涉及核心业务或关键信息资产的信息系统。

(3) 同步建设原则：信息系统在新建、改建、扩建时应当同步规划和设计安全方案，投入一定比例的资金建设信息安全设施，保障信息安全与信息化建设相适应。

(4) 动态调整原则：要跟踪信息系统的变化情况，调整安全保护措施。由于信息系统的应用类型、范围等条件的变化及其他原因，安全保护等级需要变更的，应当根据等级保护的管理规范和技术标准的要求，重新确定信息系统的安全保护等级，根据信息系统安全保护等级的调整情况，重新实施安全保护。

等保管理平台可以对等级保护整体实施过程进行指导与监控，更好地保障等级保护工作实施效果，提高等级保护工作完成质量。其基本功能及要求如表6-9所示。

表6-9 等保管理平台的功能及参数要求

功　能	描　述
基础信息管理	系统基本信息、主管单位记录与管理；系统资产信息管理；标准、政策文件库，上级通知文件，本单位相关制度等资料管理；提供信息系统安全等级保护相关的政策法规、国家标准
信息系统的定级与备案	自动依照《信息系统安全等级保护定级指南》自动生成《定级报告》，确定安全等级和保护基线；自动生成和汇总各个信息系统的定级、备案信息
系统测评	根据信息系统的安全等级和保护基线，制定差距评估方案；根据评估方案中的人员分工，相关责任人员登录到系统内，实现逐项的在线评估
建设整改	归并各个信息系统历次评估后的不符合项和部分符合项，形成一套总体的信息安全需求；系统提供对整改任务总体规划的查询和展现，从时间安排、任务所属安全域和任务类型等几个角度来统计汇总整改实施过程中的相关任务
整改实施	任务责任人在系统中填报整改任务执行进度；信息安全负责人对全部任务的执行过程进行状态跟踪；从各个部门、安全域、任务类别、差距项、任务重要性、风险级别、预算执行情况等多维度、多视角来查看整改任务的落实情况，监督、敦促信息系统安全等级保护整改工作的落实，实现信息系统安全等级保护建设工作的常态化运行

3. 安全管理系统

安全管理系统是通过对全网安全域中IT资源事件的采集、处理和分析，构建可度量的业务信息系统风险模型，实现集中监控、分析和管理的信息系统，它可以展示整体信息安全态势，并为整个信息系统的安全运营提供决策服务和运维流程管理。安全管理系统一般应具有如表6-10的功能及要求。

4. 安全管理制度

安全管理制度的制定，既要严格遵守国家相关技术规范，同时也要和安全管理信息系统有机结合，符合企业的实际状况，这样才能保证制度完善，实施有效。

表 6-10 安全管理系统的功能及参数要求

功　　能	描　　述
信息系统集中管理	信息采集、用户管理、策略管理、知识库管理、网络管理
统一的安全对象和风险管理	安全对象(资产)管理、脆弱性管理、风险管理
安全事件管理	实时监视、事件查询、安全告警管理、关联分析、安全响应、管理辅助决策、动态黑名单
系统运维管理	工单管理、安全态势的集中监控与展示、报表管理
安全预警	告警管理、预警管理、多样化报警响应

根据信息系统安全等级保护实施指南(GB/T 25058—2010)、信息系统安全管理要求(GB/T 20269—2006)等规范的要求，信息系统安全管理制度一般包括如下几个方面的内容:

(1)人员安全管理。主要包括人员录用、人员离岗、人员考核、教育和培训、第三方人员访问管理等方面的内容。

(2)系统建设安全管理。主要包括系统定级、安全方案设计、产品采购、自行软件开发、外包软件开发、工程实施、测试验收、系统交付和备案等方面的内容。

(3)系统运行维护管理。主要包括环境管理、资产管理、介质管理、设备管理、监控管理、网络安全管理、系统安全管理、密码管理、备份与恢复管理、安全事件处置、应急预案管理、风险管理等方面的内容。

各项管理制度详细的要求可参见 GB/T 25058—2010、GB/T 20269—2006 以及其他相关安全管理国家规范及制度要求。

本章小结

网络财务的运行要以高效的网络、稳定的系统为支撑，其电子数据的安全更为关键，因此网络财务信息系统的风险防范至关重要。本章首先介绍网络财务信息系统风险的识别，并将风险大致划分为了网络风险、系统风险和信息风险，然后介绍了风险防范体系设计的主要内容。针对上述三类风险，本章分别介绍了目前主要采用的安全设备和信息技术。本章最后对网络财务信息系统安全管理进行了简要介绍。对于网络财务信息系统风险防范，如果能将其和网络财务的内部控制结合起来考虑，将会更为合理和有效。

关键术语

风险识别　风险防范　安全审计系统　MPDR 模型

复习思考

1. 网络安全的威胁一般来自于哪些方面？
2. 如何进行网络财务风险防范体系的设计？
3. 防火墙有哪几种类型，一般具有哪些功能？
4. 保证数据库的安全一般可采用哪些技术和手段？
5. 简述安全管理制度的制定和其主要内容。

参考文献

[1] 曾小春. 电子商务非技术风险的技术防范策略[J]. 软科学，2007(3).
[2] 程者军. 网络数据库的安全控制技术在电子商务中的应用与研究[M]. 太原理工大学硕士学位论文，2006.
[3] 郑彦平. 网络安全风险评估与入侵响应[M]. 北京交通大学硕士学位论文，2008.
[4] 沈涛，马红光. 网络数据加密算法研究及其应用[J]. 计算机工程与应用，2002(19).
[5] 冯登国，张敏. 大数据安全与隐私保护[J]. 计算机学报 ，2014，37(1).
[6] 余琦，凌捷. 基于 HDFS 的云存储安全技术研究[J].计算机工程与设计，2013，34(8).
[7] 戎册. 计算机网络安全防护的研究[D]. 南京邮电大学硕士学位论文，2015.

第 7 章

网络财务内部控制

本章导读

网络财务在网络经济的发展中起着越来越重要的作用，设计好网络财务的内部控制制度并且能够有效实施，是网络财务发展和完善的一个重要组成部分。

通过本章的学习，应该了解掌握内部控制的概念和发展；网络财务、网络财务内部控制的特点；网络财务内部控制体系的设计；网络财务内部控制的实现等内容。在事项驱动型网络财务中，如何进行业务流程优化和再造，如何借助网络平台和信息技术实现实时控制，是网络财务内部控制的研究和发展方向，也是本章的重点。

7.1 网络财务内部控制的概念

7.1.1 内部控制的产生与发展

20 世纪初期，资本主义经济迅速发展，现代企业制度的主要组织形式——股份公司规模日益扩大，其特征是所有权与经营权分离。根据股份公司的特征，为防止和揭露错误和舞弊，保证会计信息的质量，保证资产的安全与完整，逐步形成了一些组织、调节、制约和监督企业经营管理活动的方法，进而形成了内部控制。从历史角度看，内部控制结构是一个不断变迁的动态结构。本节主要以美国内部控制发展为主线，将内部控制概念的演变大致分为四个阶段：萌芽时期（20 世纪 40 年代前）、奠基时期（20 世纪 40 年代末至 70 年代初）、发展时期（20 世纪 70 年代至 90 年代初）、成熟时期（20 世纪 90 年代至今），具体如表 7-1 所示。

表 7-1 内部控制的发展

时期	阶段	要素	目标	结构
萌芽时期（20 世纪 40 年代前）	内部牵制	无	防弊	点状结构
奠基时期（20 世纪 40 年代末至 70 年代初）	内部控制制度	管理控制和会计控制（当时不称其为要素）	防弊和兴利	直线结构
发展时期（20 世纪 70 年代至 90 年代初）	内部控制结构	控制环境、会计制度、控制程序	企业完成既定目标	平面三角形结构
成熟时期（20 世纪 90 年代至今）	内部控制整体框架（IC-IF）	控制环境、风险评估、控制活动、监督、信息与沟通	经营效率、财务信息可靠、遵循性	立体三角锥形结构
	企业风险管理框架（ERM）	内部环境、目标设定、事件识别、风险评估、风险回应、控制活动、信息与沟通、监督	战略、经营、报告、遵循性	立方体结构

1. 内部控制的萌芽时期——内部牵制

20 世纪 40 年代以前是内部控制的萌芽时期。当时人们习惯用“内部牵制”这一提法。美国著名审计学家蒙哥马利在 1912 年的著作《审计——理论与实践》一书中已明确地表述过内部牵制的思想。根据《柯氏会计辞典》的解释，内部牵制是指“以提供有效的组织和经营，并防止错误和其他非法业务发生的业务流程设计。其主要特点是以任何个人或部门不能单独控制任何一项或一部分业务权力的方式进行组织上的责任分工，每项业务通过正常发挥其他人或部门的功能进行交叉检查或交叉控制。”该定义隐含的意思是内部牵制是一种制衡，两个和两个以上的个人和部门发生同样的错误的概率很小，串通舞弊的可能性也大大降低。由此可见，这一时期的内部牵制主要以查错防弊为目的。

内部牵制的思想在管理实践中产生并发展，成为现代内部控制理论中有关组织控制、职责分离控制的雏形，从而在现代内部控制理论中占据了相当重要的地位。内部控制在内部牵制阶段完成了实践塑造的过程。

2．内部控制的奠基时期——内部控制制度

20 世纪 40 年代末至 70 年代初，正式提出了“内部控制”这一术语，并把内部控制划分成内部管理控制和内部会计控制。这是内部控制发展的第二阶段，奠定了内部控制发展的基础。

1936 年，美国注册会计师协会（AICPA）的前身美国会计师协会（AIA）在其发布的《注册会计师对财务报表的审查》中，首次正式使用了“内部控制”这一专业术语，但它显然将内部控制混同于内部牵制了，即“注册会计师在制定审计程序时，应考虑的一个重要因素是审查企业的内部牵制和控制……内部牵制和控制这一术语，是指为了保护公司的现金和其他资产，检查簿记事项的准确性，而在公司内部采用的手段和方法”。

1949 年，美国注册会计师协会发布了一篇题为《内部控制、协调系统各要素及其对管理当局和注册会计师的重要性》的专题报告，该报告首次对内部控制做了权威性的定义：“内部控制包括组织机构的设计和企业内部采取的所有相互协调的方法和措施，旨在保护企业资产，审核会计数据的准确性和可靠性，提高经营效率，推动企业执行既定的管理政策。”此定义强调内部控制不只限于与会计和财务部门直接有关的控制，还包括预算控制、成本控制、定期报告经营情况、将统计分析及其报告送交有关部门、制订培训计划，以及设立内部审计部门以保证管理部门准确制定和落实各种程序，并保证其得到贯彻执行等内容。该定义首次将触角伸入管理领域，从而有了管理控制的雏形。

1953 年 10 月，美国注册会计师协会发布的《审计程序公告第 19 号》（SAP No.19），将内部控制首次划分为内部会计控制和内部管理控制。公告中指出：广义地说，内部控制按其特点可以划分为会计控制和管理控制。1958 年该协会又发布了《审计程序公告第 29 号——独立审计人员评价内部控制的范围》（SAP No.29）的报告，进一步阐述了内部控制的“制度两分法”，正式界定了内部会计控制和内部管理控制的定义及其包含的内容。

1972 年，美国注册会计师协会所属审计准则委员会在《审计准则公告第 1 号》（SAS No.1）中，又重新表述了“会计内部控制”和“管理内部控制”的定义，并进行了明确的分类，为企业进行内部控制提供了指导。

在这一时期，推动内部控制发展的主要是审计职业界，所以内部控制就不可避免地印上了审计的烙印。所谓的“两分法”也成为出于审计便利的需要之产物——注意力仅集中于会计控制的测试，对管理控制鲜有涉及。两分法未能完整地反映内部控制所涵盖的内容，也没有考虑控制环境对内部控制制度设计及其实施效果的影响。尽管如此，这些概念的界定和分类仍为内部控制的发展奠定了一定的理论基础，起到了承上启下的作用。

3．内部控制的发展时期——内部控制结构

20 世纪 70 年代至 90 年代初，内部控制概念演变为“内部控制结构”，这个阶段是内部控制概念的第三阶段，即内部控制的发展时期。

1973 年至 1976 年，继“水门事件”调查之后，美国国会通过了 1977 年的《反国外行贿法案》（FCPA）。该法案包括了一些会计和内部控制的条款。自该法案生效以来，内

部控制开始在企业得到广泛重视，不过内部控制制度尚不足以指导企业的内部控制实务的局限性也随之暴露出来。

1988 年 4 月，美国注册会计师协会发布了《审计准则公告第 55 号——财务报表审计对内部控制结构的考虑》（SAS No.55），第一次用“内部控制结构”概念代替“内部控制制度”，规定从 1990 年 1 月起以该公告取代 1972 年发布的《审计准则公告第 1 号》。在这份公告中指出：“企业的内部控制结构包括为合理保证企业特定目标的实现而建立的各种政策和程序”，并指出了内部控制结构包括控制环境、会计制度和控制程序。

内部控制结构与内部控制制度相比有两点差异：首先，内部控制结构将内部控制环境纳入了内部控制的范畴；其次，它不再区分内部会计控制和内部管理控制，而是用控制环境、会计制度和控制程序三要素来代替了。这一概念仍由审计职业界提出，强调了管理者对内部控制的态度、认识和行为等控制环境的重要作用，有助于企业完成既定目标。虽然审计职业界也考虑到了企业内部控制的实际需要，但其审计色彩仍然过于浓厚，无法满足企业应对日益复杂的环境及风险的需要。

4．内部控制的成熟时期——整体框架

20 世纪 90 年代至今，内部控制研究开始着眼于企业整体及利益相关者，而非完全出于审计便利的需要，逐渐形成了内部控制和风险管理的整体框架，并且逐渐强调内部控制和风险管理框架在实务层面的应用。在这一阶段，内部控制逐渐走向成熟和相对稳定。

1985 年，由美国注册会计师协会、美国会计学会（AAA）、财务经理人协会（FEI）、内部审计师协会（IIA）和全国会计师协会（IMA）共同资助成立了美国反欺诈财务报告委员会（National Commission on Fraudulent Financial Reporting），即著名的 Treadway 委员会。该委员会在成立两年后提交的报告中强调控制环境、行为守则、内部稽核功能的重要性，并重新呼吁管理当局对内部控制有效性提出报告，还对公众公司的管理当局及董事会、会计师、证券交易委员会、主管机关、立法机构及学术界提出了建议。

Treadway 委员会的赞助机构还成立了 COSO 委员会来制定内部控制指南。1992 年，COSO 委员会发布了著名的 COSO 报告，即《内部控制——整体框架》。该报告将内部控制定义为：由企业董事会、管理当局和其他员工实施的，为达成经营活动的效率和效果、财务报告的可靠性、相关法律法规的遵循性等目标提供合理保证的过程。此时的内部控制包括五个要素：控制环境、风险评估、控制活动、信息与沟通、监控。

2002 年 7 月 25 日，美国国会通过了《2002 年萨班斯——奥克斯利法案》，对财务报告内部控制的有效性的评价和披露的报告进行了相关规定。

2004 年 9 月 29 日，COSO 委员会颁布了最新报告《企业风险管理——整体框架》，定义了企业风险管理，并引入了风险偏好、风险容忍度、风险组合观等概念。ERM 框架将管理的重心转移至风险管理，更加突出了对企业风险管理的关注，它的颁布标志着内部控制进入了以企业风险管理为核心的新阶段。但是，提出的这个框架仅作为一个新的统一概念，并未在相关的审计及内部控制中使用，SEC 的最终规则使用的仍然是 COSO

报告的内部控制框架，未对此框架中的风险管理理念作借鉴，因此本书仍以内部控制五要素为基础进行论述。

COSO 委员会先后提出的《内部控制——整体框架》和《企业风险管理——整体框架》，反映了各利益相关方对内部控制的各种需求，因而较前期几个概念更为全面、综合和系统，表现为：首次正式提出了内部控制的目标，并在后一框架中把目标扩展到了战略层面；首次专门为企业制定了应用指南；首次糅和了管理和控制的界限，表现为管理和控制职能模糊；首次全面而明确地阐述了内部控制的制定和实施的责任问题等。这两份报告使内部控制概念开始向纵深方向发展。

7.1.2 网络财务内部控制的基本要素

COSO 报告提出内部控制整体架构由五要素组成。在网络环境下，企业内部控制仍由上述五个基本要素构成，框架体系并未发生实质性的改变。但是每项基本要素的内部构成却呈现出了新的内容，表现出新的特征，并带来了新的问题。下面分别从这五个方面论述网络财务内部控制要素的内容和变化。

1. 控制环境

控制环境是指对企业内部控制系统的建立和实施有重大影响的各种因素的总称。根据 SAS No. 78 的规定，影响控制环境的因素有管理哲学、组织结构、董事会或审计委员会、人力资源政策与实务、权责分派方式、品行与价值观、胜任能力等。控制环境提供企业架构，塑造企业文化，并影响着组织成员的控制意识，是其他控制要素的基础。在信息技术条件下，企业内部控制环境将发生以下主要变化，这就要求管理层树立信息意识，更新控制观念。

(1) 管理结构扁平化使得内部控制的组织结构发生改变。随着企业的扩张，其管理层次和机构也在发展，其结果是组织结构越来越臃肿，管理流程越来越复杂，管理效率越来越低下，企业难以在第一时间对市场做出反应，满足顾客的要求。信息技术的广泛应用，使得企业组织结构的扁平化成为可能，决策者和执行者能够快速沟通，真正做到向管理要效益。在新经济环境下，企业内部控制层次明显地减少，但责任更加明确，效率更高。

(2) 内部控制的方式与管理观念将发生改变。信息技术的应用产生了强大的竞争力，增强了企业的灵活性。在企业的这种新型的扁平式组织结构中，信息的对等性使得无论信息处于何处，企业内外部人员都能够容易地获得，而且领导也不再是组织等级的上层，而成为了行动的中心。信息经济要求并导引着企业组织从机械式向有机式并最终向虚拟组织发展演变，这就要求企业的领导阶层必须学会在一个流动和动态的环境中构造组织，既要有利于创造、革新、加快速度，又能在不断磨合中加强内部控制和向心力。

2. 风险评估

每个企业都面临着来自内部和外部的不同风险，风险评估的目的就是分析和辨认实现企业所定目标时可能发生的风险并适时加以处理。信息技术手段的不断应用，在给企业带来新的风险的同时也带来了控制风险的机会和工具。

(1)风险控制体系的变革，使内部控制的范围加大。在信息技术环境下，虽然企业的整体目标没有改变，但是经济、产业及管理的外部环境与内部因素都发生了变化，伴随业务流程的改变产生了系统的开放性、信息的分散性、数据的共享性，这极大地改变了以往封闭集中状态下的运行环境，从而改变了传统的风险控制内容和方法。例如，强大的、复杂的计算机系统增加了企业潜在的风险，这是因为人们的主观判断被忽略，数据处理过于集中，存储的数据可以被不留痕迹地改写和删除；数据的存放形式增加了数据再现的难度；数据处理过程无法观测等。这些新的风险点构成了内部控制的新内容。由于新的技术带来了新的风险，所以我们应辨认已发生的改变，并采取必要的行动，扩大控制的范围。

(2)有效利用信息技术，作为控制风险的工具。应该明确这样一种认识：风险的存在不是把信息技术拒之门外的理由，应树立信息意识，更新控制观念，改变思维定式，有效利用信息技术为企业服务。如果把信息技术作为防范风险的工具，并与业务活动有效结合起来，则一个控制良好的电子数据处理系统将发挥更大的潜力，从而可以减少错误和舞弊的发生，保证企业业务处理活动严格按商业规则进行。因此，我们应该，也有可能把信息技术作为强化内部控制的一个有效工具。

3．控制活动

控制活动是指企业为了保证指令得到实施而制定并执行的控制政策和程序，是针对实现组织目标所涉及的风险而采取的必要防范或减少损失的措施。SAS No. 78 列举的控制活动包括绩效评估、信息处理、实物控制和职责分工等。信息技术的广泛应用，对控制手段也有一定的影响。

(1)信息技术的引入增强了控制手段的多样性、灵活性、高效性，加强了内部控制的预防、检查与纠正的功能。控制的重点由对人的控制为主转变为对人、机共同控制为主，控制程序也应当与计算机处理相适应。

(2)信息技术的恰当应用，可以使企业摆脱人员与资源的限制，经济有效地实现内部控制的目标。在新环境下应形成新的控制理念：好的内部控制不应仅依赖过多的审核人员或复杂的控制程序，而应该依赖信息时代的控制理论和恰当适用的信息技术。

(3)随着计算机使用范围的扩大，利用计算机进行的贪污、舞弊、诈骗等犯罪活动有所增加。如储存在计算机磁性媒介上的数据容易被篡改；数据库技术的提高使数据高度集中，未经授权的人员有可能通过计算机和网络浏览全部数据文件，并复制、伪造、销毁企业重要的数据，使得计算机犯罪具有很大的隐蔽性和危害性等。这些活动增加了信息技术环境下内部控制的难度与复杂性。

4．信息与沟通

企业在其经营与控制的过程中，需要按某种形式辨识并取得来自企业内部及外部的信息，并在组织内部进行沟通，以使员工清楚地获取有关其控制责任的信息，履行其责任。与现代信息技术相结合的信息系统具有开放化、实时化、电子化的技术特点，因此，在内部控制体系中能发挥新的作用。

(1)信息系统通过网络连接了企业的各职能部门，实现了会计和业务的一体化处理，并使会计核算从事后的静态核算转变为了事中的动态核算；信息需求者可以获取实时信息，这使得工作在空间和时间上的接近不再是至关重要的问题，这样内部控制可以由顺序化向并行化发展。通过这种方式，可以使企业的设计、制造、销售、工业工程等人员并肩工作，共同控制企业的物流和信息流。

(2)开放的信息系统为内部员工、管理者，以及顾客、供应商等外部团体提供了开放的沟通渠道，有利于内部沟通与外部沟通的进行，使得组织内的员工清楚了解内部控制制度的规定及各自的责任；管理者可以随时掌握内部控制制度的执行与生效情况，并可以从外部信息中获悉关于本企业内部控制功能的重要信息。

(3)由于网络开放的环境很难避免非法侵扰，故会计信息系统很有可能遭受非法访问甚至黑客或病毒的侵扰。同时，我们还应注意新环境下信息系统的信息质量问题；在网络环境下，财务信息的传递借助于网络完成，电子符号代替了会计数据，磁性介质代替了纸张，财务数据流动过程中的签字盖章等传统交易授权手段不再存在，从而使网络信息的真实性受到质疑。以上这些都给内部控制提出了新的问题。

5. 监控

内部控制的程序化使得内部控制具有一定的依赖性并增加了差错反复发生的可能性。信息技术的应用，使得内部控制具有人工控制与程序控制相结合的特点。这些程序化的内部控制的有效性取决于应用程序，如果程序发生差错或不起作用，由于人们对计算机系统的依赖性、麻痹大意及程序运行的重复性，会使得失效控制长期不被发现，从而使系统在特定方面发生错误或违规行为的可能性较大。因此，在网络环境下，更应注意对内部控制的监控，应由适当的人员，在适当的时候，及时评估控制的设计和运作情况。

综上所述，信息技术的应用使得内部控制框架的内部构成产生了新的变化，给提高企业内部控制效率，增强内部控制效果带来了新的机会，也产生了潜在的风险。与手工会计系统的内部控制制度相比较，信息系统下的内部控制制度是范围扩大、控制程序灵活多样的综合性控制，是职能部门和计算数据处理部门并重的全面控制，是人工控制和计算机自动控制相结合的多方位控制。

7.1.3 网络财务信息系统与内部控制的辩证关系

1. 网络财务信息系统是内部控制的环境

现代网络企业都拥有一个较为完善的管理信息系统，而网络财务信息系统是其中的一个重要子系统，其最基本的职能便是反映企业一定时点的财务状况和一定时期的经营成果及现金流量，保证企业各项资产的安全完整。网络财务信息系统提供的会计信息是企业高层管理人员把握企业整体经营风险和财务风险的主要途径。没有网络财务信息系统提供的信息，企业的整体内部控制就将无从下手。

2．网络财务信息系统必须嵌入内部控制

现代网络企业经营规模日益庞大，社会影响力不断增强，为了准确反映企业财务状况、经营成果和现金流量情况，企业的网络财务信息系统本身已经成为一个非常复杂的系统，故该系统需要完善的控制程序，同时在其内部应设置相应的控制准则和控制标准。总之，在财务信息系统建设的过程中嵌入内部控制体系是非常必要的，特别是对于事项驱动型的网络财务而言，建设流程管理系统，设计实时控制模式和方法，是实现网络财务内部控制的重要途径。如果不能在网络财务信息系统中嵌入内部控制的程序和方法，则网络财务的内部控制制度将无法有效实施。

3．网络财务信息系统与内部控制需相互融合

2008 年我国《企业内部控制基本规范》中明确指出企业经营管理控制中应当充分利用信息技术逐步建立完善的内部控制体系，并不断促进内部控制体系与信息管理系统之间的相互融合。一方面，信息系统集信息与控制的功能于一体，为企业内部控制的实施提供了平台；另一方面，信息系统固有的系统开放性、数据共享性，又给企业内部控制带来了新的风险。因此，可以利用信息系统的实时共享性和先进技术实现和优化内部控制，同时，信息系统必须纳入内部控制体系之内，作为内部控制对象进行风险评估，并在此基础上建立针对信息系统而进行的总体控制与应用控制，从而提高系统的运行质量与效率。上述目标的实现必须在促进网络财务信息系统与内部控制的融合的基础上才能实现。

7.2 网络财务内部控制的特点

7.2.1 网络财务内部控制的变化

由于网络财务的特点，使得网络财务内部控制和传统会计内部控制相比发生了很大变化，主要表现在如下几个方面。

1．内部控制环境

对于网络财务信息系统而言，由于其完全依靠计算机、网络等进行工作，所以传统的控制环境在网络财务信息系统中已不存在。它的内部控制环境更多的是以网络、数据库、信息和数据的传递等虚拟环境为主。

2．内部控制的范围和内容

对于网络财务信息系统而言，内部控制的范围在扩大，其内容也发生了很大的变化。控制范围主要增加了网络控制和系统控制，其中网络控制包括网络的安全、病毒防护等，系统控制包括系统的设计、开发、软硬件的运行维护等。新的控制范围带来了新的控制内容，主要包括：网络安全控制，数据库安全控制，病毒防护，系统的设计、开发，软硬件的运行维护，使用权限和口令的控制，计算机数据处理的程序和控制等。

3. 内部控制的重点

由于网络财务信息系统自身的特点，决定了内部控制的重点和传统会计内部控制有很大的不同。传统会计主要是对人的控制，其重点是凭证和账簿、报表的核对、签字盖章等。网络财务信息系统建立起来后，很多原来需人工完成的工作转为由计算机程序自动完成，因此内部控制的重点由对人的控制转变为对人、机进行控制主，其内容包括网络、系统的安全，数据的备份，会计原始数据的输入，会计信息的输出，人机交互处理控制，会计信息访问权限控制及不同系统间的连接控制等。也就是说，在网络财务信息系统中，除了会计核算和业务管理的控制外，信息系统本身的控制将是重中之重。

4. 内部控制的手段

由于控制环境的变化，内部控制范围的扩大，网络财务信息系统拥有了全新的内部控制内容，内部控制的重点也转向网络和系统方面，所以内部控制手段也有了很大的变化。传统的会计主要采用的是严格的凭证控制制度，相关人员签字盖章，修改、交易处理等的文字痕迹审核等内部控制手段。而在网络财务信息系统中，对于网络、系统等方面的控制往往是看不见、摸不着的，这主要靠一些计算机设备和信息技术来实现。同时，在业务处理方面的控制，主要依靠交易授权、人员权限控制、相关业务的程序化控制来实现。

通过以上分析，可以看出网络财务信息系统的内部控制和传统会计信息系统的内部控制相比，发生了很大的变化，两者的主要差异如表 7-2 所示。

表 7-2　网络财务信息系统内部控制与传统会计信息系统内部控制的差异

	传统会计信息系统	网络财务信息系统
控制环境	手工环境	计算机、网络、数据库
控制范围和内容	凭证、账簿、报表	网络、系统安全，系统开发和软硬件的运行和维护
控制重点	人员、制度的控制	人员、计算机、程序的控制
控制手段	职责分工和牵制、签章、痕迹	IT 设备、信息技术

7.2.2 网络财务内部控制的优势

1. 交易授权自动完成

在企业管理中，交易授权可确保会计信息系统处理的所有重大交易都是真实有效的，业务都是实际发生而且符合管理当局目标的。交易授权是企业主要的内部控制手段。在传统企业管理中，交易授权通过人为设定控制程序由经办人员执行；而在网络环境下，由于企业信息处理高度集成，特别是原来许多通过手工完成的工作内化于计算机软件中，故通过设定软件和数据使用权限可自动完成交易授权活动。在网络环境下，多数交易授权都可以通过计算机程序自动实现，不需外力介入。

2. 监控与操作的分离实现系统内部的有效牵制

在网络环境下，部门工作人员大大减少，多数工作由计算机自动统一执行，不再需要以多人重复劳动为代价的“多方牵制”内部控制手段。在网络财务信息系统中可设置操作与监控两个岗位，通过对每笔业务同时进行多方备份，把会计人员处理账务时的操作和结果数据同步记录在监控人员的机器上，有利于监控人员即时审查。通过岗位划分、设定系统权限、使用信息技术便可实现有效牵制。

3．数据处理由系统自动完成，提高了工作效率及准确性

网络财务信息系统很大的一个优势就是把原来手工进行的数据处理工作变为由系统自动完成。会计人员录入记账凭证后，总账、明细账、日记账等各类账簿都根据凭证内容由计算机自动登记完成，同时，各类报表也由计算机根据设计好的报表格式及计算公式自动计算填列，这使得工作效率大大提高，数据的准确性也能得到保证。这样，传统会计中账簿、报表的正确性检查在信息系统中就完全没有必要了。当然，这也带来了内部控制方面的一个难点，就是数据的无痕迹修改问题，这将在下面予以论述。

4．通过程序控制相关业务流程，实现核算要求，减少人为错误

在网络财务信息系统中，大多数的核算要求、业务流程可以通过系统进行控制。例如，可以在系统中设置好会计科目的核算内容，则某笔经济业务应该由哪个科目支出，计算机均有严格的控制，违反了控制规则，凭证就无法录入和保存。再如，一些业务流程也可以在系统中设计好，这样计算机就会严格按照程序执行。很多原来由人来控制和执行的东西，都可以程序化嵌入到系统中，由计算机来严格执行，从而可以避免人为因素的影响，使可靠性得到大大提高。

网络技术对会计信息系统内部控制的促进和完善远不止以上几个方面。例如，它在提高会计工作效率，减少人力劳动的同时，可使企业内部控制更加有效。其突出表现是提高了系统内部信息传递的及时性，从而使系统错误可在更短时间内被发现，减少了由错误带来的累计损失；使控制措施程序化，减少了人为因素的影响和执行的偏差，提高了效率和会计信息的质量。另外，网络技术使单位各个职能部门之间的资源实现了共享，便于同一笔经济业务的相互核对和稽核。

7.2.3 网络财务内部控制的难点

网络财务信息系统的建立，带来了许多新型的控制技术和手段，使我们的工作越来越快捷和便利，并完善了传统内部控制的含义和内容。但它同时也带来了许多问题和困扰，具体表现如下。

1．网络安全控制的问题

网络安全问题在人们享受网络服务的同时，就一直困扰着人们。目前，各种对系统的恶意攻击、病毒的传播、数据库的侵入等都是通过网络这一唯一的途径进行的，而且网络是没有绝对安全的，因此网络安全问题不容忽视。

2．系统和数据安全的问题

网络财务信息系统的安全性问题，归根结底就是系统和数据的安全。硬件设备的损

坏可以通过维修、更换来解决，但是数据的损坏和丢失是难以弥补的。在传统会计环境下，所有的会计数据都是用具体的纸质介质记载下来的，如凭证、账簿、各类报表等。并且这些数据和资料作为会计档案有着严格的管理制度。但是在网络财务信息系统中，会计信息都是电子数据，它们用特有的格式记载，其存储的介质是硬盘、磁带、光盘等，很容易被盗用、篡改、破坏，而且事先不容易察觉系统和数据的破坏。因此，系统和数据的安全是会计信息系统内部控制面临的又一个难题。

3．系统维护人员控制的问题

在传统会计中，是不存在这一岗位的。但是在网络财务信息系统中，它却是一个极其重要的核心岗位。尤其是具有最高权限的系统管理员，他肩负着整个系统的运行维护工作，掌握着系统的各类密码，能够访问系统核心数据库，是整个信息系统安全的守护者。但是，缺乏有效监控的过高权限又使得这一岗位成为系统安全的一大隐患，这是很矛盾的一个问题。要想解决这一问题，一方面应提高系统管理员的职业道德水平和专业素质；另一方面应采取有效的控制手段对系统管理员的工作进行监督和控制。

4．数据修改的问题

会计实行电算化后，数据修改的问题就同时出现了。在现在的网络财务中，这一问题尤为突出。在传统会计中，会计数据的修改有一套严格的制度和操作规范，如记账凭证的修改。一般情况下，已经经过复核并登记入账的凭证，是不能直接修改的，需要采用红字冲销法，即将原来的错误凭证冲销后重新填制凭证。又如账簿的登记，如有错误需要采用画线更正法更正，同时账页不能毁损，不能缺页。这些能保证信息的更正都留下痕迹，便于检查和监督。在信息系统下，很大的一个问题就是数据的修改问题，不论是凭证、账簿，还是报表，由于很多是由计算机自动完成的，故数据的修改可以不留下任何痕迹，无法对其进行监控和检查。特别是为了工作的方便，一般软件都提供了反过账、反结账功能，即已经入账的凭证可以任意更改，则账簿也会随之自动更正，这使得修改过程没有痕迹，从而给内部控制带来了很多隐患。

5．各种业务控制实施的问题

在传统会计下，财会人员分工明确，有严格的业务流程，每个步骤都需要相关人员签字盖章予以确认。虽然这样做工作量大，比较烦琐，但内部控制制度能够切实得以执行。等网络财务信息系统建立起来后，很多工作均由计算机自动完成，原来的签字盖章不再适用，业务处理的过程很难被观测和审核、监控。如何在不影响工作效率、不增加工作量的情况下，实现内部控制制度的有关要求，是网络财务信息系统内部控制具体执行的难点所在，这不但需要有完善的内部控制制度，更需要信息技术、IT 设备的强有力支持。

6．电子商务法律环境滞后的问题

电子商务的迅猛发展远远超出了现有法律体系的规范。互联网是一个缺乏“警察”的信息高速公路，信息的跨地区和跨国界传输又难以公证和仲裁，包括我国在内的很多国家，目前还缺少有关电子商务交易责任与可靠性方面的法律规定，司法部门仍对如何

决定电子文档的合法性以及什么构成有效的电子签名等问题存在争议。电子交易可能引发的法律争端，如证据、合同的履行以及可靠性问题等，便成为网络财务内部控制不得不关注的又一问题。

7.3 网络财务内部控制体系的设计

网络财务信息系统内部控制设计的指导思想，就是以内部控制理论，尤其是 COSO 报告的内部控制整体框架为依据，发挥网络财务信息系统在内部控制方面的优势，充分利用现代先进的信息技术和 IT 安全设备解决其面临的难题。

7.3.1 网络财务内部控制体系的设计原则

1. 合法性原则

网络财务内部控制的设计应当遵循国家有关财经法规及单位自身有关管理制度的要求，以保证每一项经济活动在合法、合规的状态下开展。

2. 全面性原则

内部控制必须覆盖企业的各项业务、各个部门和各级人员，并渗透到决策、执行、监督、反馈等各个经营环节。

3. 成本与效益原则

由于网络财务信息系统自身的特点，内部控制不可能做到尽善尽美，而且相对于传统会计内部控制来说，网络财务信息系统的内部控制在软件和硬件的投入也要大得多，因此，需要讲求成本效益原则。一般来说，控制程序的执行成本不能超过可能由风险或错误造成的损失或浪费，基本标准是实行控制的收益应大于其成本，否则再好的控制措施和方法也将失去存在的意义。

4. 针对性原则

网络财务的内部控制应该有很强的针对性，应该依据网络财务内部控制的优势和所面临的难题，针对网络财务内部控制中的薄弱环节，找出关键控制点，制定具体内部控制程序和相应实施手段。

5. 效率性原则

单纯从会计工作上来讲，需要最为严格的内部控制。但是如果内部控制实施后使得原本简洁的工作流程变得复杂，工作效率大幅降低，则该内部控制制度并没有可操作性，故应该在这两者之间找到一个最佳结合点。

6. 重要性原则

网络财务的内部控制应该突出重点，照顾一般。在把握事项的重要性方面，应考虑该事项对系统的影响力、业务性质、金额大小等。

7. 安全性原则

和传统会计内部控制不同，网络财务首要的内部控制就是安全性问题，其中最核心的就是系统和数据库的安全。系统不安全，就无法正常运转，就不能提供可靠的会计信息。数据库一旦被破坏，其损失将是无法弥补的。

8. 实用性原则

网络财务内部控制的建设，是以理论为依据的，但决非为了研究理论而建设，因此，实用性是非常重要的原则。内部控制的建设不是仅仅制定一个原则和制度并把它挂在墙上，而是能够将其切实有效地贯彻执行。要特别注重将内部控制嵌入到系统中去，并利用各种信息技术、IT 设备等有效的手段来实施它。

9. 一般性原则

一般性原则也就是传统会计内部控制所说的相互制约、职责分离、审批监督等原则，这些原则在网络财务内部控制中依然有效，所不同的是要将它们嵌入到系统中去，并将人工控制转换为程序控制。

10. 发展性原则

随着单位情况的发展变化，以及系统的完善和发展，网络财务的内部控制环境也将随之发生变化，控制的关键点和内容也会有所变化。内控建设应该要始终关注上述因素变化，定期评估并适时做出调整，以适应企业财务管理的发展需要。

7.3.2 网络财务内部控制的整体框架和主要内容

1. 网络财务内部控制的整体框架

对于网络财务而言，其内部控制整体框架同样可以依据 COSO 报告的要求来设计，其具体内容如下。

1) 控制环境

COSO 报告指出，控制环境包括以下方面：管理哲学、组织结构、董事会或审计委员会、人力资源与实务、权责分派方式、品行与价值观、胜任能力等。对于网络财务内部控制而言，最主要的是建立健全的组织结构，并根据工作和内部控制的需要设置不同的人员角色，赋予不同的操作权限。一般来说，操作人员可以分为以下几类：财务主管、系统管理员、一般核算人员、管理人员、稽核人员等。权限的分配既要考虑工作的顺畅，又要考虑到相互制约。同时，加强人员的职业道德教育，提高各类人员的专业技术水平，也是非常必要的。

2) 风险评估

控制环境和风险评估是提高企业内部控制效率和效果的关键。对于网络财务而言，内部控制的研究不可能脱离其赖以存在的环境和单位内、外部的各种风险因素，且应分析网络财务内部控制发生了哪些质的变化，以及这些质的变化对网络财务的潜在影响。对于网络财务而言，其重要风险点和传统会计相比，发生了很大的变化，主要包括网络的风险、系统和数据库的风险、会计数据修改的风险、由数据存储形势变化带来的风险、由交易授权形势变化带来的风险等。因此，必须从环境因素及其风险成因入手，对网络财务可能存在的各种风险进行全面分析和评估。必要时可设置风险评估部门或岗位，专门负责有关风险的识别、规避和控制。

3）控制活动

应首先根据风险分析，结合业务流程，找出关键控制点，然后对这些控制点设立良好的控制活动。控制活动应该涵盖诸如核准、授权、验证、调节、复核、保障资金安全及权限控制等各项活动。对于网络财务而言，控制活动可大致分为网络控制、系统控制、数据库控制、各种具体业务活动控制。还可将控制活动分成事前预防、事中控制、事后审计来具体加以实施。

4）信息与沟通

网络财务的信息与沟通一般包括会计部门内部的信息与沟通、会计部门与其他职能部门之间的信息与沟通两部分，有些还包括会计部门和单位外部的信息与沟通。在会计部门内部，信息是通过财务内部局域网来传递的，这些传递和沟通根据具体业务控制的需要，可以是单向的，也可以是双向的甚至是多向的，而且这些信息与沟通是嵌入到系统中，由程序来完成的。对于会计部门与单位其他职能部门之间的信息与沟通，其主要目的是实现各部门之间的信息共享，提高工作效率，提高信息传递和处理的及时性，这一部分主要依靠在各部门之间开发数据接口来完成。至于会计部门和单位外部的信息与沟通，主要是指一些基于因特网的网上应用业务。总体而言，对网络财务而言，内部控制中的信息与沟通主要是通过网络，借助信息系统来完成的。

5）监控

传统的监控一般包括日常内部稽核和审计、自我工作评估等。由于控制环境的变化、风险点的不同、控制活动实现方式的改变，以及信息与沟通的网络化、程序化，网络财务监控的内容发生了很大的变化，主要包括对网络平台的监控，对系统整体运行情况的监控，对信息传递过程的监控和具体业务的监控。除了可借助传统的会计稽核和审计手段外，还可以借助防火墙、安全审计系统、信息系统的实时监控模块等设备和技术来完成监控。

2. 网络财务内部控制的主要内容

基于以上对网络财务内部控制整体框架的分析，可以认为网络财务的内部控制主要包括以下内容。

1）网络控制

网络是会计信息系统运行的平台，网络控制的主要内容是网络安全控制。网络安全方面的威胁主要包括外部网络的安全威胁、内部网络的安全威胁、网络病毒的威胁等。

2）系统控制

系统控制包括操作系统的管理及各类管理信息系统的开发控制、维护控制，对服务器、客户端的运行控制，系统身份认证和权限控制等。

3）信息控制

网络财务最重要的就是信息数据安全。这部分的控制内容主要包括数据库安全防护、数据库操作权限的控制、数据库使用变动情况的实时监控和事后审计、数据库的备份和恢复机制、数据的安全传输等。

4）业务流程控制

具体业务控制主要是涉及财务管理中业务流程的具体工作控制。它具体包括岗位设置、职责分工、授权批准、信息输入控制、信息流转控制、数据处理控制、数据输出控制、重要业务的实时监控等。每个单位，根据自身会计信息系统的具体情况和要求，会有不同的控制内容。

7.3.3　网络财务内部控制体系的设计流程

1．明确控制目标

网络财务内部控制的目标，是指通过控制所要解决的问题和所要达到的目的，可概括为以下六个方面。

1）确保系统的合规合法

信息系统与手工业务操作一样，其本身及其所处理的经济业务必须符合国家的有关法律、法令、方针、政策，以及有关部门颁布的各种规章制度、条例等，如现行的会计制度、财务制度等。因此，在设计系统的过程及系统运行阶段中，必须建立适当的内部控制，确保系统及其所处理的经济业务合规合法。

2）保证系统处理数据的正确无误

保证系统处理数据的正确性，是网络财务内部控制的基本目标。为了保证系统处理数据的正确性，在系统设计过程中，要注意设计程序化的控制，如平衡控制、合法性控制、综述核对控制、合理性检验、纠错系统检验、输入数据类型检验、顺序检验等。在系统运行过程中，要对数据输入环节进行严格的控制，确保输入数据的正确性。

3）提高系统的安全性

保证计算机信息系统的安全可靠，是系统能够正常运行的前提和基础。因此，在系统正式投入运行之前，就应考虑系统的安全性。应通过建立严密完善的硬件、软件和数据安全措施来保证系统安全、可靠。

4）提高系统运行的效率

信息系统的运行效率在很大程度上取决于输入数据的速度。因此，在系统输入设计中，可采用适当的控制设计技术，提高系统输入的效率。例如，在网络财务信息系统中，可用计算机自动生成凭证编号，以编码的形式输入会计科目，规范摘要的格式，用代码输入常用的摘要等。

5）提高系统的可维护性

系统维护的工作不仅量大而且复杂。可维护性是指系统易理解、易修改和扩充。为了达到这一控制目标，从系统开发工作开始，就应该考虑到今后的维护工作。在系统开发过程中，必须对系统开发的每一个环节进行严格的管理和控制。

6）增强系统的可审计性

所谓可审计性，是指有能力、有资格的审计人员，能够在一个合理的时间和人力限度内，对系统的正确性和可靠性等做出公正的评价。影响计算机信息系统可审计性的因素较多，其中一个重要的因素就是审计线索。计算机信息系统的审计线索既容易被销毁，也容易被篡改，若设计时考虑不周，则很难进行事后审计。因此，只有在计算机信息系统的输入、处理和输出等设计环节采取适当的控制措施，如在网络财务信息系统中设立总账、明细账、记账凭证等各种数据库，才能保留各种审计线索，才便于对会计数据进行追踪审查。

2．进行风险评估

风险评估主要包括对网络风险、系统风险、信息风险进行评估，这部分内容可以参见第6章中的相关内容。

3．设置关键控制点

在对网络财务所面临的网络风险、系统风险、信息风险进行评估后，应针对各类风险设置关键控制点。

4．进行流程设计

要想优化网络财务业务流程，必须将其和控制体系相结合，同时应根据网络财务的特点进行会计业务流程再造，建立财务业务一体化流程，详细的介绍可参考7.4.4节“业务流程的实时控制”中的相关内容。

5．选用网络信息技术

要想实现网络财务内部控制，网络信息技术和IT设备的支持是必不可少的，它们是实现内部控制的基本保障。主要采用的一些技术和设备如表7-3所示。

表7-3　实施内部控制可采用的主要技术和设备

内控阶段	内控目标	解决途径
事前控制	网络安全	防火墙
	系统安全	入侵检测、防病毒网关、杀毒软件等
事中控制	系统维护人员控制	数字认证系统
	授权审批等业务控制	业务流程管理、实时监控系统
事后控制	数据安全	数据库审计系统

7.4　网络财务内部控制的实现

7.4.1　网络控制

对于网络控制而言，网络安全是其最主要的控制内容。

1. 网络安全面临的主要威胁

1) 网络实体的安全威胁

网络实体的安全威胁主要包括网络机房的防火、防盗、防雷击、防静电，各种 IT 设备的损坏、故障和丢失等。

2) 网络内部威胁

网络内部威胁主要包括内部用户的恶意攻击、数据盗窃、信息泄露、违规操作、违法操作、误操作等。由于内部网络可以绕开安全防护策略，因此有时候比外部威胁更大。

3) 网络外部的攻击

现在，针对网络的攻击手段非常多，最主要的包括：蠕虫和木马等恶意代码、僵尸网络、网络侦听、零日漏洞、间谍软件、网络钓鱼、分布式拒绝服务(DDOS 攻击)、高级持续威胁(APT 攻击)等等。

4) 病毒的威胁

病毒应该是计算机网络安全威胁的“首位功臣”。病毒在人们平常使用计算机网络时经常出现，其实质是一段特殊的程序代码，但是它可以通过电脑磁盘、光盘、网络等的复制传播来将自己复制到其他程序当中，这样可以达到修改其他程序并控制其他程序的目的。同时，计算机的工作效率会变得很低，数据会丢失，更有甚者就会导致整个系统瘫痪。

5) 黑客攻击

黑客是指那些掌握了专业的网络攻击技术，并利用网络攻击技术攻击一些企业或者个体的服务器系统的人。黑客在网络中具有破坏性、隐蔽性和非授权性，其攻击目的是盗取相关数据和机密、进行数据伪造和篡改，甚至是炫耀个人技术能力。黑客的攻击对于这个网络信息时代来讲是一个难以阻止的问题。

6) 网络协议自身的问题

目前使用最广泛的网络协议是 TCP / IP 协议，而 TCP / IP 协议恰恰存在安全漏洞。如 IP 协议就有许多安全缺陷，IP 地址可以软件设置，这就造成了地址假冒和地址欺骗两类安全隐患；IP 协议支持源路由方式，即源点可以指定信息包传送到目的节点的中间路由，这就提供了源路由攻击的条件。再如，应用层协议 Telnet、FTP、SMTP 等协议缺乏认证和保密措施，这就为否认、拒绝等欺瞒行为创造了条件。TCP / IP 协议存在的这些安全漏洞为“黑客”攻击和“病毒”攻击打开了方便之门。

2. 网络控制方法

网络控制方法主要包括两个方面：一方面是充分利用信息技术，配置各种网络安全设备；另一方面是强化内部控制，包括内部人员和管理制度的建设。

1) 信息技术和安全设备

主要是指加强控制中心(网络机房)的安全建设，配置硬件防火墙、入侵检测设备、防病毒网关等网络安全防护设备和网络版防病毒软件。

2) 加强人员和制度建设

对于网络控制，除了部署安全防护设备外，还应对加强单位人员，尤其是运行维护人员、高权限人员的管理，同时加强制度建设，如机房管理制度、网络管理制度、设备管理制度、运行维护制度等。

网络控制的具体方法详见 6.3 节的相关内容。

7.4.2 系统控制

系统控制主要包括对操作系统和各类应用系统的控制。对系统进行控制时，除了应利用信息技术和设备外，还应加强安全管理制度的建设。

1．操作系统控制

操作系统是整个网络财务运行的平台，其安全性至关重要，因此，系统控制首先应做好操作系统的内部控制。由于操作系统面向所有的用户，再加上自身的缺陷，所以它时刻面临着来自各方面的潜在威胁，包括系统内部人员的滥用职权、越权操作和系统外人员的非法访问甚至破坏，还包括各类针对操作系统的网络攻击，以及各种各样通过操作系统破坏整个网络财务信息系统的计算机病毒等。要提高操作系统的安全可靠性，一方面是在主流操作系统的基础上进行防护加固，建设安全操作系统；另一方面还应在日常管理控制上采取严格的措施。

1）建设安全操作系统

安全操作系统是以可信计算技术为基础，以访问控制为核心，体现着主动防御的理念，形成的安全操作系统内核。安全操作系统从操作系统核心层面出发，增强了现有主流操作系统的安全保障机制，保证上层安全机制的正确执行，确保系统始终处于可控状态，有效防止操作系统出现安全机制被旁路、被动防御以及无法有效防止内部攻击等种种问题。

安全操作系统加固在现有主流操作系统基础上，强化了身份鉴别、数据机密性保护、系统完整性保护以及安全审计机制，增加了标记、职责分离、强制访问控制、应用封装控制机制，为全面防护提供了一个可信的基础平台，以保证上层应用的安全。

安全操作系统通过对系统中的主体及客体分级、实行强制访问控制，限制低级别主体访问高级别客体；对重要信息进行存储、传输保护；对恶意用户进入系统、重要信息流出系统进行控制，保证了信息的机密性。

安全操作系统的设计开发一般有 4 个步骤：制定需要的安全等级，完成需求分析；制定合适的系统安全策略；建立可靠的安全模型；设计和实现系统的安全机制。

2）加强操作系统的日常管理控制

建设了安全操作系统只是操作系统控制的第一步，建立严格的系统日常管理控制是更为重要的一个方面，需要重点从以下几方面进行设计。

(1) 指定专人对系统进行管理，删除或者禁用不使用的系统默认账户。

(2) 制定系统安全管理制度，对系统安全配置、系统账户及审计日志等方面做出规定。

(3) 对能够使用系统工具的人员及数量进行限制和控制。

(4) 定期安装系统的最新补丁程序，对可能危害计算机的漏洞进行及时修补，并在安装系统补丁前对现有的重要文件进行备份。

(5) 根据业务需求和系统安全分析确定系统的访问控制策略。系统访问控制策略用于控制分配信息系统、文件及服务的访问权限。

(6) 对系统账户进行分类管理，权限设定应当遵循最小授权要求。

(7) 对系统的安全策略、授权访问、最小服务、升级与打补丁、维护记录、日志及配置文件的生成、备份、变更审批、符合性检查等方面做出具体要求。

(8) 规定系统审计日志的保存时间，以便为可能的安全事件调查提供支持。

(9) 进行系统漏洞扫描，对发现的系统安全漏洞进行及时修补。

(10) 明确各类用户的责任、义务和风险，对系统账户的登记造册、用户名分配、初始口令分配、用户权限及其审批程序、系统资源分配、注销等做出规定。

(11) 对于账户安全管理的执行情况进行检查和监督，定期审计和分析用户账户的使用情况，对发现的问题和异常情况进行相关处理。

2. 应用系统控制

应用系统控制包括系统开发控制和系统运行维护控制。

1) 系统开发控制

(1) 开发方案控制。由信息管理部门具体负责系统方案的制定。他们首先要到相关部门进行充分的调研，做出详细的需求分析。在方案设计出来后，由相关领导、信息管理部门、系统使用人员等对功能实现情况进行讨论，进行项目可行性和实用性的研究和分析后再确定开发方案。

(2) 开发过程控制。如果是自主开发，首先，要明确各阶段的任务、人员分工、文档编制等内容；其次，要求开发工具、开发文档编制标准化和规范化，这样有利于系统开发的分工合作和今后的运行维护；每一个阶段的工作结束后，要形成阶段开发报告，经论证审定后才能进入下一阶段，并作为下一阶段的依据。

如果是委托软件商开发，应与软件商签订开发协议，明确知识产权的归属和安全方面的要求，提出详细的需求报告。

(3) 系统测试和验收控制。在网络环境下，应利用网络在线测试功能，检验整个系统的完整性、可靠性，并对非法数据的容错能力、系统抗干扰能力和发生突发事件的应变能力及系统遭遇破坏后的恢复能力进行重点测试，以及核实既定控制功能能否在系统中得以有效实现。一旦发现网络系统中的各类软件存在漏洞，应立即进行在线修补与升级，并将所有与软件修改有关的记录报告及时存储归档。

在系统正式使用前，应组织专家、软件商、使用单位一起进行系统验收，形成验收报告。验收内容主要包括：系统是否安全，是否达到设计方案和合同规定的功能要求，系统技术文档是否交付完整，软件包是否经过检测且不含有恶意代码。

2) 系统运行维护控制

(1) 系统的运行维护由系统管理员负责，除此之外不得再有其他登录系统的账户和密码。

(2) 系统工具职能由系统管理员进行控制，并由他负责系统安全配置、系统账户及审计日志等的管理。

(3)应定期安装系统的最新补丁程序，对可能危害计算机的漏洞进行及时修补，并在安装系统补丁前对现有的重要文件进行备份。

(4)其他控制内容和操作系统控制类似。

3)设计数字认证体系，实施系统内部控制

该体系主要用于系统和数据库的身份认证、权限管理。通过 USB-KEY 的组合，能实现多种控制模式，这对建设统一的数字认证门户，控制数据库的访问，保证数据安全，监督系统管理员的工作有着重要的作用。

(1)什么是 USB-Key。简单来说，USB-Key 就是具有 USB 接口的硬件数字证书，它是与 PKI 技术相结合开发出的符合 PKI 标准的安全中间件。利用 USB-Key 来保存数字证书和用户私钥，并对应用程序开发商提供符合 PKI 标准的编程接口(如 PKCS#11 和 MSCAPI)，有利于开发基于 PKI 的应用程序。作为密钥存储器，USB-Key 自身的硬件结构决定了用户只能通过厂商编程接口访问数据，这就保证了保存在 USB-Key 中的数字证书无法被复制，并且每一个 USB-Key 都带有 PIN 码保护，这样 USB-Key 的硬件和 PIN 码便构成了可以使用证书的两个必要因子。如果用户 PIN 码被泄露，只要保存好 USB-Key 的硬件就可以保护自己的证书不被盗用；如果用户的 USB-Key 丢失，获得者由于不知道该硬件的 PIN 码，也无法盗用用户存在 USB-Key 中的证书。与 PKI 技术的结合使得 USB-Key 的应用领域从仅确认用户身份，扩展到了可以使用数字证书的所有领域。

(2)基于 USB-Key 的数字认证系统的实现手段。

① 制作 USB 接口的硬件数字证书。

② 将“原用户号+密码”的认证方式改为“数字证书+用户号+密码”。

③ 建立一个信息系统数字认证软件对所有应用系统和数据库进行集成认证。

④ 该硬件证书应包括使用人基本资料(如姓名、性别、科室、所在工作组等)、财务软件的进入权限、某一财务软件的具体操作权限。

⑤ 可以修改该硬件证书使用人资料，但权限仅由所在工作组确定。

(3)网络财务信息系统的数字认证设计。

① 网络财务信息系统的内部控制依托硬件数字证书实现。

② 一般操作使用单证书认证，重要的操作使用双证书或三证书同时认证。

③ 将工作组分为财务负责人、系统管理员、单一软件主管、复核、审核(业务操作员)、查询。

④ 系统管理员、单一软件主管工作组的成员由财务负责人进行认定和调整，复核、审核(业务操作员)、查询等工作组的成员由单一软件主管进行认定和调整，财务负责人不具有具体业务操作权限。

⑤ 系统管理员负责整个信息系统的维护，但不具有具体业务操作权限。

⑥ 数据库操作、数据初始化等由系统管理员具体执行，但需要财务负责人、单一软件主管和系统管理员的数字证书共同认证后才可进行，并在系统日志中予以记载。

⑦ 重要的业务操作(由涉及的金额、性质区分)需由业务操作人员和软件主管双证书

共同认证后才能执行，或者由业务操作人员预执行，再由软件主管或者财务负责人复核认可后转为正式数据。

7.4.3　信息控制

对于网络财务而言，保证数据安全和正确的信息控制是最为重要的。信息控制主要包括以下三个方面的内容。

1. 数据库的内部控制

在网络财务中，数据库的安全是重中之重，因此，对于数据库的控制应该十分严格。

(1) 对数据库的操作只允许通过客户端软件进行，没有特殊原因，任何人不得进入后台数据库。

(2) 建立数字认证系统，将数据库的访问模式设计为"USB-Key＋用户名＋密码"，以加强数据库访问的权限控制。

(3) 对于特殊原因需要直接进入后台数据库的操作，需由财务主管审批，并持财务主管的硬件证书和系统管理员证书共同进行身份认证后才能进入。

(4) 禁止数据库的远程访问，软件商的维护人员不得自行进入后台数据库，如工作需要，需由系统管理员通过审批后执行。

(5) 配置数据库审计系统，对重要的数据库操作进行实时监控，设置异常操作报警机制，同时记录日志作为日后审计的凭据。

(6) 每周整理数据库审计系统记录，对进入后台数据库、未经客户端的数据修改进行重点审查。

对于以上数据库的内部控制目标的实现，一些设备和技术可以起到关键的支撑作用，其中主要包括数据库审计系统、基于 USB-Key 的数字认证体系等，详细的介绍可以参见本书第 6 章的相关内容。

2. 数据的备份和恢复

由于网络财务的信息都是采用电子数据进行存储的，故必须建立一套备份与恢复机制，以确保出现自然灾害、系统崩溃、网络攻击或硬件故障时数据能够得到恢复。备份和恢复系统应具备以下条件。

(1) 支持大容量存储。

(2) 支持异地备份与恢复。

(3) 具有跨平台的备份能力。

(4) 支持多种存储介质和备份模式。

(5) 支持自动恢复机制。

(6) 对数据库服务器建立双机热备系统。

在完善数据备份与恢复的硬件设备和软件系统的同时，建立严格的数据备份与恢复管理制度是非常必要的。管理制度主要应该包括以下几个方面的内容。

(1) 应识别需要定期备份的重要业务信息、系统数据及软件系统等。

(2)应规定备份信息的备份方式(如增量备份或全备份等)、备份频度(如每日或每周等)、存储介质、保存期等。

(3)应根据数据的重要性和数据对系统运行的影响，制定数据的备份策略和恢复策略。备份策略应指明备份数据的放置场所、文件命名规则、介质替换频率和将数据离站运输的方法。

(4)应指定相应的负责人定期维护和检查备份及冗余设备的状况,确保需要接入系统时能够正常运行。

(5)根据设备备份方式，规定备份及冗余设备的安装、配置和启动的流程。

(6)应建立控制数据备份和恢复过程的程序，记录备份过程，并妥善保存所有文件和记录。

(7)应根据系统级备份所采用的方式和产品，建立备份设备的安装、配置、启动、操作及维护过程控制的程序，记录设备运行过程中发生的状况，并妥善保存所有文件和记录。

(8)应定期执行恢复程序，检查和测试备份介质的有效性，确保可以在恢复程序规定的时间内完成备份的恢复。

3. 数据安全传输

数据传输控制是为了防止数据在传输过程中发生错误、丢失、泄密等事故而采取的内部控制措施，企业应采取各种有效手段来保护数据在传输过程中的准确、安全、可靠。主要措施有以下三个方面。

(1)保证良好的物理安全，在埋设地下电缆的位置设立标牌加以防范，尽量采用结构化布线来安装网络。

(2)采用局域网、虚拟专用网(VPN)线路传输数据，开辟安全数据通道。

(3)对传输的数据进行加密与数字签名,在系统的客户端和服务器之间传输的所有数据都进行两层加密，保证数据的安全性，使用数字签名确保传输数据的保密性和完整性。

7.4.4 业务流程的实时控制

1. 实时控制理论模型

由于事项驱动型的网络财务是业务流程和信息处理流程的集成,加之在网络环境下，业务活动的自动化处理替代了人工处理，存储介质也由磁介质代替了纸张，所以在对待如何完成对交易数据的正确获取这一目标上，就不能采取事后进行一致性检查等传统控制手段。又由于业务是通过网络实时发生的，人员干预的成分较少，故必须实施事中控制，即实时控制。由于已识别了事项驱动型网络财务的有关风险，就应该在风险发生时尽可能地控制它，并对业务的合法性和合理性进行充分检查，使之符合既定的业务规则。这不仅需要在业务或信息处理发生时检查和管理与事项相关的规则、政策，还需要将控制程序化，即在系统的设计和开发阶段把控制规则编写成源程序代码并嵌入到业务事件的执行过程中，使各项控制由计算机自动完成，从而降低错误和舞弊发生的可能性。当然，在网络环境下，要使人们正确树立会计实时控制观念，还必须进一步深入研究网络财务的流程再造、实时控制方法、实时控制模式等理论问题，不断丰富和完善网络财务实时控制系统，使其高效、安全、正常运转，最终保证网络财务实时控制目标的实现。网络财务的实时控制理论模型如图7-1所示。

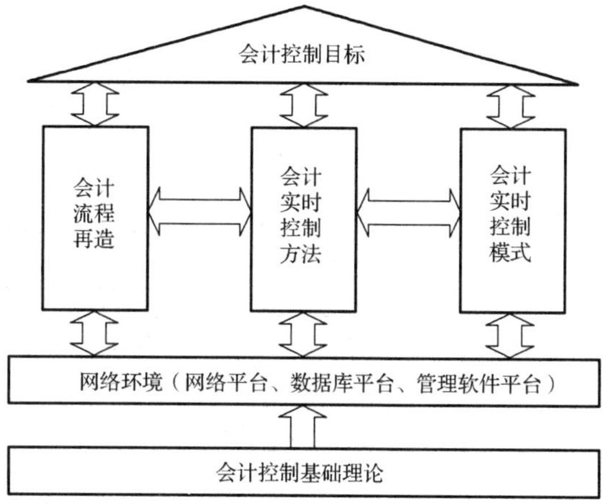

图7-1　网络财务的实时控制理论模型

2．会计流程再造

1）会计流程再造的意义

在网络财务中，传统的会计业务流程已无法适应，因此“流程再造”是必要也是必需的。所谓“流程再造”，就是指利用信息技术去改变传统会计中的管理流程、业务流程及会计流程，并将这三种业务流程集成，以实现会计的实时控制。它的实质就是采用所谓的基于“事项驱动”方式，再造传统会计和信息系统的业务流程。在网络财务中，这种基于“事项驱动”方式的会计业务流程有以下几个特点。

（1）实现了源数据仓库的共享。这种系统结构将使物理上分散的企业的多个数据库在逻辑上集中，并支持不同层次、综合性的信息需求。经过标准编码的源数据信息，可以满足企业外部所有的信息使用者的需求，使数据真正做到同出一源，实现共享。

（2）业务流程、会计流程（信息流程）、管理流程之间能够紧密合作，各部门之间信息不协调的状态可以得到缓解。

（3）提供实时财务报告。由于信息处理与业务活动的执行过程是同步的，能够实施会计的事中控制，且系统能就违反规则的活动实时地向负责人发送异常情况报告，或者阻止舞弊活动的执行，故可使系统预防风险的能力大大提高。

2）建立财务业务一体化流程

不管是传统会计，还是目前普遍使用的会计信息系统，其会计流程的起点主要还是依据经营活动发生时的各类原始凭证编制录入记账凭证，实际上仍然是事后算账。要实现网络财务的实时控制，打破传统会计流程，充分发挥网络信息技术的优势，建立起财务业务一体化流程是非常必要的。财务业务一体化流程具体如图7-2所示。

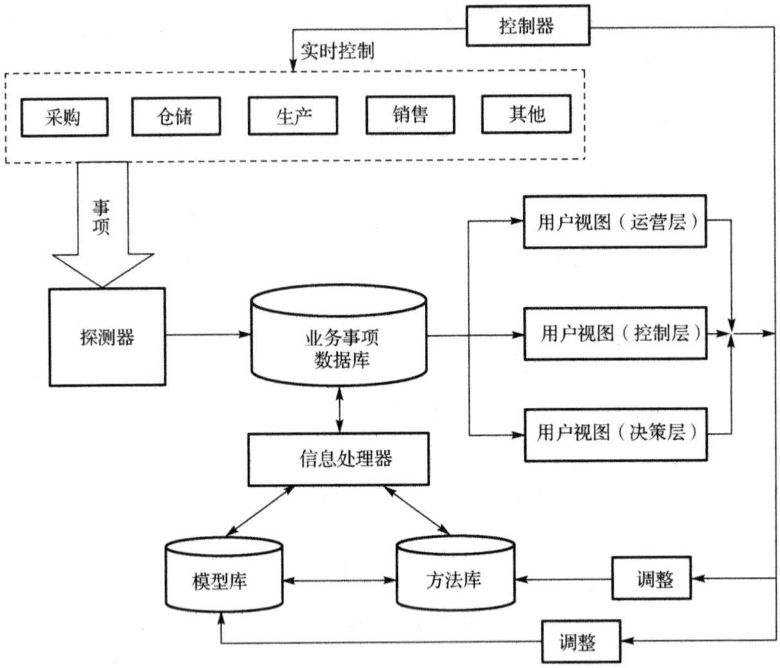

图 7-2 财务业务一体化流程

3)财务业务一体化流程的实现

(1)充分利用网络平台和信息技术。网络平台是信息传递和信息共享的基石,数据库、电子商务等信息技术的发展和不断完善是财务业务一体化流程得以实现的强有力的支撑工具。充分利用网络平台和信息技术，可以为实现实时获取信息、实时控制业务事项、实时生成信息、实时报告信息的全新流程打下坚实的基础。

(2)数据的存取和管理。财务一体化流程包括三个基本库，即业务事项数据库、模型库和方法库。三库通过中间的信息处理器进行数据的存取和管理，为企业财务运营、控制和决策提供依据。

当业务事项发生时，探测器(即信息系统中的事件获取模块)会实时获取事项信息，将所有原始数据适当加工成标准编码的源数据；同时记录业务事项的个体特征和属性，并将其集成于一个业务事项数据库中，而不是任由数据分散、重复存储于多个低耦合系统中。业务事项数据库不仅记录符合会计事项定义的业务事项，而且记录管理者想要的计划、控制和评价的所有业务事项，还存储业务活动中的多方面细节信息，任何授权用户都可以通过它所存储的数据来定义和获取所需的有用信息。

方法库是财务决策得以实现的一个基础。系统要求有一个完善的方法库以进行有效支撑。方法库用于存放信息提取规则、业务处理规则和控制规则，以及不同的确认和计量规则。在信息使用者使用会计信息时，系统可以根据不同目的，选择不同的确认和计量规则，并将其组合成与信息使用者决策最相关的会计信息内容。此外，方法库中也包含一些基本数学方法、数理统计方法、经济数学方法、预测方法、评价方法、优化方法、仿真方法、决策方法及投入产出方法等。

模型库是分析问题、提供合理决策方案的基础。模型库中存放有用户求解问题所需的各种模型，如专用模型、通用模型及在求解问题时所建立的临时模型等。该模型库可实现模型的生成、组合、运算及模型的增、删、改一体化运作。模型库中的模型主要分为分类汇总模型、财务报告模型、财务分析模型、预测模型、决策模型等。采用事项驱动的原理，将模型库与业务事项数据库相连接，在事项驱动的方式下，可以把信息使用者所需要的信息按动机不同划分为若干事项，并可为每一种事项设计相应的过程程序模型，当决策者需要某种信息时，相应驱动不同事项程序，即可得到相应信息。

3. 实时控制方法

完成了会计流程再造后，实现网络财务的实时控制便成为了可能。在网络平台和信息技术的支持下，可通过识别结构化控制规则和非结构化控制规则来设计不同的内部控制方法，并在信息系统开发时将一些规则嵌入到系统中，或者设计一些管理控制模块，并将其和信息系统结合起来以完成实时控制。

1）结构化控制规则程序化

在会计数据处理过程中，判断会计数据处理是否正确可根据结构化规则进行，其基本规则包括以下几种。

规则 1：有借必有贷，借贷必相等。

规则 2：资产=负债+所有者权益。

规则 3：上级科目余额=其下属明细科目金额之和。

规则 4：未审核凭证不允许记账。

规则 5：审核人与制单人不允许为同一人。

上述规则是会计数据处理中的基本规则，同时也是“不相容职务相互分离控制”、“授权批准流程控制”等控制方法的具体体现。事实上，规则远不止这些，人们一直在不断探索，不断丰富和完善规则，以使会计处理流程更加规范。

2）设计业务流程管理模块

为了实现网络财务的实时控制，可结合再造后的新业务流程，设计业务流程管理模块，并将其和会计信息系统相结合以完成内部控制工作。设计业务流程管理模块的目的在于不因为实施内部控制而影响业务流程的流转，降低工作的效率。该模块内嵌于信息系统中，可以实现信息的单向、双向、多向传递，可在线实时完成业务处理申请、处理结果批复，保证信息传递的时效性和授权审批等内控手段的实现。

业务流程管理模块主要包括如下一些功能模块。

（1）采购管理模块。采购管理模块主要用于实时获取从采购订单、出货、到货、处理采购发票等一系列采购活动中的各种信息，并应用控制标准（如采购价格标准、采购费用预算等）、控制准则（如采购价格审批准则、采购发票控制准则等）以达到对供应商选择和确定采购订单价格、处理采购发票等一系列活动进行实时控制，为企业最大限度地降低采购成本、提高经营效率提供支持。

（2）销售管理模块。销售管理模块主要用于实时获取从销售合同签订到结束全过程的经营活动信息，并应用控制标准（如信用额度、销售费用预算等）、控制准则（如赊销控制准则、销售价格控制准则等）对销售订单价格进行严格控制、指导，约束销售行为，动态控制产品的分配量、现存量、可用量、不可动用量、在途量等，在提高资金回笼流量和流速的同时，保证企业经营效益目标的实现。

(3) 库存与存货管理模块。库存与存货管理模块主要用于实时获取物料入库、出库、盘点、报废及结存等信息，并应用控制标准（如各种存货的最高储量、存货最长储存期、标准用量等）、控制准则（如超储或缺货控制规则、超出最长储期的扣款规则等）实时控制存货的流量和流速，最大限度地降低库存资金占用，提高存货周转率。

(4) 成本管理模块。成本管理模块主要用于实时获取成本中心信息、每道作业的信息，并应用控制标准（如材料成本、产品成本、作业成本等）、控制准则（如各种价差控制规则、各种量差控制规则、各种成本动因的控制规则）在实施标准成本控制和作业成本控制的同时，最大限度地降低作业成本、产品成本，提高企业经营效益。

(5) 财务管理模块。财务管理模块主要用于实时动态地获取企业经营过程中的个人和部门费用，现金流入、现金流出等信息，应用控制标准（如利润中心控制标准、费用中心控制标准、资金预算等）、控制准则（如个人借款限额规则、部门费用和总额费用规则等）严格按照预算对费用和资金进行实时控制，提高资金周转率，降低各种费用，最大限度地保证提高企业的经营效益。

针对以上各类业务，应制定相应的业务流程，在每个流程中规定各种业务的处理规则，并将其与业务流程管理模块相结合，以达到实时控制的目的。

3) 通过数字认证体系进行权限控制

权限控制法是指企业高层管理者给予企业员工或部门一定的权利和责任，限定其活动范围，防止无权限人员对经营活动进行非法处理的控制方法。权限控制法也是授权批准控制法。在经营过程中，应用权限控制法能够使会计控制系统在有效的控制下正常运行，并能严格执行内部控制制度，保证系统的安全性和保密性。实施权限控制法时，也需应用相应的结构化规则来指导、协调、约束经营活动。其基本规则是当某项经营活动或事件发生时，如果某人有权限，则可以处理该事件，否则不允许处理。权限控制法从控制内容看，既涉及财务事件，也涉及业务事件控制权；从控制范围看，既涉及某一具体事件，也涉及整个流程的控制权。设计数字认证体系是实现权限控制的方法和途径，这一体系已经在前面进行了介绍。

4) 建立实时监控系统

在网络财务实时控制中，对各类重要业务和事项进行实时监控是非常必要的，因此，建立业务事项的实时监控系统是至关重要的，其具体内容如下所示。

(1) 通过与各子系统的集成数据接口实时提取数据。

(2) 对于需要监控的数据，根据各子系统通过业务事项的重要程度设置数据提取的条件。

(3) 业务监控系统向不同级别和权限的人员实时提供相应的监控信息。

(4) 在数据到达时进行实时消息提示。

(5) 具有权限的人员登录业务监控系统后，未阅读的监控信息会自动提示阅读。

(6)对提取的监控数据存档备查。

综上所述，在网络财务中，优化和再造业务流程能够将控制规则嵌入会计控制系统，使计算机能严格按照控制规则进行实时控制。这样不仅减少了人工控制的缺陷，规范了经营活动，而且对发挥财务对经营活动过程的实时控制，实现提高企业经营效率和效益的目标起到了推动作用。

本章小结

网络财务是伴随着网络和信息技术的发展而发展起来的，存在有很多独特的特点。网络财务内部控制在控制目标、控制范围和内容、控制实现的具体手段等方面和传统会计有很大的不同。

本章在介绍内部控制的概念和发展历程的基础上，结合相关内部控制理论，具体分析了网络财务内部控制的特点、内部控制制度的设计及具体的实施，使读者能够初步了解网络财务内部控制制度的设计原则和设计方法，并对如何实现网络财务的实时控制有一个较为全面的认识。

关键术语

内部控制　实时控制模型　流程再造　财务业务一体化

复习思考

1. 网络财务内部控制的基本要素有哪些？
2. 简述网络财务内部控制的特点。
3. 如何进行网络财务内部控制的设计？
4. 网络财务内部控制的主要内容是什么？
5. 如何进行会计实务实时控制的设计？
6. 网络财务内部控制的实施技术有哪些？

参考文献

[1] 阎达五，张瑞君．会计控制新论——会计实时控制研究[J]．会计研究，2003(4).

[2] 杨周南．论会计管理信息化的 ISCA 模型[J]．会计研究，2003(10).

[3] 刘志远，刘洁．信息技术条件下的企业内部控制[J]．会计研究，2001(12).

[4] 卢燕．事件驱动会计信息系统风险与内部控制设计[J]．南京审计学院学报，2007(5).

[5] 吴万盛．网络环境下会计信息系统内部控制研究[D]．西北农林科技大学硕士学位论文，2007.

[6] 黄益建．内部控制体系设计与业务流程重组[J]．财会月刊，2007(6).

[7] 陈昂宇，陈培久．实现企业信息化控制的 COBIT 模型初探[J]．计算机与现代化，2005(1).

[8] 常剑峰．事件驱动型会计信息系统业务处理和信息处理的风险与控制[J]．中国管理

信息化，2005(8).
[9] 杨涛. 网络化会计信息系统内部控制研究[D]. 重庆大学硕士学位论文，2007.
[10] 黄莉娟. 基于网络环境的会计信息系统内部控制研究[D]. 南京林业大学硕士学位论文，2007.
[11] 祁广亚. 会计信息化条件下企业会计信息系统内部控制[J]. 财会月刊，2010(22).
[12] 韩帅，马英，冀俊峰. 2014 年网络安全威胁全景[J]. 电子政务，2016(2).

第8章

网络审计

本章导读

电子商务技术的高速发展和广泛应用，深刻地改变着审计的对象和环境，使审计的对象隐性化、数字化、网络化，并呈现出不断变化和发展的趋势，促使传统审计向计算机网络审计方向发展。网络审计的实时性和动态性、隐秘性、高效性等特征，使其在拓展审计空间，提高审计效率，降低成本方面具有明显优势，有利于降低审计风险，提高审计质量。

通过本章的学习，应当掌握和了解网络审计的内涵、网络审计的基本内容和主要特点、网络审计的程序和方法、网络审计风险等。

8.1 网络审计的产生与发展

8.1.1 什么是网络审计

目前，对网络审计的定义有广义和狭义之分。狭义的网络审计是指借助于电子计算机先进的数据处理技术和联网技术，以磁性介质为主要载体来存储数据，以便于用网络来处理、传输、查阅这些数据，使审计工作与计算机网络组成一个有机整体，从而提高了审计的现代化水平。而广义的网络审计是指在网络环境下，借助大容量的信息数据库，以及运用专业的审计软件对共享资源和授权资源进行实时、在线的个性化审计服务。本书认为，网络审计是指以网络经济活动和网络信息活动为对象，以验证网络经济活动的合法性、真实性和有效性，以及实现网络财务会计信息和其他信息的公允性、合法性为目的的经济监督、经济鉴证和经济评价活动。

8.1.2 网络审计的产生

20 世纪 40 年代电子计算机的出现，使人类社会产生了划时代的变化。1954 年美国首次将工资计算用电子计算机加以实现，这标志着电子计算机进入了会计和管理领域。自 70 年代起我国的会计电算化也得到了很大的发展，尤其是随着计算机技术、现代通信技术，以及 90 年代中后期网络技术（以 Internet 为代表）的迅猛发展，人类社会正在由工业社会向信息社会过渡，进入以网络经济为代表的知识经济时代。在这种新形势下，过去以纸质为载体的信息均将被看不见、摸不着的电磁信号所取代，纸面的凭证、账册和报表将失去存在的必要，“传统审计”赖以存在的“可视审计线索”将面临自然消失的趋势。“皮之不存，毛将焉附”，正如国家审计署前审计长李金华所说：“开展计算机审计是一场革命。如果不搞计算机审计，我们将失去审计资格。”由此可见，计算机审计将为审计的发展开辟一条新的路径，其地位将更加突出。

8.1.3 网络审计的发展

网络审计的发展趋势将对审计制度的建设起到积极的促进作用。目前，我国已经制定了相对完善的审计法规，如审计人员标准、现场作业标准、审计报告标准、职业道德规范等。但是涉及信息化环境下的审计法规仍非常有限，目前主要有《会计核算软件基本功能规范》、《信息系统安全标准——计算机信息系统安全产品分类原则》、《信息技术会计核算软件数据接口》（GB/T 19581—2004）。

审计署于 1996 年 12 月发布的《审计机关计算机辅助审计办法》中指出了计算机辅助审计的内容，对审计人员、被审计单位的要求，审计机关与人员的责任等。

中国注册会计师协会于 1999 年 2 月颁布的《独立审计具体准则第 20 号——计算机信息系统环境下的审计》指出了在计算机信息系统环境下审计的一般原则、计划、内部控制研究、评价与风险评估和审计程序。

国务院办公厅于2001年11月16日颁布的《关于利用计算机信息系统开展审计工作有关问题的通知》，明确了审计机关有权检查被审计单位运用计算机管理财政收支、财务收支的信息系统，并对信息系统的数据接口、电子信息的保存要求、系统的测试、网络远程审计和审计人员在计算机审计中的义务等也做出了规定。

中国注册会计师协会于2006年2月颁布的《中国注册会计师审计准则》体系中多次提到关于网络审计问题的内容，如《中国注册会计师审计准则第1301号——审计证据》中提到"当信息以电子形式存在时，注册会计师可以通过使用计算机辅助审计技术实施某些审计程序。"又如《中国注册会计师审计准则第1211号——了解被审计单位及其环境并评估重大错报风险》中指出"注册会计师应当……了解信息技术对内部控制产生的特定风险"等，以及《中国注册会计师审计准则第1633号——电子商务对财务报表审计的影响》指出了在对财务报表进行审计的过程中发现存在电子商务的情况下，对被审计单位电子商务的了解、风险识别及对其内部控制的考虑。

我国积极开展对网络审计的实践。"金审工程"（审计信息化系统建设项目的简称）是我国按照国家基本建设程序批复的第一个国家电子政务建设项目。"金审工程"的建成使用，对财政、银行、税务、海关等部门和重点国有企业、事业单位的财务信息系统及相关电子数据进行密切跟踪，对财政收支或者财务收支的真实、合法和效益实施有效监督的信息化系统，建立起一个适应信息化的崭新审计模式——"预算跟踪+联网核查"；逐步实现从单一的事后审计转变为事中审计和事后审计相结合，从单一的静态审计转变为动态审计和静态审计相结合，从单一现场审计转变为现场审计与远程审计相结合；建设一个信托政府公共网络，连通全国审计机关和重点被审计单位的高效实用的审计专用网；开发一批满足审计业务需求并在应用中不断完善的应用软件；建立一个为审计业务和决策，为政府和社会公众提供有效信息的数据库群；配置一批经济实用的计算机设备；培养一支胜任审计信息化的新型队伍。在"金审工程"的实施过程中，广东省佛山市南海区审计局、杭州市审计局及湖北老河口市审计局联网审计的实践让国际同行惊叹不已。

在中国香港地区，香港审计署计算机审计处(CAB)在网络审计中的数据采集技术方面采用了由"一步式"过渡到"两步式"的方式。传统的"一步式"是指审计技术完全在被审计单位的信息系统上应用，此种做法受被审计单位的信息部门干涉较多，削弱了审计独立性。"两步式"是指审计人员首先从被审计单位的信息系统中下载数据到其个人计算机的数据库中，然后使用自己的系统处理下载的数据。"两步式"增强了审计的独立性和保密性，提高了审计效率和质量。

2002年，中国香港政府的内部网络——"计算机核心政府部门"(CCGO)开通。CCGO建立了中心数据库，其中包含了所有政府部门的普遍信息，这就使得审计人员不必亲自访问被审计单位就可以对该单位进行调查了。

目前世界各国联网审计的进展各有千秋，侧重点也各有不同。值得一提的是，中国无论是数据采集技术还是审计模型的开发都已走在了世界前列。

8.1.4 网络审计的现状

1. 网络信息系统的可审性不强

目前，我国计算机信息系统的设计未能考虑审计的需要，可审性不强，主要表现在以下几个方面。

不提供审计所需数据接口，很难进行审计取证工作。虽然我国软件协会财务及管理软件分会曾对财务与管理软件的数据接口提出了标准要求，但许多财务与管理软件都没有执行。而且有些系统的数据库还加了密，使审计软件无法访问系统的资料，电子资料的获取成了利用计算机辅助审计的瓶颈。计算机信息系统在开发上没有考虑在应用系统中嵌入审计模块以对系统的交易进行连续监控，方便审计证据收集。计算机信息系统的功能设计没有很好的考虑审计需要，未能为计算机审计留下足够的审计线索。由于保密等原因，厂商或者使用单位一般不提供详细的系统开发资料（如数据库表结构、系统设计说明书），这样不利于审计人员对系统软件的整体评价、有效的采集和转换审计所需的数据。

2. 信息系统审计尚未被业界接受

随着社会信息化程度的提高，信息系统审计越来越受到社会的重视，与信息系统审计相关的专业组织和职业资格不断出现和扩大。但在我国，信息系统审计尚未被业界所接受，主要原因有以下两个方面。

（1）缺乏相应的信息系统审计标准。我国目前还没有正式的信息系统审计准则，而原有的审计准则已不能完全适用于当下信息系统审计。国内开展信息系统审计主要是参考 ISACA 信息系统审计准则，但由于国内信息系统集成程度不高、客观应用环境存在差异以及法律法规上的不完善等原因，在国内开展信息系统审计工作还不能完全按照此标准。

（2）缺乏全面开展信息系统审计业务的人才队伍。信息系统审计要求审计人员不仅要通晓信息系统的软件、硬件、开发、运营、维护、管理，而且还必须能够利用规范和先进的审计技术，对信息系统的安全性、稳定性和有效性进行审计、检查、评价和改造。因此，我国必须加强专业审计人员的培养，尽快建立一支高素质的信息系统审计师队伍。

8.2 网络审计的特征与作用

8.2.1 网络审计的特征

与传统审计相比，网络审计具有如下六个特点。

（1）实时性和动态性。由于在网络审计模式下会计信息具有实时性，所以审计可以随时和在线进行，并不一定要等到报表公布时才能进行。这样，审计人员就可以充分发挥其监督的职能，随时监控被审计单位的经济活动，从而可更加有效地防止舞弊行为，减少其带来的损失，为有关各方及时发布被审计单位的最新会计信息和有关经济业务信息。网络审计使审计从事后转变为实时，并从静态走向动态。

(2) 审计过程的隐秘性和审计次数的频繁性。审计机构接受委托人或授权人的委托或授权后，可在不通知被审计对象的情况下，通过网络直接进入被审计单位的网络信息系统开展审计，从而提高了审计质量。同时，由于在网络系统下，数据的更新速度加快，如果审计人员不能跟上系统更新的频率，不能及时调查和获取一些中间结果，就很难做出审计判断。

(3) 审计工作的高效性。网络审计借助网络技术、计算机技术、现代通信技术，可使得远程审计与就地审计相结合，并可对大量的业务数据进行联网查询、跟踪、比较、统计、打印和编制审计工作底稿，从而最终完成工作报告，大大减少审计人员的工作量和审计成本，提高审计效率。

(4) 审计信息的丰富性和审计报告的开放性。网络的应用使被审计单位的会计信息系统成为一个开放性系统，审计部门经授权后可以通过网络主动获取会计信息，还可以对与其有业务联系的各单位的会计资料进行查询、分析，使审计的信息来源更直接、内容更丰富。同时，在网络审计模式下，利用网络对外发布审计报告，可使信息使用相关者能在最大范围内及时、便捷地查阅审计报告，以帮助其制定决策。

(5) 网络审计需要强大的技术支持。在网络审计模式下，技术支持是十分重要的因素。例如，为了对被审计单位的会计信息进行实时在线的监控，审计人员需要借助网络技术和通信技术；为了对审计线索进行分析整理，审计人员需要借助数据仓库和数据挖掘技术。同时，网络审计处于庞大的网络系统中，面临着更多的安全问题，因此，与单机环境相比，审计人员需要掌握更多的技术手段来完善内部控制建设。

(6) 安全性成为网络审计发展所关注的首要因素。由于网络的开放性，网络审计系统易受到计算机病毒、网络黑客的攻击，而网络审计系统内包含大量重要的信息，如被审计单位的经营情况等，这些数据一旦丢失或被盗取，将会给被审计单位和审计机构带来巨大的损失。

8.2.2 网络审计的作用

网络审计是借助计算机网络工具在传统审计基础上的发展与延伸，网络审计的作用主要体现在以下几个方面。

(1) 网络审计可以使审计空间得到拓展。在网络环境下，由于会计信息系统的开放性和网络化，会计信息资源在极大的范围内得以交流和共享。会计信息涉及交易关联方的各个方面，能同时访问会计信息的用户可能涉及整个网上用户。因此，为了防止信息的使用者采取恶意操纵行为，破坏和更改会计数据，在传输过程中截留和篡改会计数据，网络审计将审计空间范围扩大到交易关联方以及网上有关信息用户。

(2) 网络审计可以实现审计信息资源的充分共享。计算机网络的最大特点就是信息的共享性，当审计领域实现网络化后，这一特点就能得到更充分的体现。网络最大限度地实现了审计信息资源的共享，大大提高了审计信息的使用效率，降低了有关审计信息的搜寻、等待、联络成本。

(3) 网络审计可以实现跨时空作业。网络技术的快速发展带动了电子商务、电子政务等一系列网络技术新应用领域的发展。在网络时代里，跨时空审计使得审计单位能够综合调用管理机构内外的资源，使得远程审计与就地审计相结合、当前审计与以前审计和后续审计相结合，从而可以更好更快地完成审计项目。

(4)网络审计可以使审计服务更周到。在网络环境下，审计人员可以充分利用网络所特有的电子服务技术，查找、追踪需要的审计数据资料，与其他客户进行相互沟通，充分利用网络共享数据信息资源，从而为委托单位提供更智能化的客户服务，最大限度地维护委托单位的利益。另外，国内外有关审计专家、学者还可以进行网上会诊，共同寻找克服难点的途径，提供完美、优质的审计服务。

(5)网络审计可以实现审计信息数据传递的网络化。在网络环境下，所有的审计工作程序均可以在网络上进行，即实现无纸化审计。而有关审计信息数据的传递均可以通过与有关单位互通电子邮件进行。审计人员还可以登录被审计单位或第三方网站，获得尽可能充分的、及时的审计数据资料，从而保证审计工作的顺利开展。

(6)网络审计可以体现多单位联合作业的协调优势。为了有效地完成审计任务，三类审计机构(内部审计、社会审计、政府审计)应进一步分工协作。而网络、计算机和现代通信技术在审计中的运用使得多单位协作、联合审计成为可能，使得审计资料能够得到更广泛而有效的配置和运用，最终使审计能力大大提高。

(7)网络审计可以实现审计结论、审计报告披露的及时性。在网络环境下，审计部门可通过建立网络平台，模拟现实的商务运作来提高审计的工作效率，强化审计工作的指向性。审计报告实时系统的运用，大大加速了审计监督工作的运行速度，缩短了有关审计结论、审计报告生成的周期，强化了企业财务报告的真实性、可靠性、合法性、合规性，为投资者理性投资提供了有用的参考资料。

(8)网络审计可以利用网络的隐秘性更好地实施突击审计。网络的存在使得审计工作可以在不通知被审计人员的情况下开展，使得被审计人来不及应付审计检查，从而减少了审计工作的阻力，提高了审计的效率和质量。网络审计的隐秘性使得突击审计的重要性和有效性得以提高。

8.3 网络审计的要素与内容

8.3.1 网络审计的要素

网络审计要素，是指网络审计业务的基本构成部分，主要包括审计主体、审计对象、审计目标、审计范围、审计内容、审计方法与技术和网络审计报告。

1. 审计主体

审计主体是指实施审计监督的执行者，也就是审计机构和审计人员。在网络审计中，企业的经营管理活动都是通过网络进行的，审计对象、审计线索等发生的变化使审计工作的开展也需要在网上进行。这无疑对审计机构与审计主体提出了挑战。网络审计工作的顺利开展，首先，应当建立和完善能够在网络上对被审单位及其相关信息进行审查、监督和提供鉴证服务的审计机构；其次，必须构建完善的计算机系统和网络系统；最后，对审计人员的综合素质提出了更高的要求和标准，要求审计人员在原有的基础上，掌握实施审计程序所必需的电子数据处理知识，并能熟练地应用计算机辅助审计技术等。

2. 审计对象

审计对象是指审计所要考察的客体，即被审计单位的财务收支及其有关的经营管理活动和被审计单位的各种会计报表及其他有关资料。随着现代信息技术的发展和电子商务的兴起，企业的组织结构和经营方式等都发生了深刻的变化。网络经营的发展和虚拟公司的出现使企业可根据业务需要自由重组，瞬间即可诞生或消失，从而使会计主体变得模糊，审计对象也因此变得复杂。我们需要认识到，在网络时代，审计对象具有动态性、虚拟性和适时改变性。

3. 审计目标

独立审计的目标是对被审计单位的会计报表的合法性、公允性及会计处理方法的一贯性发表意见。会计报表是企业经营状况和经营成果的反映，在网络时代，它将具有及时性、实时性，同时其内容和范围都将扩大。由于会计报表审计是审计业务的基础，因而网络时代的审计工作将向更深、更广的领域扩展，诸如企业社会责任履行状况的审计、人力资源利用状况的审计、政府调控职能实现程度的审计、顾客对企业满意程度的审计以及网络技术本身的合规性与有效性的审计等。

4. 审计范围

审计范围是指针对特定审计对象所开展的实践活动在空间上所达到的广度。网络环境下，企业的会计信息系统是一个开放的系统，由于其资源的共享性，能访问会计信息以及接触会计信息的人可能涉及整个网络用户，这将会使网络系统面临更大的风险。因此，我们需要对系统的安全性进行审计，需要对交易双方以及其他相关方进行审计，审计活动面向网络。因而，基于互联网的审计范围将大大拓宽。

5. 审计内容

电子商务的特点及其固有风险决定了审计的内容还必须包括对电子商务系统的处理和控制功能的审查，以证实其对交易事项的处理是否真实、合法、安全、可靠。所以，在电子商务系统的开发与设计过程中应有审计人员参加，对系统的功能、数据流程、处理方法、安全措施等进行审查，保证系统运行安全可靠。此外，由于电子商务系统在投入使用后还可能进行优化或二次开发等，因此在系统的整个运行过程中，也都需要审计人员的审计监督。

6. 审计方法与技术

审计技术方法是为了实现审计目标，在对被审单位实施审计过程中所采用的各种手段，它是顺利完成审计工作、提高审计工作质量的重要保证。网络环境下，审计人员利用审计接口软件来获取原始数据，利用审计抽样软件来进行样本抽取，利用审计分析软件进行各种数量关系的配比分析和数据查询，利用数据仓库技术来进行分析，利用审计专家系统进行审计推理与判断，并通过数据挖掘、样本抽取、异常项目调查、数据分析与处理等方法进行测试、检查、分析与核对，对会计数据进行可靠、完整地保存和管理，借助单机系统或工作站对会计数据进行迅速、有效地审阅、核对、分析、比较。由此可见，网络环境下的审计技术方法已大大突破了原有方式下所运用的审计技术方法，提高了审计的效率与质量。

7. 网络审计报告

网络审计报告是指基于互联网，按照中国注册会计师审计准则的规定，审计人员利用网络及通信技术，对被审计单位建立在信息系统基础上的网络经济活动(包括网络会计、电子商务、ERP 等)进行审计，所形成的包含对被审计单位出具的审计意见的书面文件。

8.3.2 网络审计的内容

审计的职能是监督。传统的报表审计内容包括被审单位在特定时期内的会计报表及其相关资料，以及其所反映的经济活动。网络审计的内容与传统审计相比有了一定的拓展。

1. 对网络经济的审计

网络经济是指在开放的因特网环境下，利用服务器来实现的各种经济活动。这种虚拟经济模式具有虚拟性、广泛性、隐蔽性、即时性等特点，与传统的经济模式有显著的区别。它既包括网络贸易、网络银行、网络企业及其他商务性的网络活动，又包括网络基础设施、网络设备和产品及各种网络服务的建设、生产和提供等经济活动。

2. 对网络系统的审计

网络审计对网络系统安全性、可靠性和准确性有很强的依赖，这就要求尽可能在网络系统投入运行前就对其进行审计。这主要包括以下六个方面。

1)对系统开发的审计

首先，网络审计系统(电子商务系统和网络会计系统等)的特点及其固有的风险决定了审计内容必须包括对网络信息系统处理和控制功能的审查，以证实其业务处理是否真实、合法及安全可靠，这是传统审计所没有的；其次，由于系统开发完成并投入使用后再修改优化，要比设计阶段修改优化更困难且代价昂贵，所以系统的设计开发应有审计人员(一般是内审人员)参与，且完成后必须通过验收认证程序才能投入运行，通用软件尤应如此。

2)对内部网络功能的审计

这项审计内容包括对硬件系统的审计和软件系统的审计，主要对系统的功能、数据流程、处理方法、安全措施等进行审查，保证系统运行的安全可靠。内部网络功能的审计应采取突击检查与定期审查制度相结合的方式，以保证内部网络的安全性、可靠性和准确性。

3) 对网络内部控制的审计

这项审计内容应包括内部会计控制和内部行政控制。内部会计控制是指有关保护企业资产和保证会计记录可靠性的组织计划和业务处理程序，包括经济业务的授权审批、企业资产的限制接触，保证记录和报告体系准确可靠的一系列措施；内部行政控制则侧重于督促目标责任的落实与业务效率的提高，如劳动人事制度、新产品研究开发制度、商品销售内部控制制度以及电子信息和情报资料内部控制制度等。

4) 对网络一般控制的审计

一般控制审计是电子数据处理系统的主要控制手段之一，内容涉及人员管理、网络计算机软硬件的管理、运行环境等的审计。网络财务信息系统的核心是电子数据处理应用系统，它赖以运作的基础是操作系统和数据库系统，操作系统上计算机硬件资源用户的接口是各类程序运行的基础平台，它支持着数据库管理系统的运行。网络电子数据处理系统的层次结构是：硬件系统、操作系统、数据库管理系统和应用软件系统。一般控制应该做到对网络电子数据处理系统的系统安全、组织分工、系统开发与维护、软硬件资源安全等的有效控制。一般控制审计就是针对企业以上控制内容的水平做出合理的评价，并以此作为实质性测试的依据。

5) 对应用控制的审计

应用控制可以设置在贯穿整个系统处理流程中的任一阶段。与一般控制审计不同，应用控制审计的目的在于确保应用系统可以保护电子处理数据的安全性，保证数据一致性以及对数据进行有效的加工等。

6) 对外部网络相关单位的审计

为了保证网络业务的真实性和安全性，必然要求审查网上的认证机构、加数字时间戳的机构、网上银行或电子货币发行单位的真实、可靠性；还要求评价各种 Internet 上加密技术、防火墙技术等网络安全控制措施的有效性。所有这些都由每个单位组织审查和评价是不实际，也是不必要的，因此可以由有关部门或机构进行审计、评价或鉴定，并出具报告，以供有关人员参考。

3. 借助网络进行审计

网络审计还应该包括审计自身的网络化，即审计本身的电子商务化，这是网络审计与传统审计相区别的根本特征。

1) 借助网络开展业务

网络审计机构的大部分业务活动都需要在网上开展，包括在本企业网站上进行形象塑造、信息披露、服务咨询、同业交流、委托或授权、资金划拨、审计结果报送等。

2) 借助网络进行项目管理和实施

网络审计机构在网上接受委托或授权，并取得登录密码及其他相关权限后，就可以在任何地方借助网络进行项目管理和实施，完成除实地盘点和观察外的大部分审计工作了。如审计项目负责人可以在网上制订审计计划，给各审计人员(不同地点)分配审计任务；在网上复核助理人员的工作底稿，并对助理人员给予指示与帮助；随时了解审计项目进展情况；草拟和签发审计报告。

而审计人员可以通过网络审计远距离外的计算机信息系统功能；调用系统的审计功能或使用审计软件对系统的磁性介质与会计信息进行抽样、审查、核对和分析；向被审计单位的银行、客户和供应商等进行电子函证；在网上复制有关文件或数据等审计证据，编写审计工作底稿。

如在系统开发时嵌入了既定的审计程序，则计算机还可以对经济业务进行实时的监控，并自动完成部分审计任务。

3) 借助网络进行多单位、跨时空作业

网络审计使得多单位联合审计项目的实施成为可能。主管单位可以在网上对各个单位进行分工、管理、领导与协调；而实施单位则可以通过网络与协作单位进行联系，传输与调用有关资料，向主管单位报送工作信息、审计进度，并接受指导和协调等。

8.4 网络审计的程序与方法

8.4.1 网络审计的流程

网络公司、网络通信技术、企业网络财务的产生与发展促成了网络审计的产生与发展。其中，网络公司是现代技术革命的产物，是以因特网为基础，以内联网为核心，结合外部网发展的一种虚拟的网络组织形式。它可以相对独立，也可以成为 Internet 的一个节点，同时根据需要还可以向企业外部延伸，使其范围扩大到企业与企业之间，企业与关联企业之间，企业与上游的供应商和下游的客户之间，从而形成更广泛的信息系统。网络公司可在因特网基础上通过内联网实现业务和财务一体化处理，通过外部网与供应商、客户、工商、银行、税务、审计及其关联企业进行双向动态的信息交流。网络公司的产生为网络化审计创造了良好的外部环境；网络通信技术的更新为网络化审计提供了先进的技术支持；企业网络财务的广泛应用为网络化审计奠定了坚实的基础。网络化审计的基本流程可概括如下。

1. 计划准备阶段

(1) 通过网上检索，对审计客户的基本情况做初步的调查与了解。调查内容包括网络系统的硬、软件配置系统的总体结构和功能模块的设计，网络管理人员的配备与分工，有关法规的遵守，内部控制制度的执行等。

(2) 成立网络审计小组。小组成员由具备计算机基本知识的专业审计人员和具备会计、审计知识的网络技术专家组成，他们相互配合，协调完成审计任务。

(3) 与审计客户签订网络审计业务约定书，明确双方应负的责任。

(4) 编制网络审计计划，就审计目的、审计范围、审计进度及程序等内容分别进行说明。

2. 审计实施阶段

(1)获取充分、适当的审计证据。以因特网为基础，利用外部网访问审计客户所在网站，在取得被审企业的网络管理权限后查询并复制重要的财务信息，为网络审计提供账项基础信息；访问审计客户的上游供应商、下游购货商及其关联企业所在网站，取得往来单位的相关资料，为往来审计提供辅佐信息；访问与审计客户相关的银行、税务、工商、邮政等部门网站，了解审计客户的支付能力和资信状况，为网络审计发挥函证作用。

(2)评价审计客户的内部控制体系。对被审系统的内部控制体系的构成及遵守情况进行控制测试，对系统处理功能及处理结果的正确性进行实质性的测试，并从制度和技术两方面对被审系统的软件开发、系统维护、操作管理、数据保密及计算机病毒的预防与清除等进行全面审查，最终对内部控制体系的有效性和可靠性做出正确评价。

(3)利用现代化通信技术和决策分析方法，通过数据库和分析模型对审计客户的业务(即财务数据)进行量化的汇总统计、分析与论证，编制审计工作底稿，辅助审计决策和结论的形成。

3. 审计完成阶段

整理评价审计证据，复核审计工作底稿，提请审计客户调整相关事项，正确运用专业判断，形成正确审计意见，出具并向审计客户实时传输网络审计报告。

8.4.2　网络审计的程序

网络审计程序按其运用目的可分为以下三类：对被审计单位内部控制取得了解的程序；控制测试程序；实质性测试程序。

1. 对被审计单位内部控制取得了解的程序

《中国注册会计师审计准则第 1211 号——了解被审计单位及其环境并评估重大错报风险》第 47 条指出：“内部控制包括下列要素：①控制环境；②风险评估过程；③信息系统与沟通；④控制活动；⑤对控制的监督。”

在网络经济环境下，信息技术能提高被审计单位内部控制的效率和效果。注册会计师应从下列几个方面了解信息技术对内部控制产生的特定风险。

(1)系统或程序未能正确处理数据，或处理了不正确的数据，或两种情况同时并存。

(2)在未得到授权情况下访问数据，可能导致数据的毁损或对数据不恰当的修改，包括记录未经授权或不存在的交易，或不正确地记录了交易。

(3)信息技术人员可能获得超越其履行职责以外的数据访问权限，破坏了系统应有的职责分工。

(4)未经授权改变主文档的数据。

(5)未经授权改变系统或程序。

(6)未能对系统或程序做出必要的修改。

(7)不恰当的人为干预。

(8)数据丢失的风险或不能访问所需要的数据。

此外，与财务报告相关的信息系统所生成信息的质量，对管理层能否做出恰当的经营管理决策及编制可靠的财务报告具有重大影响。注册会计师应当从下列几个方面了解与财务报告相关的信息系统。

(1) 在被审计单位经营过程中，对财务报表具有重大影响的各类交易。

(2) 在信息技术和人工系统中，对交易进行生成、记录、处理和报告的程序。

(3) 与交易生成、记录、处理和报告有关的会计记录、支持性信息和财务报表中的特定项目。

(4) 信息系统如何获取除各类交易之外的对财务报表具有重大影响的事项和情况。

(5) 被审计单位编制财务报告的过程，包括做出的重大会计估计和披露。

在对电子商务活动进行审计时，审计人员应当考虑由电子商务造成的被审计单位经营环境的变化，以及识别出对财务报表产生影响的电子商务风险。在了解被审计单位及其环境时，审计人员应当考虑下列事项对财务报表的影响。

(1) 业务活动和所处行业。

(2) 电子商务战略。

(3) 开展电子商务的程度。

(4) 外包安排。

针对企业内部控制的变化，审计人员在了解被审单位的内部控制时，就应该根据其特点观察被审计单位的有关活动及运作情况，以了解被审计单位内部控制发挥作用的方式。

2．控制测试程序

在了解了内部控制程序之后，当存在下列情形之一时，注册会计师应当实施控制测试。

(1) 在评估认定层次重大错报风险时，预期控制的运行有效。

(2) 仅实施实质性程序不足以提供认定层次充分、适当的审计证据。

控制测试是为了获取证据，以证实被审计单位内部控制政策和程序设计的适当性及其运行的有效性。通过控制测试主要解决的问题是设计是否合理、运行是否有效。在网络审计中，控制测试主要体现在如下几方面。

(1) 对于一项自动化的应用控制，由于信息技术处理过程的内在一贯性，注册会计师可以利用该项控制得以执行的审计证据和信息技术一般控制（特别是对系统变动的控制）运行有效性的审计证据，作为支持该项控制在相关期间运行有效性的重要审计证据。

(2) 在确定利用以前审计获取的有关控制运行有效性的审计证据是否适当，以及确定再次测试控制的时间间隔时，审计人员还应当考虑：由自动化控制产生的风险和信息技术一般控制的有效性；当出现信息技术一般控制薄弱时，注册会计师应当缩短再次测试控制的时间间隔或完全不信赖通过以前的审计获取的审计证据。

(3) 信息技术处理具有内在一贯性，除非系统发生变动，审计人员通常不需要增加自动化控制的测试范围。

3．实质性测试程序

审计人员应当针对评估的重大错报风险设计和实施实质性程序，以发现认定层次的重大错报。实质性程序包括对各类交易、账户余额、列报的细节测试及实质性分析程序。

网络审计中的实质性测试具体包括如下内容。

1）测试的主要内容

（1）检测数据处理系统的数据处理是否正确。审计人员可以任意选取部分资料，将其在被审计单位数据处理系统中运行，并将运行结果与人工计算相比较，以确定处理系统所处理的数据的正确性。如处理结果出现差异，注册会计师应根据重要性和审计风险，确定是否需要对所有的原始电子数据进行再处理。

（2）电子函证。在审计过程中，电子函证成为注册会计师证实交易真实性和完整性的主要方式。注册会计师通过电子邮件就可实现传统的函证工作，并且可以迅速得到回函。注册会计师应对回函进行鉴定以确定其真伪，要排除那些虚假和恶意的回函。

（3）钩稽关系测试。由于在网络环境下，会计系统的会计轨迹已变得模糊和不可辨认，因而使得各项目之间的钩稽测试变得更加重要。在钩稽测试时，注册会计师不仅需要测试报表之间数据的钩稽关系，还要关注各重要项目的报表数与明细账之间的钩稽关系。有时，注册会计师还需要采用逆向检查的方法，从报表数据开始一直追溯到电子原始数据。

2）测试的主要方法

（1）实地取证。在执业过程中，由于获取实物证据的需要，外勤是注册会计师工作中很重要的内容。

（2）函证。注册会计师通过电子邮件即可实现传统的函证工作，而且可以迅速得到回函。数字签名技术的出现，使计算机网络中传递文件的真实性得到了验证，也使通过网络取得的证据具备了合法性。但是电子形式的回函能否成为有效的审计证据，还必须有网络技术发展的支持与法律法规及准则的规范。

（3）向其他注册会计师求助。

8.4.3　网络审计的方法

1．获取审计证据的方法

在传统审计中，对获取审计证据的程序或方法，各国和国际会计师联合会有不同的描述。例如，《中国注册会计师审计准则第 1301 号——审计证据》第 24 条指出，注册会计师可以采用下列审计程序获取审计证据：①检查记录或文件；②检查有形资产；③观察；④询问；⑤函证；⑥重新计算；⑦重新执行；⑧分析程序。美国注册会计师协会发布的《公认会计准则》中“外勤准则”的第 3 条规定搜集证据的基本方法有：①检查；②观察；③询问；④函证。《国际审计准则——审计证据》第 19 条指出，注册会计师可通过运用下列程序的一种或多种来获取审计证据：①检查；②观察；③询问及函证；④计算；⑤分析性程序。

在网络经济时代，网络审计不可能按照手工审计的模式进行审计取证。一方面，电子商务的开展和普及，使得网上经济活动得到迅猛发展，由于整个交易可能只需要敲几下键盘就完成，所以企业的业务量将大大增加，哪怕只抽取企业大规模的经济业务中的一个很小的样本，其数量也是惊人的。另一方面，新的经济活动类型正不断出现，如用户想在网上购买国外某个公司的一个软件，可能只需在网上注册后通过银行转账付款，然后就可以直接下载了，这个交易过程全是数字化的、无形的，没有传统的纸质凭证的产生。在对这种只有电子化会计凭证的经济活动的存在性和完整性进行审计时，如何进行取证就成为了一个相当重要的问题。在网络审计中，传统的审计取证方法将受到严峻的考验，这就要求我们要注重对网络审计取证方法的研究，针对不同类型的经济活动，设计相应的审计取证方法。一般来说，可以采用以下几种审计方法。

1)检查记录或文件

在传统审计中，检查记录或文件是指注册会计师对会计记录和其他书面文件的可靠程度进行审阅与复核，检查的对象主要是纸质的文件和资料，相对来说比较容易。

在网络审计中,检查记录或文件是指注册会计师对在被审计单位内部或外部生成的，以纸质、电子或其他介质形式存在的记录或文件进行审查。在检查记录或文件这一过程中可提供可靠程度不同的审计证据，而审计证据的可靠性取决于记录或文件的来源和性质。

在网络审计中，许多资料都不是以纸质的形式存在的，而是以磁性介质存储于磁盘中的，因此，要检查这些资料的可靠程度相对来说就比较困难一些。在网络经济下，由于会计数据(总账数、分类账数等)都是根据原始凭据的数据通过财务软件直接生成的，所以账凭之间的钩稽关系一般都不会存在问题。对审计人员来说，网络审计检查的重点应为原始凭证的真实性。由于网络经济时代的纸质凭证将由电子凭证所代替，如电子发票、电子签章等，所以审计人员必须要能识别电子发票的真伪。审计人员可以从税务局获得正规电子发票的样式，然后将其与被审单位的电子发票加以对照。一般来说，正规的发票都应该采取加密措施，这样可以防止不法分子造假。审计人员还可以检查工作日志，以获取对审计线索可靠性的支持。

2)检查有形资产

在传统审计中，检查有形资产是指注册会计师对资产实物进行审查。检查有形资产可为其存在性提供可靠的审计证据。在网络审计下，检查有形资产同样是指注册会计师对资产实物进行审查。但是由于资产实物中的现金和有价证券主要是以电子形式存在的，所以对现金和有价证券进行检查时，不同于传统审计，网络审计在检查的同时还要鉴别存在的现金和有价证券是否是真实的。

3)观察

在传统审计中，观察是指注册会计师察看相关人员正在从事的活动或执行的程序。在网络审计中，观察程序基本与传统审计一样，审计人员可以亲自到被审单位察看相关人员正在从事的活动或执行的程序。但是由于相关人员已知被观察时，其从事活动或执行程序的做法可能与日常的做法不同，从而会影响注册会计师对真实情况的了解，故审计人员可借助强大的信息媒介，通过可视窗口对被审单位进行观察，也可在相关人员不知被观察的情况下，通过网络观察相关人员的操作轨迹及执行程序；还可在被审单位工作人员的指引下边对话边查看，犹如身临其境，这样既可省去不必要的交通费用，同时也达到了审计目的，这对远距离审计来说非常有效。总之，在网络环境下，观察可以变得更简捷、易行。

4) 询问与函证

在传统审计中，询问是指注册会计师以书面或口头方式，向被审计单位内部或外部的知情人员获取财务信息和非财务信息，并对答复进行评价的过程。函证是指注册会计师为了获取影响财务报表或相关披露认定的项目的信息，通过直接来自第三方的对有关信息和现存状况的声明，获取和评价审计证据的过程。

在网络审计中，询问也是指注册会计师以书面或口头方式，向被审计单位内部或外部的知情人员获取财务信息和非财务信息，并对答复进行评价的过程，但注册会计师大多可通过网络对话进行询问取证。通过可视窗口，审计人员可与被审单位进行面对面的谈话，这跟直接到被审单位询问有着同样的效果；同时，审计人员可以将自己与被审单位的对话及图像存储于计算机上，然后制作为光盘，从而形成审计证据。函证通常可通过发电子函件来完成，而无须使用以前的纸质询证函，这样既方便、快捷，又节省成本。当然，审计人员最需要关注的是电子回函的真实性。其实，辨别其真伪并不难，因为数字签名技术的出现，使计算机网络中传递文件的真实性得到了验证，也使通过网络取得证据具备了合法性。审计人员要着重检查电子回函有无电子签名，有无单位的电子公章，并要辨别其是否是真实的。当然，电子形式的回函能否成为有效的审计证据，还必须有网络技术发展的支持与法律法规及准则的规范。

5) 重新计算与重新执行

在传统审计中，重新计算是指注册会计师对被审单位的记录或文件中的数据计算的准确性进行核对。注册会计师在进行审计时，往往需对被审单位的凭证、账簿和报表中的数字进行计算，以验证其是否正确。但是注册会计师的计算并不一定按照被审计单位原先的计算方式和顺序进行。重新执行是指注册会计师重新独立执行作为被审计单位内部控制组成部分的程序或控制。

在网络审计中，注册会计师可采用计算机辅助审计技术，重新计算因此而变得简单、易行。另外，由于会计数据(总账数、分类账数等)都是根据原始凭据的数据通过财务软件直接生成的，所以账凭之间的钩稽关系一般都不会存在问题。审计人员可借助网络审计软件来完成重新计算，只要输入原始数据即可导出结果，然后将其与单位的会计数据进行对照，就能发现被审单位数据有无人为更改的现象了；当然，审计人员不一定只采用顺向验算的方法，还可采用逆向验算的方法。注册会计师还可使用计算机辅助审计技术，重新独立执行作为被审计单位内部控制组成部分的程序或控制。

6) 分析程序

在传统审计中，分析程序是指注册会计师通过研究不同财务数据之间，以及财务数据与非财务数据之间的内在关系，对财务信息做出评价。分析程序还包括调查识别出与其他相关信息不一致或与预期数据严重偏离的波动和关系。

在网络审计中，分析程序的目的基本类似于传统审计，也是通过对重要比率或趋势进行分析，从而找出相关信息的差异。通常可采取的方法包括比较分析法、比率分析法和趋势分析法。在网络审计中，分析程序相对来说更容易，这是因为很多数据可直接通过电脑数据获得。网络审计还可利用数据仓库、数据挖掘等技术，再辅以审计分析软件，从而找出重要比率或趋势的差异，最终发现问题。

2. 网络审计特有的技术方法

审计技术方法是指为了实现审计目标，在对被审单位实施审计过程中所采用的各种手段。它们是顺利完成审计工作，提高审计工作质量的重要保证。

在一个企业的网络化经营中，由于会计数据的电子化和会计控制的局部程序化，直接造成了审计线索的“不可见性”，所以必须应用数据库技术对会计数据进行可靠、完整的保存和管理；借助单机系统或工作站，对会计数据进行快速、准确的加工和处理；利用网络和通信技术对会计数据进行安全、有效的分配和传输。审计人员必须利用计算机和交互网络、审计接口软件来获取原始数据；利用审计抽样软件来进行样本抽取；利用审计分析软件进行各种数量关系的配比分析和数据查询；利用数据仓库技术来进行分析；利用审计专家系统进行审计推理与判断，并通过数据挖掘、样本抽取、异常项目调查、数据分析与处理等方法进行测试、检查、分析与核对。通过对信息的调阅和审查，可以开展多元化的、实时的审计程序。

在网络审计的发展过程中，审计单位可以建立和实现其自身的网络化。例如，会计师事务所可以建立自己的网站，将事务所的基本情况、业务范围、服务宗旨，以及对客户实施审计程序后所产生的审计信息，全部纳入到会计师事务所的信息网中。会计师事务所还可以通过网络签订业务约定书、合理分配审计任务、利用信息技术进行网络审计及传送审计报告等。由此可见，网络审计下的技术方法已大大突破了原有方式下所运用的审计技术方法。

8.5 网络审计报告及利用

8.5.1 网络审计报告

1. 网络审计报告的概述

1) 网络审计报告的含义

注册会计师全国统一考试辅导教材《审计》将审计报告定义为：注册会计师根据中国注册会计师审计准则的规定，在执行审计工作的基础上，对财务报表发表审计意见的书面文件。参照此定义，结合网络审计的特点，我们给出网络审计报告的定义：在会计电算化的基础上产生的，按照中国注册会计师审计准则的规定，借助现代信息技术，运用专门的方法，通过人机结合，对网络信息系统和财务会计信息进行审计，所形成的包含对被审计单位出具的审计意见的书面文件。

网络审计报告是注册会计师在完成审计工作后向委托人提交的最终产品，具有下列特征。

(1)注册会计师应当按照审计准则的规定执行审计工作。

(2)注册会计师在实施审计工作的基础上才能出具审计报告。

(3)注册会计师通过对财务报表发表意见履行业务约定书约定的责任。

(4)注册会计师应当以书面形式出具审计报告。

2)网络审计报告的作用

注册会计师签发的网络审计报告，主要具有鉴证、保护和证明三方面的作用。

(1)鉴证作用。注册会计师签发的网络审计报告，与传统审计报告一样，是不同于政府审计和内部审计的审计报告,以超然独立的第三者身份对被审计单位财务报表合法性、公允性发表意见。在此基础上，网络审计报告还需要针对企业信息系统运行的合法性、完整性和稳定性等予以揭示。这种意见与揭示，具有鉴证作用，得到了政府及其各部门和社会各界的普遍认可。政府有关部门，如财政部门、税务部门等了解、掌握企业的财务状况和经营成果的主要依据是企业提供的财务报表。财务报表是否合法、公允，主要依据注册会计师的网络审计报告做出判断。在具备网络审计的条件下，股份制企业的股东主要依据注册会计师的网络审计报告来判断被投资企业的财务报表是否公允地反映了财务状况和经营成果、企业信息系统是否可靠，据此进行投资决策等。

(2)保护作用。注册会计师通过网络审计，可以对被审计单位财务报表出具不同类型审计意见的审计报告，以提高或降低财务报表信息使用者对财务报表的信赖程度，通过为财务报表使用者提供财务与非财务信息，在传统审计的基础上扩充信息量，以帮助使用者判断信息系统的有效性，更加深入地了解与识别被审计单位，这能够在更大的程度上对被审计单位的财产、债权人和股东的权益及企业利害关系人的利益起到保护作用。如投资者为了减少投资风险，在进行投资之前，必须要查阅被投资企业的财务报表和注册会计师的网络审计报告，了解被投资企业的经营情况和财务状况，以及信息系统的运行情况。投资者根据注册会计师的网络审计报告做出投资决策，可以降低其投资风险。

(3)证明作用。网络审计报告是在采取网络审计的方式下，对注册会计师审计任务完成情况及其结果所作的总结,它可以表明审计工作的质量并明确注册会计师的审计责任。因此，网络审计报告可以对审计工作质量和注册会计师的审计责任起证明作用。通过网络审计报告，可以证明注册会计师在网络审计过程中是否实施了必要的审计程序，是否以网络环境下的审计工作底稿为依据发表审计意见，发表的审计意见是否与被审计单位的实际情况相一致，审计工作的质量是否符合要求。通过网络审计报告，可以证明注册会计师审计责任的履行情况。

3)网络审计报告与传统审计报告的区别

作为现代网络信息技术与会计信息化发展背景下的产物，网络审计报告与传统审计报告相比，在一些方面已经发生了本质性变化。

(1)报告时效性提高。传统的审计报告完稿，往往需要几个月，其时效性不强，且往往在审计过程中发生期后事项，必须在审计报告原有内容中予以披露。而在网络环境下，由于企业的会计信息随时可通过授权获取，会计信息格式化程度高，且利用计算机处理速度快、计算精度高、存储容量大、可靠性强及工作全自动化的特点，审计速度大大提高，注册会计师的审计工作量得以减轻，这将会缩短资产负债表日与审计报告日之间的时间间隔，提高审计报告的时效性，及时帮助报告使用者进行决策。

(2)报告内容增加。传统审计环境中，对外公布的审计报告格式和措辞基本统一；而在网络审计环境中，审计报告既要提供财务信息的审验情况，还要揭示被审计单位人力资源、环境保护及利得状况等非财务信息的评估结果。因此，由于审计的广度与深度的增加，非标准审计报告在所有类型的审计报告中的比重将会大幅上升。此外，为维护网络交易的有序性，对于具有电子商务业务的企业，还需独立、客观、公正的注册会计师对其网上声誉进行网络鉴证，并需要对企业的信誉度进行等级评价，这也是网络审计报告的一个重要组成部分。

(3)报告稳定性受到冲击。在传统审计中，审计报告一经出具就具有了一定的稳定性，而在网络审计中，由于网络的开放性、系统的通用性以及攻击工具的易用性等，审计报告的稳定性将受到很大威胁。因此，在实际运行中，需要采取严格的控制措施，如通过身份认证、密码设置等技术来授予权限，构建“安全隧道”，以保障网络审计的平稳运行与健康发展。

(4)对审计人员的要求提高。网络审计对审计人员的综合素质提出了更高的要求和标准，要求审计人员应该是一种复合型的、全方位的人才，不仅要具备传统审计所要求的审计理论、审计技能与职业道德，还要掌握一定的现代信息技术、计算机网络知识和现代商贸理论，并能熟练地对网络审计软件加以使用。在网络审计日益普及的趋势下，未来在注册会计师资格考试中应适时加入对此项技能的考核。

(5)注册会计师利用专家的工作情形增加。专家，是指在会计或审计以外的某一领域具有专长的个人或组织，并且其工作被注册会计师利用，以协助注册会计师获取充分、适当的审计证据。专家既可能是会计师事务所内部专家(如会计师事务所或其网络事务所的合伙人或员工，包括临时员工)，也可能是会计师事务所外部专家。这里的专长，是指在某一特定领域中拥有的专门技能、知识和经验。

由前所述，与传统审计不同的是，网络审计增加了对被审计单位网络系统的安全性、可靠性、准确性等审计内容，以及网络审计本身的电子商务化。网络信息技术知识、技能和经验成为保证网络审计结果的准确性所必不可少的资源。这就要求注册会计师在网络审计过程中恰当地利用 IT 等专家的工作。就利用专家的工作问题，注册会计师的目标是：确定是否利用专家的工作，如果利用专家的工作，专家的工作是否足以实现审计目的。这一点是与传统审计相比，更为常态化之处。

网络审计中，注册会计师利用 IT 等专家的工作主要有参与审计企业信息系统的可靠性、稳定性检测，管理维护会计师事务所的网络审计系统等。

2. 网络审计报告的类型

与传统审计报告相同，网络审计报告也分为标准审计报告和非标准审计报告。

1)标准网络审计报告

(1)标准网络审计报告的概念。标准网络审计报告是指不含说明段、强调事项段、其他事项段或其他任何修饰性用语的无保留意见的审计报告。其中，无保留意见是指当注册会计师认为财务报表在所有重大方面都按照适用的财务报告编制基础编制并实现公允反映时发表的审计意见。包含其他报告责任段，但不含有强调事项段或其他事项段的无保留意见的审计报告也被视为标准审计报告。

(2) 发表标准网络审计报告的条件。审计人员在实施审计过程后如果认为财务报表同时符合下列所有条件，应当出具无保留意见的审计报告。

财务报表已经按照使用的财务报告编制基础编制，在所有重大方面公允反映了被审计单位的财务状况、经营成果和现金流量。

审计人员已经按照中国注册会计师审计准则的规定计划和实施网络审计工作，在审计过程中受到限制。

无保留意见的审计报告意味着，审计人员通过实施审计工作，认为被审计单位财务报表的编制符合合法性和公允性的要求，合理保证财务报表不存在重大错报漏报，被审计单位财务活动所依赖的信息系统的运行符合合法性、完整性和稳定性的要求，非财务信息真实公允。

2) 非标准网络审计报告

(1) 非标准网络审计报告的概念与类型。非标准审计报告是指带强调事项段或其他事项段的无保留意见的审计报告和非无保留意见的审计报告。非无保留意见的审计报告包括保留意见的审计报告、否定意见的审计报告和无法表示意见的审计报告。与传统审计相比，网络审计下，注册会计师出具非标准审计报告的情况将更为常见。

(2) 网络审计报告的强调事项段和其他事项段。

① 强调事项段

强调事项段是指审计报告中含有的一个段落，该段落提及已在财务报表中恰当列报或披露的事项，根据审计人员的职业判断，该事项对财务报表使用者理解财务报表至关重要。由于强调事项段应当仅提及已在财务报表中列示或披露的信息，该部分信息涉及信息系统及其他非财务信息的部分较少，所以网络审计报告中含强调事项段的情形与传统审计相似。

② 其他事项段

其他事项段是指网络审计报告中含有一个段落，该段落提及未在财务报表中列报或披露的事项，根据审计人员的职业判断，该事项与财务报表使用者理解网络审计工作、审计人员的责任或网络审计报告相关。

网络审计报告中含其他事项段的情形在传统审计报告的基础上，加入了新的内容。当被审计单位的网络信息系统以及其他非财务信息不完全符合相关标准、要求，但未达到出具非无保留意见的情形时，注册会计师应在网络审计报告中加入其他事项段，提醒财务报表使用者予以关注。

(3) 保留意见的审计报告。保留意见是指审计人员对财务报表的反映有所保留的审计意见。如果认为财务报表整体是公允的，但还存在下列情形之一的，审计人员应当出具保留意见的审计报告。

① 在获取充分、适当的审计证据后，注册会计师认为错报单独或汇总起来对财务报表影响重大，但不具广泛性。

② 因审计范围受到限制，注册会计师无法获取充分、适当的审计证据以作为形成审计意见的基础，但认为未发现的错报(如存在)对财务报表可能产生的影响重大，但不具广泛性。

(4) 否定意见的审计报告。否定意见是指与无保留意见相反，否定财务报表公允地反映被审计单位财务状况、经营成果和现金流量的审计意见。只有当获取充分、适当的审计证据后，认为错报单独或汇总起来对财务报表的影响重大且具有广泛性，注册会计师才出具否定意见的审计报告。

(5) 无法表示意见的审计报告。无法表示意见是指审计人员对被审计单位的财务报表不能发表意见，即对财务报表不发表包括肯定、否定和保留的审计意见。如果无法获取充分、适当的审计证据以作为形成审计意见的基础，但认为未发现的错报漏报(如存在)对财务报表可能产生的影响重大且具有广泛性，注册会计师应当发表无法表示意见的审计报告。

表 8-1 列示了注册会计师对导致发表非无保留意见的事项的性质和这些事项对财务报表产生或可能产生影响的广泛性做出的判断，以及注册会计师的判断对审计意见类型的影响。

表 8-1　无法表示意见的审计报告的情景

导致发表非保留意见的事项的性质	这些事项对财务报表产生或可能产生影响的广泛性	
	重大但不具有广泛性	重大且具有广泛性
财务报表存在重大错报	保留意见	否定意见
无法获取充分、适当的审计证据	保留意见	无法表示意见

网络审计环境下，当被审计单位的网络信息系统以及其他非财务信息存在缺陷时，注册会计师需要根据缺陷对财务报表影响程度的大小来判断发表的非无保留意见审计报告的具体类型。

8.5.2　网络审计结果运用

由于本章围绕注册会计师对被审计单位财务报表的公允性发表审计意见展开，即以社会审计为主要内容，故本节所讲的网络审计结果的利用主要针对的是对网络审计报告及其相关资料的利用。

网络审计报告的使用者一般为企业的利益相关者，包括投资者、债权人、管理层、员工、供应商、客户和政府等。网络审计报告应具有决策相关性。在网络审计结果的利用中，以管理层对网络审计报告的利用最为典型，所以下面主要围绕管理层对网络审计结果的利用展开。

管理层，是指对被审计单位经营活动的执行负有管理责任的人员或组织。管理层通过履行管理职能，解决企业经营过程中存在的问题，保障企业运行效率，优化决策，提高管理水平，最终实现企业绩效的创造。

管理层负责编制财务报表，并受到治理层的监督。财务报表是管理层对企业财务绩效的自我认定，而审计报告则是从第三者的角度对管理者是否真实有效地履行管理职能的外部鉴证，是管理层的“成绩单”。网络审计报告能够在一定程度上揭示企业在管理过程中存在的问题。为了更好地履行受托责任，管理层应当充分运用网络审计结果，以维护和改善企业系统的运行效率与效果。

1. 网络审计结果的具体运用

1) 改善与财务报告相关的内部控制

财务报告的可靠性依赖于有效的内部控制系统，特别是与财务报告相关的内部控制系统。通过网络审计工作的执行，管理层可以发现在企业业务循环各环节的控制中存在的问题并及时加以解决，保障会计核算系统、日常控制机制的健康运行，更好地符合财务报告编制与披露的要求，强化财务报告的可靠性。

2) 完善非财务报告内部控制

企业的内部控制系统除了包括与财务报告相关的内部控制部分外，还有非财务报告内部控制部分。由于网络审计的范围扩大，在财务信息的基础上增加了对非财务信息的审计，所以网络审计结果必然会为非财务报告内部控制系统提供反馈。在网络审计环境下，管理层将会提高对非财务报告内部控制的重视，通过利用网络审计结果，进一步对其加以完善，逐步建立起以财务报告和非财务报告并重的内部控制制度体系。

3) 优化企业信息系统

对被审计单位网络信息系统的合法性、稳定性等进行审计是网络审计的重要组成部分。管理层依据网络审计结果提供的资料，发现系统存在的缺陷、漏洞，通过采取措施进行修补、测试、维护，保证信息系统运行的稳定性、安全性，加强对网络风险的防范。

2. 提高网络审计结果运用效果的措施

为了更好地利用网络审计报告，企业需要创造一个良好的环境，充分发挥其运用效果。

1) 加强对网络审计结果的重视

企业应该高度重视网络审计结果，特别是管理层，更应该意识到网络审计结果的重要性。要在企业中广泛、深入、持久地宣传网络审计结果对企业管理的意义，明确利用网络审计结果提高企业经营效率的决心。

2) 建立贯彻执行的制度规范

企业应当建立与网络审计结果利用相关的制度规范，使得对网络审计结果的利用有章可循，同时明确各部门、各岗位在网络审计结果利用过程中的权限与职责，对各项工作予以协调，从制度层面上保证网络审计结果运用工作的有序开展。

3) 制定监督检查的切实措施

企业应当制定措施监督网络审计结果运用的过程，检查网络审计结果的执行效果，对运用过程中的不协调环节及时进行调节，保证企业环境的改善过程畅通无阻，对依据网络审计结果制定的各项决策的执行效果进行评价，发现并改进决策中的不合理之处，调整执行计划，使企业可以更好地实现这项工作的目标，将网络审计结果的利用从制度层面上落于实处。

8.6 网络审计风险及防范

8.6.1 网络审计风险的特点及影响因素

1. 网络审计风险的特点

网络审计风险是指在网络系统环境下，审计人员利用网络技术对被审计单位的网络会计信息系统的开发过程及其本身的合规性、可靠性和有效性以及基于网络的会计信息的真实性、合法性进行远程审计后，发表不恰当审计意见的可能性。由于被审计单位采用了网络财务软件，且审计人员主要通过网络等现代通信手段进行审计工作，使得网络审计风险又有了新的特征。

1）固有风险的特点

固有风险是指假定不存在相关内部控制时，某一账户、交易类别单独或连同其他账户、交易类别产生错报或漏报的可能性。它具体表现为以下几方面。

（1）电子化会计数据存在被滥用、篡改和丢失的可能性。在手工系统中，纸质介质上的信息易于辨认、追溯。而在计算机系统中，由于存储介质的改变，一旦用户非法透过计算机系统的“防火墙”，极易破坏和修改电子数据，且不留蛛丝马迹。计算机病毒、电源故障、操作失误、程序处理错误和网络传输故障也会造成实际数据与电子账面数据不相符，从而增加了固有审计风险的可能性。

（2）电子数据存在易于减少审计线索或使其消失的可能性。在手工系统中，会计处理的每一步都有文字记录和经手人签名，审计线索清晰；但在计算机系统中，从原始数据的录入到报表的自动生成，几乎不需要人工干预，传统的审计线索不复存在，为审计人员追查审计线索带来了极大的困难。

（3）原始数据的录入存在错漏的可能性。在计算机系统下，由于社会化的网络数据库接口并未实现，故大量的原始凭证仍靠人工录入，计算机系统中账、证表面上的相互平衡，可能会掩盖人工录入的错漏。

2）控制风险的特点

控制风险是指某一账户、交易类别单独或连同其他账户、交易类别产生错报或漏报，而未能被内部控制防止、发现或纠正的可能性。它具体表现为以下几方面。

（1）有意或无意使设置权限密码、实现职责分工的约束机制产生失效的可能性。在手工系统下，是通过建立岗位责任中心达到内部控制的目的的。在计算机系统下，一是通过划分操作员的责任范围，设置权限和密码以实现人员分工；二是通过软件设计计划分若干子系统或功能模块来设置不同的责任中心。如果权限设置重叠或跨责任中心越权设置，则可能会使得这一控制措施形同虚设。

（2）网络传输、数据存储故障或软件的不完善，使会计数据有出现异常错误的可能性。

在手工系统下，这种可能性几乎不存在；而在计算机系统下，这种可能性难以通过有效的内控制度消除，必须依靠先进的硬、软件平台及会计软件本身的自我保护来减少出现异常错误的概率。多数会计软件在数据录入的一致性和正确性控制、会计数据处理的安全性和连续性控制方面设计还是比较缜密的。但对集成化程度较高的企业级管理软件而言，其数据的共享性和一致性还不尽如人意。另外某些网络平台在实际应用中还存在不少问题。

(3)会计软件对现金和银行存款的收付业务缺乏实时有效的控制手段。对于企业内部发生的现金和银行存款收付业务，多数软件是通过人工填制记账凭证来完成的，其中部分软件虽通过出纳系统实时录入，但可能与凭证数据不同步；对于银行存款的收付业务，不仅数据难以实时同步，而且存在双方数据不一致的可能性。

3)检查风险的特点

检查风险是指某一账户、交易类别单独或连同其他账户、交易类别产生错报或漏报，而未能被实质性测试发现的可能性。它具体表现为以下几个方面。

(1)会计软件的更新换代，增加了难以提取历史文件的可能性。对账户或交易的重大实质性测试往往离不开企业的历史数据。由于软件版本的更新、平台的迁移，难以从往年账套里提取这些历史数据，迫使审计师不得不从浩如烟海的文档中收集整理历史数据。这不仅降低了审计效率，而且带来了更多的检查风险。

(2)内部控制主要依赖软件本身，增加了难以全面检查测试的可能性。在手工系统下，对内部控制的测试看得见、摸得着；而在计算机系统下，内部控制融汇于软件之中，肉眼无法觉察，这就要求审计师设计一些正常有效的业务数据和一些例外业务数据(不完整的、无效的、不合理的、不合逻辑的业务数据)来检查测试软件的控制能力。

(3)网络风险。网络作为一种构建在开放性技术协议基础上的信息流通渠道，其防卫能力和抗攻击性较弱。网络风险就是指当电子信息在网络上传输时，由于网络设备的故障或没有将内部网络与国际因特网进行物理隔断导致遭受外界侵袭的风险。审计人员在采集数据时有受到网络上外界侵袭的可能，这会导致数据不真实或不准确。而从被审计单位获取的资料或审计单位的数据仓库等也都有因为网络而遭受黑客攻击或篡改的可能。

2. 网络审计风险的影响因素

网络审计是一种全新的审计模式，它的产生必将带来新的审计风险。与传统审计相比，网络审计风险有如下一些新的影响因素。

1)控制环境

控制环境包括治理职能和管理职能，以及治理层和管理层对内部控制及其重要性的态度、认识和措施。控制环境的好坏直接决定着企业的其他控制能否实施或实施的效果。它既可增强也可削弱特定控制的有效性。企业的控制环境反映了管理当局和董事会对内部控制重要性的认可程度。在网络环境下，企业控制环境的变化可归纳为如下几个方面。

(1)对诚信和道德价值观念的沟通与落实。尤其是对于虚拟企业而言，由于虚拟企业是动态的、暂时的，其组织机构比较松散，并且由于其成员在地域上比较分散，各成员本身企业文化存在差异，成员缺少归属感和集体意识，所以诚信和道德价值观念的沟通与落实显得更重要。

(2)对胜任能力的重视。

(3)治理层的参与程度。

(4)管理层的理念和经营风格。与传统企业相比较，经营者的观念、方式和风格发生了很大变化。第一，在电子商务环境下，由于企业的竞争很大程度上决定了企业的成长速度，所以电子商务企业的管理当局具有更强的冒险意识，他们大多为风险喜好者。第二，管理当局对会计报表所持态度及所采取的行动也发生了很大变化。由于电子商务企业自身的技术特点决定了电子商务企业一般是由一个人或几个人的团队发展起来的，所以管理当局很容易受某一个或几个人支配，这样管理当局如果想夸大会计报表盈余就有很大的操作空间。第三，电子商务企业对管理的重视程度发生了变化。电子商务企业的管理手段没有传统企业成熟、严密，这是因为电子商务企业一般都是新兴的企业，其管理制度不尽完善，而且事实上大多数电子商务企业一般更注重技术创新而非管理。

(5)组织结构。组织结构不完善，企业性质与传统企业有很大不同。

(6)职权与责任的分配。大多数电子商务企业尚无明确建立授权和分配责任的方法。

(7)人力资源政策与实务。在人事政策方面，电子商务企业更注重员工的业务能力，而忽视员工的道德水平。

2)审计内容

传统的报表审计内容是指被审单位特定时期内的会计报表及其他相关资料，以及所反映的经济活动。网络环境使得审计内容还需增加以下几个方面。

(1)对系统硬件环境进行审查，包括各部件的兼容性，信息通道的畅通性，有无可用的多余接口等。

(2)对企业计算机管理系统开发的审计，包括系统的可行性、系统经营业务和财务处理功能的恰当性和有效性、系统的可审性、系统测试的全面性和恰当性、系统文档资料的完整性、系统的可扩展性和常用功能的检测。

(3)对计算机信息系统的功能与控制的审计，包括检测程序设计的合理性、可行性、安全保险性和操作权限，实时检测系统的完善性，以及审查验证系统对各项业务处理的合法性、正确性和可追索性，审查系统程序控制功能的恰当性和有效性。

(4)外部及有关机构的审计，包括审查网上的认证机构、加数字时间戳的机构、网上银行或电子货币发行单位的真实可靠性，加密技术和防火墙技术等网络安全控制措施的有效性。

(5)系统使用情况的审查，包括是否遵循不相容职责必须分离的原则，系统的数据输入、输出、维护、修改、管理是否有明确的制度规范等。对被审计单位的电子商务系统功能的测评，构成了审计防范和控制的基础和重点，这一环节的正确开展可以有效地控制审计风险，但是这些审计内容的变化增加了审计难度，相应的也使审计风险加大了。

3) 审计轨迹

审计假设里有一条为“被审事项均是可验证的”，这样说的理由是因为在传统商务活动过程中，每笔交易都形成了一个完整的审计轨迹，交易的每一环节都有文字记录，都有经手人签字，审计线索十分清楚。审计人员可以从原始凭证开始对交易事项进行追踪，一直追溯到报表；也可以从对报表的分析开始，一直追溯到原始凭证。纸制文档提供了大量可靠的授权与执行权的审计证据，但网络系统基本上丧失了传统的审计轨迹，转为全面依赖电子系统。若不存在这些证据，没有授权的人员同意或擅改，交易数据很难被发现，所以应加强控制以维持足够的交易审计轨迹，保证能对电子授权控制实行事前审查与事中的足够监控，以及完整性控制。考虑到电子商务改变了传统的审计轨迹，所以可以将审计轨迹的定义扩大为:保证审计人员能在从原始文档直至最终会计报告(或从会计报告到原始文档)的全过程中对交易进行追踪的文件、记录、日记账、分类账、磁质媒介和会计报告。在电子商务环境下，模糊的审计线索、全新的审计轨迹势必增大审计的难度，加大审计风险。

4) 审计模式

审计模式是指审计在一定社会环境或条件下为履行其职能，实现其目标而采取的所有程序与方法的总和。它规定了审计应从何处着手，如何着手，何时着手。在网络环境下，审计人员面对的是一个无纸化的审计轨迹并且依赖于系统输出的财务报告。为了对财务报告的公允性发表审计意见，审计人员必须着重收集足够的审计证据，而且必须通过大量的控制测试对控制环境进行经常性监控，以确保电子商务财务报告的可信性。这些都必须应用有关业务控制程序流程来实现，从而就改变了传统的审计模式。过去，审计人员一般针对特定时点的财务数据进行大量的实质性测试，而面对网络经济，审计人员需要在持续经营的基础上对公司运营进行评价。所以许多审计人员认为实施网络系统之后，应从以财务报告为中心转向以公司运行、符合性为新的中心。另外，系统内部控制的控制测试要比手工条件下重要得多，相对而言，实质性测试却显得没有那么重要了。审计人员适应这种审计模式的变化还需要一个过程，他们同时还必须对信息技术、网络技术及其相应的安全控制技术有充分的认识。

5) 审计程序

传统审计程序流程图如图8-1所示。

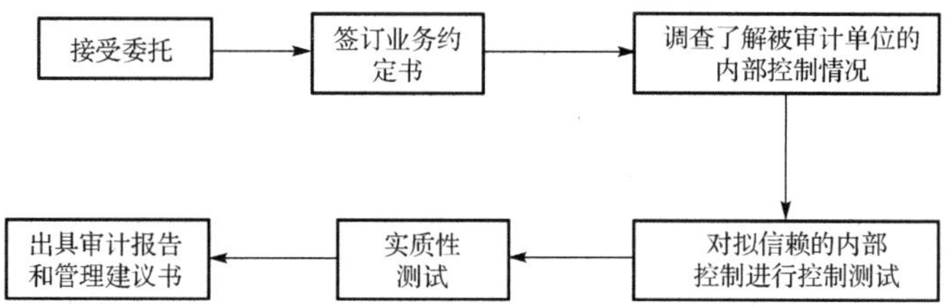

图8-1　传统审计程序流程图

由于网络审计改变了审计的环境、审计的内容，所以审计的程序也相应发生了变化。网络审计程序流程如图8-2所示。

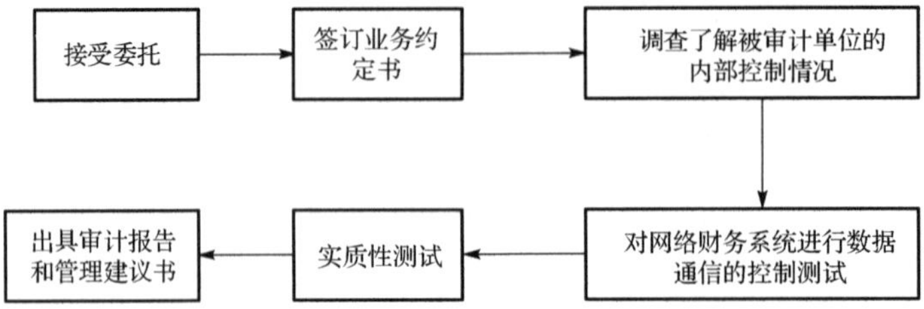

图 8-2　网络审计程序流程图

可以假设将审计组织分为工程技术部、程序检测部、财务审计部等部门。工程技术部负责对被审计单位网络财务系统的硬件环境进行审查，程序检测部负责对被审单位网络财务系统的运行情况进行审查，财务审计部负责对具体业务进行审查。接到审计任务后，由各审计部门派成员组成审计小组协作完成工作。审计工作具体按以下步骤进行。

(1)接受委托。连接网络审计中心与被审单位网络财务系统的审计接口(在系统开发时预留)，进行数据传输，初测被审单位的基本情况。

(2)对被审单位网络财务系统功能进行测评。由工程技术部人员对网络硬件环境进行审查，审查内容包括各部件的兼容性、信息通道的畅通性、有无可疑的多余接口等；由程序检测部人员对系统功能进行检测，可以用测试数据法、整体检测法(ITF)、嵌入审计程序法等方法对系统功能进行审查，审查内容包括程序设计的可行性，操作的权限，实时监测系统的完善性等。应结合两部门的工作，系统地审核客户服务器环境，并进行风险评测。

(3)对被审单位网络财务系统进行数据通信的控制测试。抽取一组会计数据进行传输，检查由于线路噪声造成数据失真的可能性；检查有关的数据通信记录，证实所有的数据接受是否有序、正确；通过假设系统外单个非授权的进入请求，测试通信回应技术的运行情况；针对系统的安全性，对审计风险进行估测，决定实质性测试的重点。

(4)实质性测试。由财务审计部人员调用系统的审计功能或使用审计软件对系统的磁性介质与会计信息进行抽样、审查、核对和分析；使用电子邮件向被审单位的银行、客户和供应商等进行函证；复制有关文件或数据作为审计证据，并编写工作底稿。

(5)汇总整理，编制审计报告和管理建议书。网络审计中心报告系统中设置有多种不同类型企业的报告模式。在线审计时，有关的汇总会自动传输给报告系统，并经系统逻辑判断后分别填入报告模式，留下工作底稿，最后完成审计报告。审计报告分为三部分：第一部分与传统审计报告一致，反映的是被审单位的财务状况和经营成果；第二部分为对被审单位电子商务控制系统的有效性进行评价，如果认为其具有严重的脆弱性，则审计人员必须签发保留意见。若缺乏对控制系统的足够信赖，审计人员将无法信赖整个审计系统；第三部分为评价外部网及电子商务有关单位的资格、能力、安全性、可靠性，并提出评价报告，供用户参考。管理建议书的内容主要是审计人员针对被审单位网络控制系统的安全性、稳定性提出的改进意见。这种全新的审计程序对审计人员的素质提出了更高的要求，要求审计人员不仅要精通财务会计知识，还要具备计算机知识、信息技术及网络技术及原理知识，所以审计难度、审计风险均加大了。

6) 财务软件

软件的不完善，加上网络传输和数据存贮故障，使会计数据有出现异常错误的可能性。会计软件的更新换代，增加了历史文件难以提取的可能性。由于软件版本的更新、平台的迁移，难以从往年账套里提取重要的历史数据，迫使审计师不得不从浩如烟海的文档中收集整理历史数据。这不仅降低了审计效率，而且带来了更多的检查风险。

7) 审计人员

网络审计是一种新兴的科技含量非常高的审计模式，因此对审计人员的综合素质提出了更高的要求和标准。因为网络审计的客体具有动态性、虚拟性和时效性，这就要求审计人员不仅要具备会计、审计等知识，还应了解计算机管理、网络维护、电子商务等方面的知识。审计人员上述任何一种能力的缺失，都会加大审计风险。

8) 外部环境

(1) 社会环境的影响。这主要是指因企业内部控制制度不完善或执行不力，而审计人员又不能觉察所造成的风险。即使审计人员确认被审计单位的内部控制制度不合理或在关键环节上失控，其提出的修正建议是否能够真正适合被审计单位的经营活动，也会形成一种审计风险。如果社会及公众审计意识增强，企业便会重视内部控制制度的建设，严格进行会计核算，这样其审计风险就会降低，反之则会升高。

(2) 经济环境的影响。随着经济体制改革的深入和现代高科技的发展，我国企业的规模迅速膨胀，经济环境也变得十分复杂，再加上市场经济成分的多元化，被审计单位行为的不稳定性，如企业改组、兼并、重组等，使得审计人员难以对企业的情况进行全面地反映和评价，获得正确结论的难度也加大了，从而增加了审计风险。

(3) 法律环境的影响。审计的相关法律法规不够完善，部分法律法规不尽一致，甚至有矛盾的地方，从而易造成事务所、注册会计师无所适从。另外，事务所本身不按规定标准收费，竞相压价，降低审计成本，扰乱市场秩序，也是导致审计风险发生的重要原因。

8.6.2 网络审计风险的评估与计量

网络审计风险的计量可沿用传统审计的风险模型。该模型提出审计风险主要受三个因素的影响：固有风险、控制风险和检查风险。其模型表示为：

$$审计风险(AR)=固有风险(IR)\times控制风险(CR)\times检查风险(DR)$$

1. 固有风险

网络审计所面临的固有风险由以下几个方面构成。

1) 物理风险

物理风险主要包括以下几个方面。

(1) 计算机网络会计系统选配硬件不合适，致使网络功能发挥受阻。

(2) 网络工作环境电源等不合要求，直接影响网络的可靠性。

(3) 网络设备安装不规范，导致网络运行不稳定。

(4) 网络操作系统的安装、维护不善。

(5)网络管理制度不健全等。

2)对会计信息保密性的破坏

从技术上说，任何传输线路都可能被“窃听”。对会计信息的窃听不仅指窃听信息的内容，还指在不了解信息内容的情况下窃取信息的流量和流向、通信的频度和长度，由此来推测有用的信息。此外，对会计信息的窃取还包括合法用户采用不正当的手段获取本人权限之外的信息。但是由于对会计信息保密性的破坏属于被动性的破坏，故不会改变会计信息的内容、形式与流向。

3)对会计信息完整性的破坏

对于计算机网络会计系统来说，对会计信息完整性的破坏是系统的主要风险。对会计信息完整性的破坏有人为和非人为的因素。非人为因素主要表现为通信传输中的干扰、系统硬件或软件的差错等。非人为因素对会计信息完整性的破坏是系统的固有风险，只能通过系统设置和安全功能的改进来减少该风险。而人为因素的破坏属于控制风险范畴，表现为对系统运行的干扰。

4)对计算机网络系统运行的干扰

这种干扰会造成合法用户不能正常访问网络的资源，以及使有严格时间要求的服务不能得到及时的响应。影响计算机网络会计系统正常运行的因素也分人为和非人为两种。其中，非人为因素包括灾害事故、系统锁死、系统故障等，是系统的固有风险。人为因素包括非法占用网络资源，切断或阻塞网络通信，通过计算机病毒降低网络的性能、使网络瘫痪等，属于系统的控制风险。

2. 控制风险

信息技术的广泛使用，使得企业的控制环境、风险评估、控制活动、信息与沟通、监控等控制风险的基本要素均发生了变化，使得控制风险增大了。

(1)窃取信息。若企业内部信息系统安全措施不足，当数据信息在网络上以明文形式传送时，攻击者可以通过因特网、公共电话网、搭线或在电磁波辐射范围内安装截收装置等方式，截获企业的机密信息。

(2)篡改信息。篡改信息指入侵者在掌握了信息的格式和规律后，对网络上传送的信息数据在中途进行篡改，然后再发向目的地。攻击者可能通过篡改信息、删除信息、插入信息三种方式来破坏信息的完整性。通过篡改信息对会计信息完整性造成的破坏属于主动性的破坏，会篡改会计信息的内容、形式与流向。

(3)伪造信息。伪造客户资料、电子邮件，从而占用企业资源，使合法用户不能正常访问和使用等。

(4)计算机病毒的侵袭。

(5)黑客攻击。

3. 检查风险

信息技术的使用，一方面提高了审计的覆盖面、审计证据采集的独立性、对审计证据进行分析的效率性、分析结果的可靠性等，大大提高了审计工作的效率；另一方面，由于审计人员缺乏对信息系统的全面认识和理解，审计证据缺乏可靠性，加上审计信息技术本身的不成熟性以及审计人员对于技术的过分依赖，又增加了审计的检查风险。

此外，理论界普遍认为：在审计风险模型中，审计人员对固有风险和控制风险是无能为力的，但审计人员可通过对固有风险和控制风险进行评估来确定实质性测试的性质、时间和范围，以便将检查风险和总体风险降低到可以接受的水平。

由于在网络会计环境下的固有风险和控制风险大大增加，所以审计人员要想保证审计质量，控制审计总体风险，就必须大大降低检查风险水平，这给审计人员带来了更大的工作压力。

8.6.3 网络审计风险的防控

网络经济下的审计风险要求我们必须认真思考其对审计的深层次影响，积极探索网络经济下审计的改革与创新之路。在网络审计中，审计人员对审计风险控制的难度加大，实施的审计风险控制措施也将发生根本性变化。审计必须适应网络经济，必须通过建立风险管理机制，大力创新改革网络经济下的审计技术与方法，以此来降低审计的固有风险、控制风险和检查风险。

1. 建立风险管理机制

由于网络的虚拟性和开放性使审计风险加大，故应提高审计人员对风险的洞察力，使其善于识别被审计单位的经营风险和舞弊风险，强化风险意识。审计人员在进行审计时，应对被审计单位在网络经济条件下的交易事项和会计系统进行风险评估。在计算机信息系统下，风险可能产生于普遍的计算机信息系统活动中，也可能产生于个别应用、个别数据库等活动中的错误和舞弊。新的计算机信息系统技术的应用，增加了计算机信息系统的整体复杂性和具体运用的复杂性，也会增加相应的风险。审计人员在对审计风险的固有风险和控制风险进行评估时，应考虑被审单位使用的会计和管理系统是外购的还是自行开发的。如果是外购的，应考虑系统是否与本单位的特点相适应，使用者是否有能力改变数据和报告；如果是自行开发的，应考虑设计者是否将不符合会计准则的会计处理原则编入了应用程序，是否可能使系统为舞弊者留下可乘之机。只有在计算机系统的硬件、软件和应用系统都可靠的前提下，整个会计和管理系统才是可靠的。

2. 创新审计技术与方法

网络经济的到来，给审计带来了一系列难题，由于传统的审计技术与方法往往对其无能为力，故有必要研发出新的审计技术与方法。

1) 强化审计线索的追踪审查

在传统审计中，依据《独立审计准则》的要求，注册会计师在审计过程中可以采用检查、监盘、观察、查询及函证、计算和分析性复核等审计程序来获取审计证据，所有的审计证据都来源于已经发生的经济业务，所有的审计证据都以纸性介质的形式存储。而在网络环境下，业务信息和财务信息都是通过网络进行传输的，电子符号代替了会计数据，磁介质代替了纸介质，审计人员通过在线访问、查询获取的这部分无纸化审计线索的真实性、完整性、可靠性难以保证，注册会计师的审计取证过程更具有复杂性。因此，保留审计线索的最好办法有以下几种。

(1)在系统内建立日志和追踪文件,以审查在数据处理过程中是否对过渡文件进行过修改和处理。

(2)在审计机构和签字确认的单位里同时形成原始数据的备份或在不同部门各自形成相关的数据库(应当包括数额、金额和单价等主要数据项)，这样既可以相互监督，又可以使审计线索得以保留。

(3)还可采取就地审计和突击审计的方式,以防程序员对被审系统的应用程序进行篡改，防止操作员对被审系统数据文件进行增加、删除、修改等。

2)充分利用计算机审计软件进行辅助审计

随着现代化技术与工具在网络系统的普及与运用，审计人员在实施审计的过程中，应根据网络“即时互动”的特点，选择科学合理的审计技术，充分利用通用的或专用的计算机审计软件，为客户提供优质的专业服务，有效地降低审计风险。具体可采用以下几种方法。

(1)利用审计法规管理软件对系统的合法性与合规性进行全面检查。

(2)利用审计接口软件获取充分、适当的审计证据,减少审计的固有风险和控制风险。

(3)利用审计抽样软件进行符合性测试的属性抽样和适用于实质性测试的变量抽样,根据样本测试结果推断总体特征，提高审计工作效率。

(4)利用审计专家咨询软件对特定审计事项进行重点会诊，以减少审计误差。

(5)利用电子表格模式软件强大的计算、分析、制表及编辑功能,拟订审计工作计划,编制审计工作底稿，出具独立审计报告。

3)采用数据仓库支持网络审计决策

数据仓库(DateWarehouse)是面向决策支持系统(DSS)的分析型数据库，存放了大量的只读数据，可为用户进行分析判断和决策提供所需的信息。数据仓库在支持网络审计决策系统中起到了很重要的作用。网络审计决策系统包括模型库、方法库和数据库。网络审计决策系统中的数据库是从外部各个数据源中获得数据并加以装载集成的。

(1)数据仓库在网络审计中的应用前景。在网络审计中，数据仓库仍具有面向主题、集成、不可更新及随时间变化的特点。在大量由历史性的业务数据组建成的审计数据库中，审计软件会根据审计业务确定审计主题，进行各种数据综合、重组和挖掘等工作。为保证审计数据的原始性和真实性，审计软件对审计数据只进行查询操作，不做数据更新。为提高审计软件对数据进行查询分析的效率，审计数据库必须进行数据集成工作，并采用如联机分析处理(OLAP)服务器等数据分析引擎；随着时间的推移，审计数据库必须不断获取被审计单位联机事物处理(OLTP)系统的数据,并将其集成后追加到数据仓库中。

整个网络审计系统都可以建立在数据仓库的基础上。网络审计系统包括两个层面：辅助审计网络系统(包括审计管理子系统及审计法规网络子系统等)和审计信息网络系统(包括财务收支审计子系统、基建项目审计子系统及管理审计子系统等)。

在整个网络审计系统中，不同部门审计使用的数据仓库如图 8-3 所示。

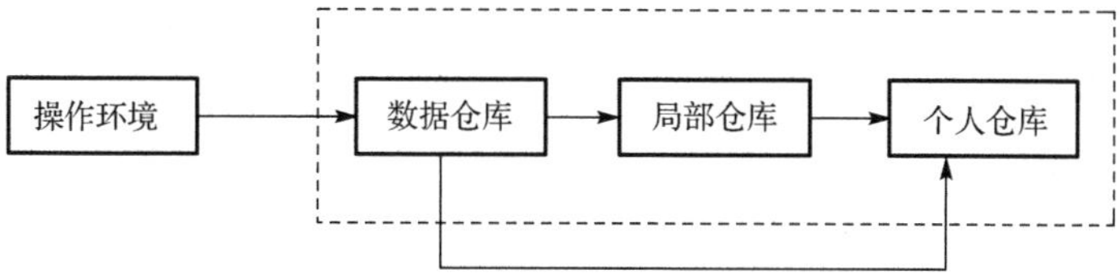

图 8-3 不同部门审计使用的数据仓库

注："——→"表示数据的抽取方向。

建立了全局性数据仓库后，可以支持部门级和个人级的决策应用。也就是说，不同级别的决策人员都可以从数据仓库中挖掘数据以用于决策。

(2)数据仓库在网络审计中的具体应用。在应用数据仓库的网络审计中存在三个关键环节，即数据的抽取、数据的存储和管理、数据的表现(审计数据的访问和分析)，下面结合图 8-4 进行具体分析。

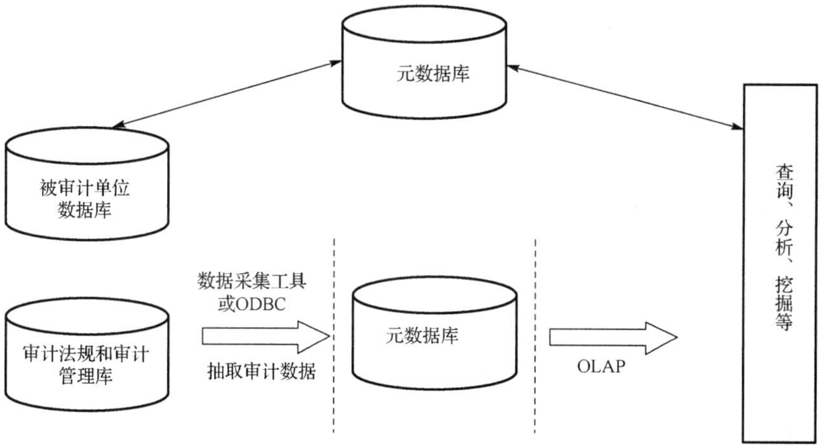

图 8-4 数据仓库在网络环境中的实施

第一，数据的抽取。数据仓库是一个独立的数据环境，可通过抽取过程将数据从联机事务处理系统、外部数据源、脱机的数据存储介质中导入到数据仓库中。数据抽取在技术上主要涉及互连、复制、增量、转换、调度和监控等几个方面。

第二，上述技术细节在网络经济中体现为在监控和管理工具的帮助下对联机源数据库进行网上数据抽取工作，或者对其他数据源进行数据采集。此外，数据抽取可以将不同数据源中不一致的数据转换到审计用数据库中，在转换过程中不可避免要用到设计和编程，或者对支持开放数据互联(ODBC)的数据库进行直接转换。

第三，数据的存储和管理。首先，数据仓库应当使用关系数据库来实现大量数据的存储和管理。由于目前不少关系数据库系统已支持数据分割技术，所以能够利用它将一个大的数据库表分散到多个物理存储设备中。其次，数据仓库还应当支持并行处理。对于一个多处理机系统来说，能够对用户的请求进行均衡分担是关键，这便是并发操作。系统需要将所有的处理机调动起来为这一个复杂的查询请求服务，并对该请求进行并行处理。再次，由于数据仓库中各数据表的数据量往往极不均匀，普通查询优化器所得出的最佳查询路径可能不是最优的，所以面向决策支持的关系数据库应当优化查询器，同时还应当根据索引的使用特性增加多重索引扫描的能力。最后，数据仓库应支持多维分析的查询模式,这是因为用户对数据仓库的访问往往不是针对简单的表格和记录的查询，而是基于用户业务的分析模式进行的联机分析。

第四，数据的表现(审计数据的访问和分析)。数据仓库系统中的前端数据访问主要集中在多维分析、数理统计和数据挖掘方面。首先，用户应当可以利用多维分析方便地汇总数据，并且在一次查询中对不同的数据进行纵向或横向比较。此外，多维分析还应更加注重提供基于 Web 的前端联机分析界面，而不仅仅是网上数据的发布。其次，基于 Web 浏览器的用户端应当具备方便快速、通用的报表、图表生成功能。与传统查询功能相比，数据仓库强大的数据统计功能具有更加快速和通用的优点。最后，数据挖掘(Data Mining)，又称知识发现(Knowledge Discovery)，是指从大型数据库或数据仓库中提取隐含的、未知的、非普通的及有潜在应用价值的信息或模式。数据挖掘工具能够对将来的趋势行为进行预测，从而很好地支持人们的决策，如经过对客户数据进行分析，数据挖掘工具可以回答诸如“客户赢利增长趋势是否合理，为什么？”等类似的问题。

对网络审计而言，基于分析决策的数据仓库系统比传统的查询数据系统具有更加集成、高效和方便的优点。可以预测，数据仓库系统将在未来的网络审计中大展风采。

3. 数据质量风险的控制

电子数据作为审计过程的基础依据，其质量影响着整体的审计质量，因此，在审计实务中需要对取得的电子数据的质量进行正确评价和合理提升。

计算机业有一句名言：“garbage in，garbage out”(无用信息输入，无用信息输出)，说的是信息系统只有对有意义的输入资料进行处理，才能产生有意义的输出，而无法通过错误数据得出正确结果。其实这句话也非常恰当地描述了审计工作中电子数据质量的重要性。如果在审计过程中使用的是质量低下的电子数据(简称数据)，则依据这些数据得到的审计成果就很难有较高的质量。要保证审计质量，就必须确保审计所取得的数据真实可靠，能够准确地反映被审计单位的实际情况，从而达到控制审计风险的目的。

1)数据质量的评价指标

数据质量的评价指标根据行业不同有很多划分方法,在审计工作中主要关注准确性、完整性、一致性和有效性四个指标。这四个指标并不是按照体系严格划分的，只是在审计工作中需要关注的几个方面，它们之间相互影响并在一定程度上交织和重叠。

(1)准确性，指数据值与假定正确的值的一致程度。它包括概念一致性、值域一致性和格式一致性三个子指标。概念一致性是指在不同的数据中，同一概念所指的事物是相同的。如价格在采购数据和销售数据里就不满足概念一致性的要求，一个代表采购价格，另一个代表销售价格。值域一致性是指同一概念的值域范围在不同的数据中是相同的。但在一个大型单位的财务数据中，一些二级单位的财务系统每年设置 13 个会计期间，而其余二级单位设 12 个会计期间，当这些数据合并到一起时，就会出现会计期间这个概念的值域不一致现象。格式的一致性比较好理解，是指同一概念在不同数据中的表达方式是一致的。最常见的格式不一致是日期/时间类型，在部分数据里可能采用的是标准的数字类型，而在另一些数据里是通过字符串来表示的。

(2)完整性，指需要值的属性缺失程度。可以从两方面解释，纵向上是指数据无重复或缺失，发生的业务没有被重复记录或遗漏；横向上是指数据中的关键属性无缺失，能够完整地描述所记录的业务。

(3)一致性，指数据对一组约束的满足程度。数据并不是孤立存在的，数据之间往往存在着各种各样的约束，这些约束描述了数据的关联关系。数据必须能够满足相互间的关联关系，而不能相互矛盾。例如，在科目余额数据中有固定资产科目年末借方余额这个属性，该属性的数值从理论上来说应该等于固定资产卡片中的固定资产原值的年末数，不能出现不一致的情况。

(4)有效性，指维护的数据足够满足审计的需要，达到可利用程度。可用性又可以分为几个子指标，其中最主要的是可理解性。数据要有容易理解的存储格式，才能被审计人员正确理解、合理利用。如对普通的审计人员来说，中文字段名称要比英文字段名称容易理解，而英文字段名称又要比字母编号的字段名称容易理解。

2)提升数据质量的措施

在进行面向数据的网络审计时，一般会经历如下几个步骤：首先，采集审计对象信息系统中的数据；其次，根据对这些数据的分析和整理，将其转换为审计软件所需的数据形式并根据审计需要进行数据清理；最后，就是运用计算机审计软件对这些数据进行分析复核。

(1)数据采集的质量控制。

① 适用的控制标准。

第一，真实性，是指采集到的数据必须是被审计单位计算机系统中存储或备份的，未经事后蓄意修改、增加、删除等操作，能反映财务收支真实情况的数据。

第二，选择性，是指审计人员只采集与审计需求相关的数据。审计组在进行审计数据采集工作之前，必须把握审计方案中明确的审计范围、审计内容及重点，结合审前调查获得的有关计算机系统和数据的情况，从而确定数据采集范围、采集内容及采集重点，并确保选择出的数据能保证审计完方案规定的各项内容。

第三，完整性，是指被采集部分数据是完整的，未发生数据丢失或增加的情况。

第四，有效性，是指在转换等多种技术和方法中，选择审计组能顺利使用的，相对而言更有效、更简便的技术和方法。

第五，安全性，指确保在采集过程中获取的被审计单位数据及与数据相关的技术文档不被审计组内外的无关、无权人员获知。

第六，合法性，获取数据的途径要合法，采集应该通过正常途径进行，应该取得被审计单位的同意或有权机关的批准。严禁私下进行数据采集。

② 数据采集的方法一般有以下几种。

第一，利用被审计单位应用系统的数据转出功能。利用此功能的前提是转出数据格式符合审计人员的需求，或者转出数据经过处理后能够符合审计人员的需求。例如，被审计单位的财务系统使用的是浪潮国强财务软件，可以首先利用其自身的凭证和余额的查询功能将数据查询出，然后利用其“文件”菜单下的“数据转出”功能将查询出的数据转存为.xls,.dbf,.txt 文件。

第二，利用被审计单位业务系统所使用的数据库系统的转出功能。例如，利用 SQL 数据库自身的“导入和导出数据”功能可以将 SQL 数据库中的数据表全部或有选择转存为其他格式文件。

第三，使用审计软件自带的数据转出工具软件。有的审计软件本身带有对特定软件的数据进行转出的工具软件，其获取数据的方式简单易行并完全符合审计软件的要求。例如，“审易”审计软件自身带有“SQLserver 备份数据取数”和“SQLserver 数据取数”工具软件，可以方便地从 SQL 数据库中备份数据，以及从 SQL 数据库中将数据转存为.MDB 格式文件。

第四，根据所了解的系统的情况，直接将可利用的数据文件复制到审计人员的计算机中。例如，知道用友 7.0 至用友 US.12 财务软件的数据库为 ACCESS 后，找到其文件存放位置，直接将 ufdata.mdb 文件复制出即可。

第五，使用通用的数据转出工具 ODBC。一般情况下，只要本审计单位的计算机系统中安装有数据库系统软件，都可以使用 ODBC 将数据库中的表有选择地或全部导出，并可以选择导出多种常见的数据格式。例如，在对某证券公司进行审计时，其数据库为 DBZ，由于审计人员没有接触过此软件，则可直接使用 ODBC 将数据导出为 Access 文件。常用的方法是利用数据库本身的导入/导出功能和 ODBC 方式，其他数据获取方式要根据本审计单位系统的功能和导出数据是否符合审计人员的要求确定。

③ 数据采集的注意要点。

第一，采集数据的格式应以满足审计人员的需求或审计软件的要求为标准，如果确实无法达到以上要求，则获得的数据文件的格式必须可以通过其他方法转换为所需文件格式。

第二，采集数据的大小要合适。一般情况下，大多数审计人员所使用的审计软件都是小型数据库系统，如 Access，VisualfoxPro 等，这些软件的数据处理能力都是非常有限的，如 Access，VisualfoxPro 所处理的数据不能大于 2GB，而审计人员常用的 Excel 只能处理 65 535 行数据。相对于这些软件的数据处理能力，有很多业务数据的单表容量都超过 2GB。因此，采集数据前一定要确认所采集的数据是否超过了所使用的软件的数据处理能力，如果超过了，就要考虑是否要进行数据分割，还要考虑到分割后的数据是否便于利用。例如，在采集某证券公司的证券交易流水资料时，审计人员要求获得的数据文件为.dbf 格式，利用其 SQL 数据库的“导入和导出数据”功能将所需资料导出后发现文件打不开。分析原因认为此数据超过 2GB，大于 Visualfox 的处理能力。再分析原始数据发现，其存储的是两个年度的数据，则利用“导入和导出数据”功能按年度将数据导出为两个文件即可。

第三，采集数据的范围要合适。一般情况下，如果对被审计单位的业务了解得比较深入，则可以根据需要只采集审计人员关注的数据表。但是如果审计人员是初次对此类业务进行审计或是对此业务不是很熟悉，则建议审计人员采集被审计单位数据库中的所有表。这是因为虽然数据库系统中的有些表很小，但却是一些代码型的文件，这些代码表对整个业务系统是至关重要的，真正的业务数据表中的某些字段往往需要通过查找这些代码表来确定其含义。如在证券行业，营业部代码表、货币类型代码表、业务代码表等都是此类型的表文件。如果没有采集这些看似不重要的表，往往到用时才会发现工作难以进行，这时就需要重新取数了。

(2)数据转换的质量控制。数据转换是指利用专用软件、SQL 语句或编写程序，对数据的存储格式、类型、值域和特殊值等进行转换，以提升其一致性和可用性。

由于被审计单位的数据组织通常是面向业务处理，而不是面向分析的，而审计工作要求根据审计目标和分析主题来组织数据，故需要将不同的数据经过整理和转换后集成到一起，形成审计分析用的统一数据集合，即审计中间表。此外，由于审计所需的数据并不单单局限于某个系统或某家被审计单位，而是需要利用不同系统间的数据及外部数据进行关联分析，借此降低由信息不全面带来的审计风险，所以更需要统一不同来源的数据，以提高信息的使用效率和效果。

① 数据转换适用的控制标准。

第一，正确性。在数据转换过程中不能丢失、增加原有的记录条数，转换后应不改变数据原来的语义。

第二，选择性。选择能实现审计实施方案重点、内容和目标的数据进行转换，并应该根据时间、人力等限制确定各数据的转换先后顺序。

第三，有效性。在众多数据转换的技术和方法中，审计组应选择自己能顺利使用的，相对而言更有效、更简便的技术和方法。

② 数据转换的注意要点。

第一，数据格式的转换，指根据审计软件的要求和审计人员对应用软件的情况，将不符合要求的数据库文件格式或数据表文件格式转换为审计软件和审计人员需求的格式。例如，在采集浪潮国强财务软件的数据时，虽然其提供了将数据转存为.dbf 格式的功能，但一般情况下存在数据采集不全的问题，而且在大部分情况下，科目编码字段只能取到前 8 位。解决该问题的方法是在导出数据时将其存为.xls 格式。而由于审计软件要求的数据格式是.dbf，故需要最后将采集到的.xls 文件转换为.dbf 格式。

第二，对关系表的处理。为了降低冗余，现在的数据库系统往往会将一个表中的所用字段分成几个表来存放，但这在具体的审计过程中会给审计人员带来诸多不便。如在证券行业，其“历史资金证券变动”表中的“发生营业部”、“开户营业部”、“货币类型”、“业务代码”、“委托方式”等字段的内容都是用代码来表示的，这些代码的具体含义都分别由一个独立的表来说明。在审计过程中，为了使审计人员对审计数据有一个直观的认识，就需要对这些表进行综合处理，使代码的含义也在“历史资金证券变动”表中显现出来，从而达到数据完整、直观的要求。当然，这步操作要根据实际情况确定是否需要，如果代码很少或是审计人员熟悉就不需要做了。

第三，对字段类型的调整。在有的数据库中，某些金额、数量型的数据字段的类型被定义为了字符型或其他类型，使审计软件无法识别，也不便于审计人员利用其他工具软件对数据进行核算。为了方便正常审计中的操作，就需要我们调整某些字段的数据类型。还有就是日期型数据、标志用数据的数据类型等都是需要审计人员关注的。针对这种类型不符合要求的情况。

(3) 数据清理的质量控制。由于采集数据时，往往来不及对被审计系统做详细的了解与分析，通常是确定一个范围后把数据全部采集过来，再想办法加工整理，并且考虑到数据的全面和丰富，以及数据采集的风险，在采集数据时一般都宁多勿缺，故采集到的审计数据往往会有许多重复，而且数据量巨大。为了使采集到的电子数据能满足审计分析的需要，必须进行数据清理，这在电子数据采集中具有重要作用。

数据清理，是指利用 SQL 语句、编写程序或人工操作，对冲突数据进行选择，对冗余数据进行清理，对缺失数据进行修补，以提升数据的自治性、可用性和完整性。当数据内部出现不自治时，需要在几个互相冲突的数据间做出选择，选择出正确的数据来利用，这就是对冲突数据的选择。当数据出现大量无用数据时，容易分散审计人员的精力和干扰其职业判断，对数据进行清理可以提升数据的可用性。对缺失数据进行修补是指当数据中缺少关键属性，导致其无法被正确利用时，需要对这部分数据进行修补以提升数据的完整性。

4. 降低审计的检查风险

为降低审计的检查风险，可采用以下几种控制方法。

(1) 统一文件存储的格式，降低难以打开历史文件进行阅读的可能性；对不同时期版本的会计软件，采用统一的文件格式存储，以便于审计人员使用辅助审计软件打开并进行审查；根据会计软件行业标准，统一数据格式和外部接口。

(2) 设计一套有针对性的审计检查系统，以将审计检查风险降到最低；检查被审计单位的权限设置，审查操作日志，检查被审计单位编制报表时的计算公式。

(3) 检查凭证记录的真实性、资产及负债的合理性、期末交易的归属期、内部管理控制制度的完备性和会计政策的一贯性。

(4) 查阅原始档案（如经济合同等），利用辅助审计软件整理汇总，并与电子账户数据进行核对。

(5) 检查账实是否相符。账实相符既指传统意义上的账实相符，也指计算机系统下各子系统之间的数据相符。

5. 营造良好的网络审计法律环境和行业氛围

作为一个经济服务领域，审计要充分利用和维护法律体系来指导审计工作，以维护审计的客观公正性。目前网络审计面临许多法律法规方面的不确定，主要表现为现有法律法规的不完善。而网络审计立法是保障网络审计正常发展的关键性措施。要在立足我国国情的基础上参照国际有关法律法规，制定与网络审计有关的法律规章，填补空白，使审计人员在进行网络审计工作时，尤其是在电子证据、电子签名、电子合同、电子货币等合法性审计时有法可依、有章可循。

6. 加强对于网络审计人员业务能力的培养

随着企业商业竞争的加剧，被审计单位的财务及管理信息系统正变得日益复杂，企业有关信息的更新频率也在不断加快。审计人员必须要能够及时更新自身掌握的网络审计知识。为了达成这一目标，一方面，我们可以在以后的审计人员考核中加入网络审计的内容；另一方面，注册会计师事务所应当加强对审计人员的培训。更为重要的是，审计人员应该树立终生学习和创新进取的意识，不断提高自身能力，以适应网络审计发展的需要。

本章小结

网络审计就是以网络经济和网络信息活动为对象的一种监督活动。网络审计的特点有实时性、动态性、隐秘性、高效性等；网络审计主要包含审计主体、审计对象、审计目标、审计内容等要素；其主要涉及对网络经济的审计、对网络系统的审计和借助网络进行审计三方面的内容；网络审计一般要经过计划准备、实施、完成三个阶段；要运用一系列程序和方法，如获取审计证据的方法、控制测试程序、实质性测试程序。网络审计报告是借助现代信息技术，对网络经济活动和网络信息系统进行审计，所形成的包含审计意见的书面文件；网络审计存在一系列风险，可以采取适当的方法对这些风险进行防范。

关键术语

网络审计控制　测试实质性　测试审计证据　网络审计报告　网络审计风险

复习思考

1. 简述网络审计的内涵。
2. 简述网络审计的特征与作用。
3. 简述网络审计的要素与内容。
4. 简述网络审计的基本流程及主要的审计方法。
5. 简述网络审计报告与传统审计报告的区别。
6. 简述管理层应如何利用网络审计结果。
7. 简述网络审计风险的特征及其来源。
8. 简述网络审计风险的防范措施。

参考文献

[1] 金光华. 网络审计[M]. 上海：立信会计出版社，2000.

[2] 苏运法，袁小勇，王海洪. 计算机审计[M]. 北京：首都经济贸易大学出版社，2005.

[3] 中国注册会计师审计准则第 1301 号——审计证据.

[4] 蒙维琪. 网络审计的风险及其控制的研究[D]. 暨南大学硕士学位论文，2006.

[5] 李秀乾. 关于网络审计探究[D]. 首都经济贸易大学硕士学位论文，2004.
[6] 段金华. 浅析网络审计——电子商务时代审计的新发展[J]. 经济与管理，2008(1).
[7] 许佳. 电子商务环境下的网络审计问题探析[J]. 技术与市场，2008(7).
[8] 王素梅，朱芮兵. 传统审计与网络审计比较研究[J]. 现代审计，2004.
[9] 中国注册会计师协会. 2015年度注册会计师全国统一考试辅导教材——审计[M]. 北京：经济科学出版社，2015.
[10] 秦荣生. 财务报告内部控制相关问题研究[J]. 会计之友(下旬刊)，2009.
[11] 许宝强. 网络审计的现状及发展对策[J]. 中国内部审计, 2005(1).
[12] 胡晓翔，李宗快. 会计电算化审计现状及其完善[J]. 商业时代, 2009(15).
[13] 刘雪晶. 网络环境下审计要素的变化[J]. 会计之友, 2008(12).
[14] 王风华，李金克. 网络审计风险的防范[J]. 中国管理信息化:会计版, 2007(3).
[15] 万龙翔. 网络审计和网络审计风险的控制[J]. 商, 2016(3).

第9章

网络财务的实施与评价

本章导读

网络财务的实施是网络财务得以运用的重要步骤，其实施后的评价是网络财务应用上水平、上台阶和日趋完善的基本前提，也是网络财务理论发展和应用升华的必然结果。

通过本章的学习，我们应了解和掌握网络财务的实施条件、实施方案及实施评价。其中，在网络财务的实施条件部分应主要了解和掌握网络财务实施的业务协同、组织保障、软件开发及人才储备；在网络财务的实施方案部分应重点了解和掌握网络财务实施的目标、步骤及方法；在网络财务的实施评价部分还应了解和掌握网络财务实施后的评价内容、评价指标及评价方法。

9.1 网络财务的实施条件

网络财务的实施是一复杂的系统工程。众多成功的经验和失败的教训告诉我们，要成功实施网络财务，不仅需要宏观层面上的电子商务、网络经济和网上银行等网络财务环境，在微观上还需要企业或企业集团内部的业务协同、组织保障、软件准备及人才储备。由于宏观层面的相关内容已在本书的前述各章加以介绍，故本节将从微观层面分析网络财务的实施条件。

9.1.1 网络财务实施的业务协同

网络财务的一个重要特征是财务与业务能够协同处理并达到管理信息的全面集成。所谓财务与业务的协同处理是指一旦业务活动的产生伴随有财务信息，就必须将这些信息及时地传递给财务系统处理,同时财务系统也必须立即将处理的结果反馈给业务系统。这种财务和业务的双向协同具体包括：①企业内部的协同，即对于企业内部的信息，可以通过企业网络传递实现内部的协同，如销售部门的业务员可以使用手持信息设备和计算机终端设备输入销售的商品和劳务数据，并实时传递给财务系统，财务人员可以在计算机前等待各种数据传递过来并自动生成账表，进行事中控制和分析，且迅速将已进行的财务处理结果传递给业务系统；②与外部供应链的协同，即通过国际互联网实现与供应商、客户之间的协同，网上订货、网上采购、网上销售的物流信息和资金流信息能瞬间传递到财务系统，财务系统处理的结果也能及时传递给本企业的业务系统和供应链上其他的财务和业务系统；③与社会部门的协同，随着社会信息化进程的不断加快，企业可通过 Internet 实现与政府税收部门、商业银行、证券公司、海关等的协同。与政府税收部门连网可以实现企业纳税的网上申报和网上清缴；与商业银行联网可以随时查询企业最新银行资金信息，并实现网上支付和网上结算；与海关联网可实现网上报税、报关；与证券公司联网可以实现在线证券投资。

企业的信息化建设往往将财务作为切入点，因为财务部门是企业的“心脏”，财务信息化程度完善了，才能带动其他部门顺利地实现信息化。但要实现网络财务，前提是企业其他部门都必须进行网络化作业，各部门、各环节的实时信息都能通过网络传给财务部门，由财务部门统一核算管理并将处理结果及时传递给各业务系统，这样才能完成业务财务化的高度一体协同。否则，网络财务就成了无源之水，同时网络财务也就成了不能通过网络向业务传递信息的计算机孤岛。

9.1.2 网络财务实施的组织保障

如前所述，网络财务的实施是一项复杂的系统工程。它不仅需要耗费巨大的物力和财力，也需要花费巨大的时间和精力。其成败的关键则往往取决于企业实施网络财务的组织保障，具体包括以下两个方面。

1. 企业管理者对网络财务的认识

一个企业是否需要使用网络财务？网络财务是否真正适合企业的经营管理模式？企业是否有能力支持整个系统的运行？企业在实施网络财务后将如何开展工作？到底是企业去适应网络财务软件，还是让网络财务软件来适应企业的正常运作？这些问题都摆在每个要实施网络财务的企业面前。因此，企业管理者在实施网络财务时必须对以上问题有充分的理性认识和思想准备。

2. 强有力的项目实施团队

在网络财务的实施过程中，不仅要有财务管理和会计核算方面的专门人才，也还需要计算机硬件和软件方面的专家，更需要各业务部门、各相关环节的业务精英，只有这样，网络财务的实施才能明确需求，找准办法并保障网络财务系统的顺利实施以及实施后的不断完善。

9.1.3 网络财务实施的软件准备

网络财务软件是基于计算机网络技术，以实现电子商务为目标，提供互联网环境下财务管理模式、会计工作方式及其各项功能的财务管理软件系统。企业要实行网络财务，必须对软件开发团队进行合理组织或对软件供应商进行慎重选择。原因有以下两点。

1. 项目投资大、风险大

网络财务管理需要的网络财务软件可以自行开发和选择购买。无论是自行开发还是选择购买，其投资均远不像单机版财务软件那样投资几万元就可实现。再者，任何一个网络财务软件不管其质量多么优良，在实际运行中出现问题是不可避免的，一旦系统运行不畅，损失将十分惨重。因此，在网络财务系统构建起来后，系统维护工作异常必要，这就对软件开发团队或软件供应商的售后服务提出了较高的要求。

对一个网络财务项目而言，软件的安装和实施，只能解决一些基本的问题，诸如各类数据的整理、基本业务流程的梳理、综合信息化的获取，不可能实现业务水平一次性的全面提升。因此，实施应用之后的持续改进过程显得更为重要。而一整套持续维护的方式，则能给项目应用带来更大的提高，而持续地维护则应当包含系统的维护和应用的改进，一般而言，系统维护的支持主要由软件开发团队或软件供应商来承担，它主要包括系统的改进、检测和常规的技术支持，而这一切并不是免费的。

2. 业务整合面广，复杂性高

网络财务是通过网络对企业各部门、各环节进行全面细致的管理，将企业整合成一个密不可分的整体，为此，要实施好网络财务工程，必须进行必要的业务整合。但由于业务和财务的结合，特别是业务和财务的一体化，对很多企业来讲都是一新鲜事物，供、产、销以及人、财、物的传统管理办法都有很大的不适应，如果软件质量和性能不可靠或不稳定，必然会加大业务整合的面和业务整合的复杂性，甚至会多次反复，这必然会使企业的整个运营陷入瘫痪或一定时间的无序状态，从而给企业带来巨大损失。

为开发和购买适合本企业网络财务需要的网络财务软件，企业必须首先明确自身的行业特征和业务流程，以及实施网络财务的具体目标和经费预算，在此基础上必须首先确立网络财务软件的获取方式，是自己开发还是购买通用软件，各自的优点和缺点是什么，本企业有无软件开发的人力和财力；其次必须明确哪些业务流程是可以适应未来网络财务需要的，哪些是与未来网络财务冲突而必须加以再造的。只有在处理好上述两个问题的前提下，所准备的网络财务软件才能减少网络财务实施中的问题和障碍，也只有这样才能提高未来网络财务应用的水平和效果。

9.1.4 网络财务实施的人才储备

电子商务、网络经济和网上银行等网络财务环境对网络财务系统的维护人才、应用人才和改进人才提出了新的要求。首先，网络财务信息的传递和处理均要通过计算机的操作来完成，这就要求会计人员既是一名高水准的会计师，同时也要是一名出色的计算机操作员；其次，作为网络财务重要特征的财务和业务协同还要求各环节的业务人员不仅要熟悉电子商务和网络经济环境下的商业规则和网上银行的结算办法，也要求业务人员熟悉相关的会计法规和会计政策；再次，Internet 上的公司多数是国际企业间的相互合作，涉及不同的语言、商务、会计处理方法和社会文化背景，这同样要求网络财务的实施和应用人员必须熟悉国际会计和商务惯例，并有较为广博的国际社会文化背景与外语知识；最后，网络财务系统的实施、应用和维护需要管理人员具备更高的管理水平和技术水平，管理人员的素质决定了网络财务应用的质量和效率。因此，我们认为：企业储备大量的复合型人才是网络财务实施的重要条件之一。

9.2 网络财务的实施方案

要明确网络财务的实施方案，主要应明确网络财务的实施目标、实施步骤及实施内容。本节将在介绍网络财务的实施目标和实施步骤的基础上，讨论网络财务的实施内容。

9.2.1 网络财务的实施目标

根据网络财务的系统特点，实施网络财务的目标主要包括四个方面。

1．信息共享化

网络财务的强大后盾是建立在电子商务、网络经济和网上银行等网络财务环境基础上的发达的网络系统，其各个子系统之间既相互独立，又协同处理各业务事项、财务管理事项和会计核算事项，从而达到共享信息资源，实现网络的分布式处理，因此由其形成的企业或企业集团的业务信息、财务信息和会计信息可以共享。

2．信息及时化

在网络财务系统中，财会人员可在一个开放的财务网络上处理各种财务事项，财务处理工作的方式与手段都将发生根本的变化，如改变过去财务人员独立和封闭的工作方式，达到网上财务审批、在线审计、在线资金调度、在线系统维护、在线咨询、在线版本升级等，这些在线处理方式使“事项会计理论”得以完全实现，并提高了信息处理的及时化。

3. 信息集成化

网络财务系统集成了许多相关功能，如：网上结算、网上催账、网上支付、网上询价、网上销售、网上报送、网上银行、网上理财、网上报税缴税、网上保险、网上证券投资、网上外汇买卖、网上财务信息查询等，以上功能的实现提高了业务、财务和会计信息的集成程度。

4. 信息多样化

网上财务系统采用在线管理和集中管理模式，能够实现企业或企业集团的整体管理。网络消除了物理距离和时差概念，高效快速地收集数据，并对数据进行及时处理和分析，同时能够实现业务协同、动态管理、及时控制、科学预测，使企业实现决策科学化、业务智能化，使企业充分利用信息，提高资金回报率，保障企业在有序的智能化状态下高速发展，从而使得企业信息系统所提供的信息不仅仅包括过去的历史信息，而且还包括事中的即时信息和事前的预测、决策信息。

9.2.2 网络财务的实施步骤

网络财务是财务管理信息化和电子商务、网络经济以及网上银行等网络财务环境完全整合的一个渐进过程，它需要经过从需求分析、后台财务系统建立、前台电子商务系统应用等实施步骤。

1. 网络财务的需求分析

由于电子商务、网络经济和网上银行等网络财务环境所涉及的范围相当广泛，企业在实施网络财务管理信息系统时，应先调查哪些应用是企业必需的？哪些应用对企业的收益较大？哪些应用所花的代价较少？然后进行全面的系统规划，即规划信息化的基本平台、后台的财务系统建立以及前台的电子商务系统优化，并确立分步或进一步实施的时间安排、人员准备和经费预算等。

2. 后台的财务系统建立

电子商务、网络经济和网上银行等网络财务环境不是空中楼阁，它是以信息流为核心的商务和结算活动。如果信息流不畅通，必然导致资金流和物流的堵塞。如果把电子商务、网络经济和网上银行等称之为前台，那么企业内部构建的财务系统则称之为后台。没有后台系统的支持，前台的电子商务等只能是一句空话。因此，要真正开展电子商务、网络经济和网上银行等就必须先建立后台的财务管理系统。

1）建立财务子系统

财务子系统能够从资金流的角度，正确地记录、计算、汇总和处理企业本身发生的各种经济业务，及时准确地提供各种会计账簿和报表，实现对资金流的核算和管理。财务子系统的良好运行是保证电子商务、网上付款、网上纳税、远程报账等电子交易的前提。

2）建立购销存子系统

购销存子系统是指包括采购、销售、存货核算和管理的子系统。该系统能够从物流的角度，正确地记录、计算、汇总和处理企业采购、存货以及销售等经济业务，及时准确地提供各种管理报表，实现对物流的核算和管理。购销存子系统的良好运行是保证网上采购、网上销售等电子交易的前提。

3）建立其他子系统

与电子商务等网络财务环境最密切的子系统就是财务子系统和购销存子系统。如果这两个子系统建立之后，企业在有能力的条件下，还可以建立其他子系统，如工资子系统、固定资产子系统、成本核算子系统、资金结算子系统等。

3. 前台的电子商务应用

电子商务、网络经济和网上银行等网络财务环境决定了网络财务生存和发展的土壤。没有电子商务、网络经济和网上银行的网络财务也是不完整和没有支撑的网络财务。为此，要实施好后台的网络财务，必须对前台的电子商务进行必要的优化，至少必须加以建立和应用。

1）基本应用

电子商务的基本应用主要包括：动态 WEB 站点和企业主页——建立企业面向大众和客户的窗口，用于企业介绍、产品介绍、企业新闻等；广告服务——发布企业产品广告和相关广告；电子邮件——企业员工之间、子公司和母公司之间、上下级之间通过电子邮件进行交流信息，等等。

2）商务应用

电子商务的商务应用主要是将财务与其他企业管理信息系统升级成电子商务环境下的网络财务或管理信息系统，并开展：网上采购和供应商管理、网上销售和客户管理、网上付款和结算管理、网上纳税和提交财务报告等。

建立企业主页等基本应用只是企业在电子商务应用中迈出的第一步，电子商务的真正应用应该是将企业后台系统与电子商务系统紧密结合起来，通过它直接在网上开展电子商务活动，以采用新的经营模式开展与客户、供应商、银行等的交往，达到提高企业运作效率，提高企业管理水平的目的。为此，要首先建好企业资源计划系统（ERP），实现财务业务一体化，降低内部成本；同时要结合数字化企业的建设需要进行全面的企业流程重组（BPR），实现企业业务流程的整体最优化；在此基础上实现对企业资源的有效利用和管理，在线协同整个供应链及改善人力资源、生产制造管理效率，有效地进行决策支持，降低内部业务成本。其次，要建好供应链管理系统（SCM），提高上、下及整个供应网络的管理效率。电子商务需要的是全部贸易角色和贸易手段的集合，处于世界贸易之中的每一个企业都应是环球企业，都集成到全球的公共网络中去，这样才能与原来的盲区连接起来。最后，要建好客户关系管理系统（CRM），拓展市场并巩固客户忠诚度，实现企业从“以产品为中心”的模式转向“以客户为中心”的模式。企业以客户为中心，使企业的生产、营销、服务及市场都围绕着客户而进行，在最大限度地提高客户满意度的同时，提高企业的运作效率，降低企业的运作成本，这也是网络财务管理从后台走向前台，从企业内部走向外部的具体体现。

9.2.3 网络财务的实施内容

网络财务的实施内容涉及网络系统的建立、企业流程的再造和网络财务系统的运行准备等。

1. 网络系统的建立

如前所述，网络财务是建立在电子商务、网络经济和网上银行等基础上的财务管理系统提升，而电子商务、网络经济和网上银行等又是建立在网络系统上的，因此，网络系统的建立是网络财务实施的设备保障。

当今社会，与企业网络财务实施有关的网络系统十分发达，其功能也多种多样，甚至是五花八门。这些网络系统主要包括 Internet/Intranet，而相关的网络财务功能主要包括网上结算、网上催账、网上支付、网上询价、网上销售、网上报送、网上银行、网上理财、网上报税缴税、网上保险、网上证券投资、网上外汇买卖、网上财务信息查询等。因此，企业要实施网络财务，一是要建立企业内部的网络系统，二是要将企业内部的网络系统与企业外部的相关网络系统连接。

如何建立企业内部的网络系统呢？对于大中型企业而言，如果其业务复杂、资金充裕且维护技术雄厚，可以考虑建立企业内部的 Intranet，实施企业资源计划 ERP 等。反之，如果企业规模小或业务单一、资金有限或技术力量差，也可以求助于计算机公司甚至租用相关的网络设备和计算机软件，或有安全保障的计算机云空间等。

到底是企业自建、委托外包还是租用，企业一是要分析各自的优缺点；二是要根据企业实施网络财务要达到的基本目标；三是要进行必要的投资分析。无论采用哪种模式，其目的都是要为企业的网络财务实施建立一个完备、高效且经济的计算机网络平台。

2. 企业流程的再造

网络财务的实施不仅仅是提高会计信息处理的效率，更为重要的是要充分利用网络财务平台提升企业的管理水平。因此，在网络财务平台下，审视企业原有的业务和财务流程，抛弃不适应网络财务需要和新的管理要求的业务和财务流程，再造一个全新的能达成企业新管理目标的新的业务和财务流程。

实施网络财务，除了提升电子商务、企业资源计划等的运行效率和运行效果外，其本身的或狭义的目的就是要提高资金的运行效率和运行效果。具体措施包括：资金的集中管理、网上的财务报销和信息的集中处理等。

1) 资金的集中管理

网络财务平台使大中型企业，特别是大中型企业集团过去在手工或单机版财务系统下面无法实现的资金集中管理得以轻松实现。首先，网络财务的实施可以要求下属企业或分支机构建立收支分离的财务运行模式，即下属企业或分支机构在银行分别开设收入、支出专户，一切现金或银行存款收入均直接进入收入专户，由银行根据企业总部、分支机构和银行签订的三方协议并利用网上银行功能直接划入总部的银行账户。这样不仅强化了总部对分支机构的收入监控，同时也为整合整个企业或企业集团的资金资源奠定了坚实基础。其次，在各种收入集中的基础上，由总部根据各分支机构编制并报总部审批的资金预算，通过网上银行及时划拨给各分支机构，甚至也可以直接根据总部、分支机构和收款方签订的三方协议，由总部直接支付。这样不仅提高了整个企业的预算管理水平，也强化了整个企业的资金支出管理。

2) 网上的财务报销

在电子商务和网络财务平台下，各种网上采购和网上消费的原始单据可以直接通过网络平台传递到企业总部的财务系统，由网络财务系统以及与之配套的网络办公系统或个人手持的智能手机系统直接进行网上审批、网上报销和网上支付，完全实现无纸化办公和电子货币支付，如企业与个人的微信支付等。这样不仅提高了财务工作效率，也减少了各种财务舞弊行为的发生概率。

3) 信息的集中处理

网络财务平台的建立，可以实现会计信息的集中处理，减少纸质信息的传递环节和提升会计信息的传递速度，真正做到会计信息的及时化和集成化。为达成信息的集中处理，企业可以在企业总部安装网络财务软件，在各分支机构安装业务或财务处理终端，甚至将其直接延伸至管理人员的手机等通信设备上。这样，整个会计信息的处理都是在企业总部的服务器上运行的，这不仅可以方便总部对各分支机构信息的及时查询、直接汇总和报表合并，也为在线审计与业务稽核打下了坚实基础。

以上网络财务新措施的实施，无一例外地要改变企业的现有业务和财务流程。这些流程再造的事前规划并伴随与之配套的制度完善，是实施网络财务方案必不可少的主要内容之一。

3. 网络财务的运行准备

借鉴众多企业信息化系统的实施步骤，我们认为：网络财务在试运行之前必然包括网络财务软件的安装调试和初始设置，也必然包括网络财务的人才培训和配套制度建设。

1) 网络财务软件的安装和调试

网络财务软件的安装一般由企业的软件开发团队或软件供应商的系统实施人员进行。作为实施网络财务的项目组来讲，关键的问题不是要学会网络财务软件的安装，而是要研究软件安装的物理位置、软件运行的逻辑结构和软件功能的测试。对于网络财务软件安装的物理位置，一要考虑数据的安全，二要满足总部和分支机构的业务和财务管理需要，三要节约网络财务软件的运行费用，在初始投资和事后的运行和维护费用之间找到一个可以接受的平衡点。对于软件运行的逻辑结构要广泛征求软件开发团队、软件使用团队以及企业领导和专家的各方意见，尽量满足相关各方的需要，如果不能达成妥协，要采取民主与集中相结合的办法。对于软件功能的测试，要尽量根据需求说明书要求的功能说明，同时结合最终用户的现实需要测试软件的基本功能。如果软件未能达到需求说明书或最终用户所提出的基本要求，要首先征求软件实施专家的意见，看能否通过软件的初始设置功能来加以灵活运用，如果还不能满足要求，则必须通知软件开发人员对软件进行修改或二次开发。

2) 网络财务软件的初始设置

网络财务软件的初始设置就是要在熟悉软件功能和详细了解使用手册的基础上，设置网络软件正式运行前的功能参数。这些功能参数包括：单位代码与隶属关系设置、操作人员代码与权限设置、业务代码与单据设置、会计科目及层级设置、报表格式和取数公式设置等。在网络财务软件的初始设置中，一要体现再造的新业务和财务流程，二要留有一定的业务和财务发展空间，三要创造性地使用网络财务软件，切记不能照搬手工或单机版财务软件的使用办法，更不能将此工作完全交由软件开发团队或软件供应商来完成，必须发挥项目实施团队的聪明才智，并提升软件最终用户的使用要求。

4. 网络财务人才的培训

网络财务人才的培训是网络财务实施的关键所在，其培训内容包括计算机网络基础、电子商务的相关知识，网络财务软件的运用以及相关配套制度的学习。对于前两者，企业可以采取送出去加请进来的办法，其中，网络财务实施的关键人员和相关领导可以考虑送到高等院校进行系统学习并到相关单位进行实地考察，一般的业务和财务人员可以考虑请外面的专家来授课的方式；对于后两者可以通过实战加考试的办法来加以培训和提高。

5. 网络财务软件的试运行

网络财务软件的试运行，一要考虑软件试运行的初始时间和试用单位，二要考虑软件试运行中的问题发现与问题解决，三要逐步完善和提升软件运行的效率和效果。首先，关于网络财务软件的试用时间问题，一般要求从年初开始，试用时间不长于半年，最好不要在会计期中进行，同时在新系统的试用期内，老系统的使用不能中断，两者之间的数据只有核对无误后方可废弃旧系统，而完全采用新系统。其次，对于软件试运行中发现的问题要记录在案并尽快解决，其解决办法首先是考虑网络财务软件的初始设置，其次是考虑软件修改，最后才是考虑网络系统的改变，因为越是后者其代价和损失越大。最后，对于软件运行的效率和效果提升问题，在网络财务软件的试用初期，由于新旧系统的同时并行以及软件使用人员对新模式、新流程和新软件的不熟悉，其工作效率和效果都较差，此时应适度增加人数或延长工作时间，增加运行费用也是在所难免的；随着时间的推移，旧系统的逐步退出和工作效率的提高，可以将多余的人员或时间从网络财务软件的使用中分离出来，开发更深层次的网络财务管理和电子商务业务。

6. 配套制度的贯彻实施

网络财务的实施虽然可以提升企业的财务和业务管理水平，增强企业的核心竞争力，但需要看到的是，网络财务也带来了一系列的风险，如数据被窃取和丢失、利用网络所发生的各种经济犯罪，以及计算机黑客的恶意破坏和各种形式的电信与手机诈骗等。要规避这些风险，除要宣传和学习国家制定的相关法律法规，以及要求网络提供商、软件供应商或软件开发团队采取各种技术措施以外，企业内部也要制定一系列的相关配套制度，如操作与维护人员的权限分工、软件使用的时间和空间限制、会计信息的存档与保密制度等。这些制度的学习和贯彻实施，在软件试运行之前即应该进行，在软件试运行的过程中更应该逐项落实，必要时也可以聘请中介机构对此进行合规性审计并出具专项审计或审核报告。

9.3　网络财务的实施评价

网络财务的实施是一个不断改进和完善的渐进过程，它必将随着财务管理理论的发展、网络技术的进步和电子商务的不断推进而不断改进和完善。在网络财务实施过程中的每一重要阶段，企业都应进行相应的实施评价。为此，本节将重点讨论网络财务实施后的评价内容、评价指标及评价方法。

9.3.1　网络财务实施后的评价内容

网络财务实施后的评价内容主要包括以下几个方面。

1．网络财务的实施水平评价

网络财务属于企业信息化的重要组成部分，其实施水平的高低直接关系到网络财务的生命期长短和系统实施效果。网络财务实施水平的评价内容主要包括：信息化应用水平、信息化投入水平、员工信息化水平和信息化安全水平。其中，与网络财务有关的信息化应用水平主要包括财务管理信息化、会计核算信息化、业务管理信息化以及预测决策信息化等相关内容；信息化投入水平主要包括作为固定资产或无形资产的初始或后续投入水平以及作为日常运行维护费用开支的投入水平；员工信息化水平主要包括使用网络财务以及与之相关配套软件的人员比例及层次，一般来讲比例越高、应用层次越低其员工的信息化水平越高；信息化安全水平是指网络财务安全的技术措施采用水平、采用策略以及相关制度的贯彻实施效果。

2．网络财务的实施质量评价

网络财务的实施质量和网络财务的实施水平不同，它主要是指网络财务相关部门、单位、业务和人员的作用效率等。网络财务的实施质量评价，一要分析网络财务的部门、单位和业务覆盖面，二要分析网络财务人员参与的深度，三要分析通过网络财务的实施其工作效率的现实提升程度，以期明确下一期改进网络财务的切入点、工作重点和工作难点，并为此储备相关的人才、措施和经验。

3．网络财务的实施绩效评价

网络财务的实施绩效评价可以从定性和定量两个方面进行。其中，从定性方面主要看企业是否获得成本的相对收缩和企业边界的相对扩展，从定量方面看主要观察企业网络财务的投入产出效果。但是，需要说明的是，从定量方面来评价企业网络财务的实施绩效是困难的，因为，虽然网络财务的投入水平是可以记录和测算的，但是由于网络财务仅仅是财务和业务管理水平的提升，其产出水平却是无法加以准确分离和记录的。

4．网络财务的发展能力评价

网络财务的发展能力是指网络财务的可持续发展能力，它与网络财务的水平、质量和绩效均不相同。其评价不仅针对企业信息化系统自身，更注重企业信息化的社会经济和文化基础，即信息化环境的系统状况。网络财务的发展能力评价，一要评价企业进一步完善网络财务的动力，二要评价企业进一步推进网络财务上水平、上台阶的财力，三要评价前期实施网络财务的知识和经验积累以及相关的人才储备水平。

9.3.2 网络财务实施后的评价指标

网络财务实施后的评价指标既是企业上一阶段网络财务乃至企业信息化建设的检验体系，也是企业下一阶段网络财务乃至企业信息化的建设指导体系。适用的网络财务评价指标体系可以帮助企业诊断网络财务实施中的不足，引领企业更准确地理解网络财务的内涵，进而不断完善、改进和提高。

根据众多企业实施网络财务的经验和教训，网络财务实施后的评价指标体系主要包括以下几个方面。

1．网络财务的环境指标

网络财务的环境指标应包括组织与培训、规划与评估和计算机网络等几个方面的评价指标。其中，组织与培训方面的评价指标包括：是否纳入首席信息官（CIO）和信息化主管部门的统一管理，每百人大专以上学历的员工人数，员工网络财务的培训率，每百人计算机使用人员中大专以上学历的人数比例等；规划与评估方面的评价指标包括：是否有长期、中期和近期的规划和预算，年网络财务投入占企业管理运行费用的比重，信息安全的费用占全部信息化投入的比例等；计算机网络方面的评价指标包括：是否有内部局域网，计算机联网率，每百人拥有的计算机台数等。

2．网络财务的应用指标

网络财务的应用指标应包括电子商务、供应链管理、财务信息化等几个方面的评价指标。其中，电子商务方面的评价指标包括：电子采购占总采购额的百分比，电子销售占总销售额的百分比，电子结算占总结算额的百分比等；供应链管理方面的评价指标包括：是否实施了 SCM、CRM 和 ERP 等，以及覆盖的产品、材料等物料比率等；财务信息化方面的评价指标包括：是否实现了会计核算的全部电算化？是否实现了财务和成本的分析与控制？是否实现了决策支持的电算化？是否实现了通过智能手机进行申购、报销、审批和支付？是否实现了基于 XBRL 的网络财务报告等。

3．网络财务的绩效指标

网络财务的绩效指标应包括管理创新、市场竞争力、经济效益等几个方面的评价指标。其中，管理创新方面的评价指标包括：是否实现了资金的集中管理？是否实现了会计的集中核算？是否实现了财务报账的网上或智能手机审批等；市场竞争力方面的评价指标包括：订单处理时间的提高比率，按时交货率的提高比率，市场占用率的提高比率等；经济效益方面的评价指标包括：销售收入增长率，利润增长率，资金周转率的提高比率等。

9.3.3 网络财务实施后的评价方法

网络财务实施后的评价，其核心要素虽然是网络财务实施后的评价内容和评价指标，但是简便、适用和有效的评价方法不仅可以找出网络财务的实施效果和实施差距，更为重要的是它可以提高网络财务实施后评价的综合性、有效性和准确性。参考企业信息化和项目后评估的相关方法，网络财务实施后的常用评价方法包括以下几种。

1. 前后对比法

网络财务项目实施的“前后对比”法(Before and after Comparison)是将项目实施之前与项目完成之后的情况加以对比，以确定网络财务项目的实施效果和实施差距的一种方法。要应用前后对比法，一个关键的问题就是要进行必要的事项分拆，同时还必须有完备的历史记录，同时也必须赋予各个事项的分值权重。

2. 有无对比法

“有无对比”(With and without Comparison)是网络财务项目实际发生的情况与若无网络财务项目很可能发生的情况进行对比，以度量网络财务项目的真实效益、影响和作用。与前后对比法类似，要应用有无对比法，一个关键的问题也仍然是要进行必要的事项分拆，同时也必须要有实施前的具体要求，同时也必须赋予各个事项分值权重。

3. 综合评分法

综合评分法就是赋予每一类及每一项评价指标的标准分值或分值范围，并赋予其得分的权重比例，根据实际得分与标准分值或分值范围的比例关系确定其每一类及每一项指标的得分(可以按百分制)，根据权重比例计算其最终得分，并加以汇总后得到一综合得分，从而对网络财务的实施情况做一总体判断。

4. 模糊综合评价法

由于网络财务的评价指标体系中，存在许多难于精确描述的指标，为此还可以采用模糊综合评价法对企业网络财务的实施进行综合评价。前述指标体系中每一要素的影响程度不一样，根据给出的评价指标，首先用层次分析法确定其权重，然后对每一评价指标由专家确定一评判等级，最后计算其综合得分。

本章小结

网络财务的实施是一项复杂的系统工程，它需要具备业务协同、组织保障、软件开发和人才储备等一系列基本的必要条件，其实施过程必须首先明确其实施目标和实施步骤，并需提出网络建设、流程再造和网络财务试运行的具体方案；同时网络财务的实施效果还必须进行相应的事后评价，为此必须明确其评价内容、评价指标及评价方法。

在业务协同、组织保障、软件开发和人员储备等网络财务实施的必要条件中，业务协同是“事项会计理论”的必然要求，也是网络财务区别于其他财务系统的明显特征；组织保障是实施网络财务这一复杂系统工程的必要条件，没有组织保障网络财务的实施和应用也不能达到一个较高的水平，必然存在一系列的问题和障碍；网络财务软件的开发和应用是网络财务得以实现的先决条件，没有网络财务软件，网络财务也只能是理论家的空想；人才储备是网络财务应用上水平、上台阶的重要保障，一个企业网络财务实施的水平和效果往往取决于其人才储备的数量和质量，特别是那些既熟悉财务管理和会计核算知识，又精通计算机技术和网络应用的复合型人才是网络财务实施成功与否的关键所在。

实施目标、实施步骤和实施内容是网络财务实施的核心要务。为此，在实施目标的确立中，我们必须明确网络财务的系统特点，即信息共享化、信息及时化、信息集成化和信息多样化，这是网络财务实施的最低目标要求，当然各个企业可以根据自身的业务需要、人才水平和经费条件分阶段和分步骤实施；在实施步骤的规划中，我们首先要进行详细的需求分析并在此基础上建立后台的网络财务管理信息系统和前台的电子商务系统，只有这样才能做到业务协同且信息的共享、及时、集成与多样；在实施方案的制定中，我们应明确网络系统所要涉及的业务领域和建立方式并要进行必要的技术和经济评价，同时由于网络财务系统和一般财务系统的实施环境往往存在较大差异，我们还必须根据网络财务软件的要求进行必要的业务流程再造，只有这样才能真正做到业务和财务的一体化，当然网络财务软件的安装调试、初始设置、人才培训以及配套制度的制定和贯彻实施也是网络财务实施方案中，特别是网络财务试运行之前就应该解决的几个具体而又必须的问题。

明确网络财务实施后的评价内容、评价指标及评价方法是搞好网络财务实施后评价的知识保障，其评价内容必然涉及网络财务的水平、质量、绩效和能力；其评价指标必然包括网络财务的环境指标、应用指标和绩效指标，这些指标是评价网络财务实施水平和效果的具体体现，也是运用网络财务实施后评价方法的先决条件；其评价方法是评价指标的比较和综合，常用的方法包括前后对比法、有无对比法、综合评分法和模糊综合评分法等。

关键术语

网络财务　实施条件　实施目标　实施步骤　实施方案　评价内容　评价指标　评价方法

复习思考

1. 怎样理解网络财务的实施条件？

2. 网络财务的实施应达到什么目标？其实施步骤包括哪些环节？其实施中应注意哪些问题？

3. 网络财务实施后的评价包括哪些内容？其评价指标应如何细化和可操作？

4. 除本书所介绍的评价方法外，还可能有哪些评价方法可以用于网络财务实施后的评价？其优点和缺点包括哪些？

参考文献

[1] 何小敏. 基于网络的财务系统解决方案[J]. 安徽电力职工大学学报. 2000(12).

[2] 梁惠金. 电子商务环境下企业实施网络财务的对策[J]. 闽西职业大学学报. 2001(2).

[3] 陈庆保. 实施网络财务——一项系统工程[J]. 当代财经. 2001(3).

[4] 王棣华. 网络财务信息系统的实施方案研究[J]. 财会研究. 2002(12).

[5] 何玉、张天西. 自愿实施网络财务报告公司的特征研究[J]. 会计研究. 2005(12)

[6] 云文. “网络财务”的应用前景与实施条件[J]. 商业会计. 2006(3).

[7] 李钢、陈萍、齐二石. 综合评价指标体系设计及其在企业信息化中的应用[J]. 计算机集成制造系统. 2008(1).

[8] 韩雪、索志林. 我国企业信息化评价方法研究[J]. 农机化研究. 2009(4).

[9] 吴静斌. 浅议网络财务的发展及实施策略[J]. 经营管理者. 2009(20).

[10] 李思寰. 关于实施网络财务管理的探讨[J]. 财会月刊. 2010(2).

[11] 孙亚敏. 中小板上市公司自愿实施网络财务报告的影响因素分析[J]. 全国商情(经济理论研究). 2015(13).

案例

1. 运用案例介绍——中兴通讯网上报销系统实施案例(转载)

案例背景

中兴通讯是中国最大的通信设备制造业上市公司、中国政府重点扶持的520户重点企业之一。1985年，中兴通讯公司成立。1997年，中兴通讯A股在深圳证券交易所上市。2002年，中兴通讯销售收入达110亿元。中兴通讯是中国火炬计划重点高新技术企业、技术创新试点企业和863高技术成果转化基地，承担中国第三代移动通信研究开发等多个重点科研项目，每年投入的科研经费占销售总额的10%以上。中兴通讯实施以人为本的人才战略，建立了一套引进、培训、使用、激励人才的机制。13 000名员工中，博士、博士后300多人，硕士4 000人，本科及以上学历员工占员工总数的75%。

案例针对的问题

在使用安财网上报销系统之前，中兴通讯总部及各分支机构采用手工报销模式，各地自行进行会计账务处理，月底总部财务中心进行报表汇总。这种报销模式存在着以下问题：

(1)员工报销时间漫长。手工报销模式下员工为处理报销需多次找领导进行签字，并直接到财务进行报账，大量占用有效工作时间。

(2)单据签批占用领导大量时间。中兴各事业部均包含异地分支机构，当地领导的工作安排常常被审批签字而打乱，异地更要利用传真跟踪审批。

(3)财务工作量巨大。员工将大量单据送至财务部，财务部门既要审核原始单据，又要审核业务审批流程，最后才能编制记账凭证，输入会计信息系统。

(4)资金支付滞后，对账困难。在传统的银行支付手段下，资金支付受审批流程和银行处理速度的双重制约，严重滞后于业务发生。同时，大量的资金支付带来了大量的银行对账工作，财务人员工作负荷大，且出错率高。

(5)财务信息滞后。月底汇总会计报表方式无法实现对各地分支机构经济业务的实时监控和集中管理，资金流量和流向信息的迟滞传递很难适应现代集团公司快节奏的业务特点。

(6)资金管理分散。各地分支机构均开立银行账号，沉淀了大量流动资金，给企业资金管理带来诸多不便。

面对市场的激烈竞争，针对公司原有报销管理中的种种缺陷和不足，中兴通讯公司决定建设统一的网络财务报销系统，以实现财务管理的三个转变——后台手工操作向财务信息化、财务业务一体化转变；松散管理向集中式网络化管理转变；财务工作由核算型向管理型(建立可操作性的分析模型)转变。

案例解决方案

本工程通过中兴通讯原有DDN和VPN构架覆盖区的高速传输网络平台，在全球网络系统内实时地进行数据传送和查询。

该系统中的应用软件由安财软件股份有限公司开发的AC-EXPENSE1.0网上报销系统软件。该系统采用三层体系结构，支持各种主流平台和大型数据库系统，可以完全基于浏览器实现移动办公和远程实时操作。该软件具有完全的开放性和可扩充性，具备完善的外部数据接口；配置的应用软件功能模块有：管理中心、财务审批系统、账务管理系统、银行管理系统和查询模块等。

网上报销系统中运行保存的财务数据属机密信息，本系统的以下安全措施足以让您高枕无忧。①填写的报销单经过变码加押，从而生成了一串具有特殊格式的数字，因此在网络上传输的是数据而不是程序，这一串数字具有不可抵赖性，而且防止重复发送；②经过密码加押的数据在网上传输之前经过两层加密，一层采用了标准SSL加密协议，另一层采用了安财公司自主开发的加密协议，有效地保证了数据传输安全；③领导审批签名经过CA认证；④将核算中心内部的财务管理制度“硬化”到了电脑系统中，通过设置业务管理和权限管理防范风险。

实施效果

中兴通讯网上报销系统的实施是在集团内部建设统一、实时、有序、先进的财务信息系统必不可少的。事实证明，安财网上报销系统的实施是成功的，取得了满意的效果。

(1)实现了集团财务的集中管理与监控，提高了资金使用效率。系统通过中兴公司总部、各地分支机构组成的广域网，实现了对各分支机构经济活动的实时监控，可以随时、随地进行公司及其分支机构的财务处理，并实时地进行财务信息的动态传递。

(2) 远程处理、动态核算系统顺利实现了远程报账、远程核算、远程查询，财务信息的传递和处理，突破了时空的限制，使领导可以及时、准确地了解公司的财务状况，为其决策提供支持。

(3) 会计工作真正实现了从核算会计向管理会计的转变。网上报销系统可以自动实现原始凭证向记账凭证的转换，自动进行银行支付和对账，从而把财务人员从低效、烦琐的重复劳动中解放出来，减低了单据处理过程的出错率，也大大消除了财务管理和会计核算中财务人员不增值的作业时间。

(4) 加快支付速度，节约成本开支。系统支持员工任何时间、任何地点，在线或离线提交报销申请，领导任何时间、任何地点进行签批，从而节约了领导和员工大量的有效工作时间，提高了工作效率。

(5) 具有良好的开放性和可扩充性系统顺利地实现了与中兴实施的 ERP（企业资源计划系统）对接，为中兴全面成功实施 AP、AR、GL 模块奠定了基础。

资料来源：http://solution.51cto.com/art/200510/9754.htm.

2．讨论案例分析

背景材料

重庆某民营摩托车制造企业（控股公司）在总部所在地有两轮摩托车、三轮摩托车和沙滩车制造企业各一家（全资子公司），销售公司一家（全资子公司），并在市外有两轮摩托车制造企业一家（控股子公司），此外在越南还有一家联营的两轮摩托车制造企业，其总部所在地的销售公司在全国各地有 15 家销售分公司和参股的 3 家联营公司，主要负责整车和配件销售业务。公司本部和子公司现有员工 500 余人，其中管理人员 40 余人，财务人员 30 余人，销售人员 60 余人，物资管理人员 20 余人，技术人员 30 余人。公司从 2000 年开始推行企业信息化，先后建立了企业内部的办公局域网、物资管理局域网和财务局域网，均独立运营。在上述网络运行已取得良好运行效果的基础上，公司从 2003 年开始建立了公司对外宣传的门户网站，同时于 2005 年与供货商和经销商之间逐步采用网上订货，并在招商银行开设了网上银行户头。2007 年从北京用友软件公司购买了包括进销存在内的网络财务软件，并试图推行资金的集中管理、会计的集中核算，同时还想建立内部银行和进行集中采购的物资公司，以便为子公司、联营公司和 100 余家市内配套企业服务，从而降低整个供应链的物资成本和资金成本。

讨论分析

1) 该企业具备了实施网络财务的基本条件吗？

2) 该企业实施网络财务的范围、目标、步骤与内容是什么？

3) 该企业网络财务实施的成功概率和时间长短。